U0642741

勿使前辈之遗珍失于我手
勿使国术之精神止于我身

拳道
薪传

慰苍先生金仁霖太极传心录

金仁霖 著

北京科学技术出版社

序一

　　太极拳自 19 世纪中叶由清直隶广平府（今河北省永年县）人杨露禅（1799—1872 年）传入京师，在历代传人的辛勤耕耘下，早已传播八荒，誉满全球。然而，由于家族、地区的局限性，乃至某些人视太极拳为猎取名利之私产，致使太极拳界毫无学术研究之风，对于什么是太极拳、发源于何地、基础理论为何、出于何人之手等问题，迄今仍无定论。

　　可喜的是，北京科学技术出版社人文武术图书事业部的常学刚先生来电话说，上海金仁霖先生要出版一部有关太极拳文史的大作，因我是金先生的老友，要我为该书作序。我不揣浅陋，对金先生略作介绍：

　　金仁霖先生，字慰苍，是沪上太极拳名家叶大密老师（1888—1973 年）的入室高足。叶老师曾与杨少侯（1862—1930 年）、杨澄甫（1883—1936 年）昆仲研习杨派太极拳、剑、刀和大杆子。此前在 1927 年叶老师还跟李景林先生学习武当对剑。后来，叶老师吸取武当对剑转臂捷用法改编了杨式太极拳架，形成了沉着松静、轻灵活泼、舒展大方的独特风格，人们称之为"叶家拳"。金仁霖先生秉承叶师衣钵，夙精拳技，深明学理，知识渊博，著作等身。他的大作《慰苍先生金仁霖太极传心录》问世，对太极拳的正本清源、健康发展，乃至太极拳文化的弘扬，定会做出有益贡献，故乐为之作序。

　　　　　　　　　　　　　　　　　　　吴文翰
　　　　　　　　　　　　　　　　　　　八十八岁于北京

序
二

　　我与慰苍先生相识有年，曾就武术史的一些事件
及某些拳师的事迹、造诣等有过交流，交谈之间感受
到慰苍先生的诚恳、直率。这次受慰苍先生之命，要
我为他的这部书作序，深感惶恐，因为我对慰苍先生
所研修的杨式叶派太极拳并无具体实践，而拳学是一
门以实践为第一性的学问，故一时不知于何处下笔。
但慰苍先生是我一向所敬重的研修太极拳的学者，其
治学态度在当今武术界确为不可多得者，加之慰苍先
生的太极拳老师叶大密先生与我的拳学老师孙剑云先
生皆曾学武当剑于李景林先生，这种机缘也是难得
的，故勉力为之。
　　慰苍先生所承续的杨式叶派太极拳是由叶大密先
生所建构，叶大密先生曾向田兆麟先生、杨少侯先生
和杨澄甫先生学习杨式太极拳，又曾正式拜在李景林
先生的门下学习武当剑，并曾得到孙存周先生为其喂
手、讲解拳意。因此叶大密先生将由李景林先生武当

剑中所悟之剑意、由孙存周先生的喂手和散手中所得之拳意融合在他所研习的杨式太极拳拳架中，而他所研习的杨式太极拳拳架也是融合了田兆麟、杨少侯、杨澄甫三位先生的拳架而成，因此叶大密先生的太极拳架能独树一帜。经过数十年的实践表明，叶大密先生的太极拳架无论是健身还是实用方面，在杨式太极拳的各支传承中脱颖而出，卓然不群，具有很高的价值。至若叶大密先生的相关事迹更是口口相传，在此不赘。

　　慰苍先生早年时就已经是叶大密先生的得意弟子之一，如今研修太极拳已近 70 年，拳拳于斯，造诣深具，是当代杨式叶派太极拳的重要代表人物，他不仅对于杨式叶派太极拳的拳技有深入的研究，而且旁参武、吴、陈各家太极拳之技法，因此在太极拳的技法方面有所发挥。此外，慰苍先生对近现代太极拳史亦有多年的研究和考据，其成果对今人研究近现代太极拳史具有重要的参考价值。在慰苍先生这部作品中包括了他多年来的研究成果，如有关太极拳的历史、人物、理论、考据、校订等各类专稿、讲课记录等，还包括一部分慰苍先生的门人、友人对慰苍先生的人格、学养、拳术造诣的记载。该书不仅对杨式叶派太极拳（叶氏太极拳），也不仅对杨式太极拳，而且对当代太极拳的研修都具有学术意义。

　　以上所言不能达慰苍先生作品之意于万一，略赘数言，愧勉为序。

童旭东

叶大密先生

太极名家叶大密

叶大密老师（1888—1973年），名百龄，号柔克斋主，浙江省文成县人。出生于武术医学世家，家传小八卦，系武当松溪派叶美继一脉。1917年在北伐军第二十五军第二师第八团任职时，从田兆麟老师（1871—1959年）习练杨式中架太极拳。次年孙存周先生（1893—1963年）去该团教内功拳，叶大密与孙结为金兰之交。二人经常切磋拳艺，并得到孙父——武学大师孙禄堂老先生的口授身传，因而功夫大进。

1926年11月，叶大密在上海法租界望志路（今

田兆麟

孙存周

兴业路）南永吉里 19 号寓所创办了"武当太极拳社"，教授杨式太极拳、剑和推手。当时最早在上海公开教授杨式太极拳的是陈微明老师（1882—1958 年）1925 年 5 月在英租界七浦路北江西路周紫珊家创办的"致柔拳社"（后迁西藏路宁波同乡会），但"致柔拳社"兼教八卦掌等武术。以太极拳命名、专业性较明确的武术团体"武当太极拳社"，不仅在上海，在全国也是第一家。

1927 年 11 月，"剑仙"李景林将军来上海后，叶大密约陈微明和助教陈志进同去祁齐路（今岳阳路）李家学习武当对剑。后来"武当"和"致柔"两拳社都增加了教授武当对剑的课程。

叶老师的武当对剑成就很大，他自己也认为他的太极拳成就完全是从剑里悟出来的。1928 年秋，上海《申报》和《新闻报》为了募集夜校助学金，特邀叶老师和他的学生濮冰如在兰心大戏院（今上海艺术剧场）义演了一场武当对舞剑。服装是叶老师设计，由上鸿祥服装公司赶制出来的，表演时有琴箫伴奏，曲子名叫《落叶舞秋风》。当晚的兰心大戏院座无虚席，盛况空前，演出极为成功。次日的《士林西报》也以很大的篇幅报道了演出盛况，给予了极高的评价。

1928 年，杨少侯（1862—1930 年）、杨澄甫（1883—1936 年）先后

叶大密与濮冰如义演"武当对舞剑"

　　来到南京，叶老师又从少侯、澄甫兄弟俩学习拳架、剑、刀和杆子。后来他改编了太极拳架，把杨式大、中、小拳架的主要特点和八卦掌里的斜开掌转身法以及武当对剑中的转臂捷用法等内容都吸收了进去，形成了沉着松净、清轻活泼、舒展大方的独特风格，人们称之为"叶家拳"。

　　叶大密与杨澄甫在交往过程中建立了深厚情谊，不仅有师生之谊，还有兄弟之情。叶大密让自己的学生拜于杨澄甫门下，杨澄甫将自己的照片赠予叶大密，并在照片上题字，称叶大密为仁弟，成为一段武林佳话。

　　在叶老师向杨氏兄弟学习时，武汇川（1890—1936年）和褚桂亭（1890—1977年）等人也随杨澄甫老师在南京。由于中央国术馆安排

杨澄甫赠予叶大密的照片

不下，杨澄甫老师就托叶老师带武汇川、褚桂亭和武的学生张玉来上海谋生。三人都住在叶家，武、褚二位先在"武当太极拳社"授课，后由叶老师分别介绍到几家公馆教拳。半年后，武汇川在霞飞路（今淮海中路）和合坊成立了"汇川太极拳社"，后迁蒲石路贝谛禘路（今长乐路成都南路）。褚桂亭除在叶老师介绍的几家公馆教拳外，也曾在"汇川太极拳社"授课，后被南京某军政机关聘为国术教官。

1929 年 11 月，在杭州召开国术游艺大会，叶老师和陈微明、田兆麟、孙存周、武汇川、褚桂亭等 37 人组成监察委员会成员，嗣后，屡被中央国术馆聘为国考评判。

叶老师还是田汉、阳翰笙等文艺界前辈的老战友。1933 年成立的艺华影业公司就是由叶老师积极参与促成的。1933 年 11 月 12 日星期天上午，国民党特务捣毁并焚烧了艺华影业公司在康脑脱路（今康定路）金司徒庙附近新建的摄影棚，田汉、阳翰笙、廖沫沙等同志只好暂时撤离，留下了党外人士卜万苍、岳枫、胡涂等人继续拍摄《逃亡》《生之哀歌》《黄金时代》等几部尚未完成的影片。由叶大密老师出面，租赁了一间房子，供岳枫、胡涂等人和田汉、阳翰笙等同志会晤。这条"暗线"一直保持到这几部电影全部拍成。

叶老师还精心研究印度婆罗门导引疗法。1926 年 9 月，叶老师被上海中医文献研究馆聘为馆员，为导引推拿治疗内科疾病开拓了一条新的广阔道路。

叶老师的学生中在上海武术界比较知名的有濮冰如、金仁霖、蒋锡荣、曹树伟等。

　　叶氏太极拳第二代传人，主要有叶氏嫡传"一大三小"，即濮冰如、蒋锡荣、金仁霖、曹树伟。其中金仁霖先生不仅拳艺精湛，推手极其轻灵、精妙，尤其在太极拳理、法、功、技各方面，以科技工作者的严谨态度进行了系统梳理，先后在《武魂》《中国太极拳》《太极》《上海武术》《武林》等刊物上发表多篇文章。这些令人信服的研究成果，足以代表当代太极拳研究的学术水平。

　　1947 年，金仁霖由同学林镇豪介绍，从武当太极拳社叶敏之老师学练太极拳、剑并推手。

　　1951 年 12 月，金仁霖应王震司令员借调，支援新疆七一棉纺厂建设。1952 年 10 月返沪。

　　1953 年，金仁霖与蒋锡荣、曹树伟同时拜师，列入叶大密老师门墙，悉心研习太极拳、武当对剑，其时上海武术界将他们三人与叶大密老师早年的学生、杨澄甫先生的得意女弟子濮冰如，并称为"叶家的一

金仁霖在新疆

大三小"。

1958 年，金仁霖奉师命，承田兆麟老师身授，金针度与，得以领略个中三昧。

1960 年 10 月，金仁霖与傅钟文、濮冰如、张玉、蒋锡荣、傅声远共六人，同为上海市第三届运动会武术比赛太极拳组裁判。

1961 年 2 月 16 日，为驳正《太极拳和内家拳》一书中持挺胸呼吸的观点，金仁霖在张晋良医师陪同下，到上海纺织第一医院放射科，测试腹式顺、逆呼吸的 X 线透视，取胸膈肌升降的距离及肺活量数据进行对照，证明了在练习太极拳时采用含胸呼吸，即逆腹式呼吸是合理的、科学的。

1965 年，金仁霖受叶大密老师之命，为叶老师编撰《医疗保健太极十三式》一书中练习太极拳的基本要点。

金仁霖从 20 世纪 50 年代末开始，就代师授艺，积累了丰富的教学

濮冰如

叶氏门下"三小"1953 年拜师后合照
（后排右起金仁霖、蒋锡荣、曹树伟）

经验，也培养了一批造诣高深的太极拳家，如以无极式气功闻名海内外
的蔡松芳老师，以及何国梁、徐毓岐、李品银、傅乐民等。

　　这些年，由于敬佩金仁霖的拳艺和人品，前来拜望的人络绎不绝。
四川太极拳推手大家林墨根携其子林文涛先生专程来沪，金老师热心授
予林家父子叶氏太极拳中杨家秘传的"靠墙贴壁""胸口走∞字"。林文
涛一触及金仁霖的手便惊呼："金老师手上带电的啊！"金老师笑着说"我
哪来的电呐"，并以科技工作者的务实态度，从力学、流体力学、心理学
等角度，为其揭秘拳技。

　　1999 年，马岳梁的高足、当年已 90 多岁的蒋小氏老先生，与金仁霖
相约在上海内江公园听劲。在切磋间蒋先生要求金仁霖对其打一下，金
仁霖轻轻一点，蒋老先生瞬间跳出两步，伸出大拇指称"好功夫"，并要
求再打一下。金仁霖见他兴致很高，就借势又发了一下，这下蒋老先生
向后连跳三下，连连称赞："这样的功夫在上海滩已经非常少见！"

　　香港武术协会主席霍震寰先生曾专程拜访金仁霖求教切磋。搭手时，

金仁霖与霍震寰（左）推手

金仁霖题写"叶氏太极拳"

金仁霖只摸住劲而不发，霍先生想听金老师的发劲，金老师轻轻一个变劲，霍先生忙说以前曾被人用此劲发过，脚踝扭伤了，故不敢接金老师之劲。

2008年以后，为了进一步弘扬传统太极拳，金仁霖先后收了近百名弟子，虽米寿之年仍每周安排两个晚上，不辞辛劳，手把手地传授拳艺。

2010年，金仁霖被《精武》杂志授予"精武百杰"称号。

目前，叶家拳有七八种不同的叫法，金仁霖老师经充分考虑，最终定名"叶氏太极拳"并题字。

"叶氏太极拳"为原上海"武当太极拳社"社长叶大密老师，在原杨家大架太极拳基础上，于原架子绝

大多数式势之上下衔接处，求其极自然地介入了原杨家中、小架子，并孙家、吴家、陈家等诸家太极拳架中，拳技作用肯定而清彻之动作，以及八卦掌中之斜开掌转身法、武当对剑中之反臂（倒捶）捷用法等，用以帮助学员对原来杨家大架太极拳之所以姿势洒脱、气势磅礴加深认识，换言之，乃是一种实作注解法。故若删去其所介入内容，则仍可恢复其原来杨家大架太极拳之本来面貌。

1953 年叶大密手录叶氏太极拳式名称

目 录

第一编

功法传授

叶大密与金仁霖

柔克斋太极拳名目

金仁霖手录太极拳名目

一、起势

无极（平行步高站式）；（图1）

纯阴（提、沉、合、开、吸、呼）；（图2）

纯阳（提、沉、合、开、吸、呼）。（图3）

图1　　　　　　　　　图2　　　　　　　　　图3

二、揽雀尾

靠、平搌、闪、採、挪、搌、挤、捌、双按。（图4～图6）

图4　　　　　　　　　图5　　　　　　　　　图6

三、单鞭

双沾、靠、肘、拦、吊手、掤、按。（图7～图9）

图 7　　　　　　　　　　图 8　　　　　　　　　　图 9

四、提手

靠、提分、採、挒、撇身掌、撅（採、截、切）。

（图10～图12）

提手上势至
搂膝拗步劲
路变化

图 10　　　　　　　　　　图 11　　　　　　　　　　图 12

五、白鹤亮翅

平掤、靠、挤、闪、提、穿分、採、擎、按。（图13～图15）

图 13　　　　　　　　　图 14　　　　　　　　　图 15

六、左搂膝拗步

捌、沉、提、搂、按。（图16、图17）

搂膝拗步劲
路折叠变化

图 16　　　　　　　　　图 17

七、手挥琵琶

撅（採、靠）、提、劈、切。（图18、图19）

八、左搂膝拗步

撅（採、沉）、提、搂、按。（图20）

图18   图19   图20

九、左右搂膝拗步

採、挒、撅（採、肘）、沉、提、搂、按。（图21～图23）

图21   图22   图23

十、手挥琵琶

撅（採、靠）、提、劈、切。（图24、图25）

十一、左搂膝拗步

撅（採、沉）、提、搂、按。（图26）

图24   图25   图26

十二、上步撇身捶

採、挒、披身靠、撇身掌、翻捶、撅（採、肘）、劈。（图27 ~ 图29）

图27   图28   图29

十三、上步搬拦捶

倒掘、平掤、搬、拦、竖捶。（图30～图32）

图30　　　　　　　　图31　　　　　　　　图32

十四、如封似闭

倒捶、捌、穿接、分手、採、双按。（图33、图34）

图33　　　　　　　　图34

十五、十字手

双沉、双提、双擎、沾提、擎、按、提掤、穿接、摅、挤、十字手。
（图35～图37）

图35　　　　　　　　　图36　　　　　　　　　图37

十六、抱虎归山

摅、按、挤、平摅、掤、倒摅、反挤、提、搂、捯、双按。（图
38～图40）

图38　　　　　　　　　图39　　　　　　　　　图40

十七、斜单鞭

双沾、靠、肘、拦、吊手、掤、按。（图41～图43）

图41　　　　　　　　图42　　　　　　　　图43

十八、肘底捶

採、挒、穿接、靠、肘、分攦、按、採、搬拦、竖捶。（图44～图46）

图44　　　　　　　　图45　　　　　　　　图46

十九、右倒撵猴

挒、撅（採、肘）、靠、劈。

二十、左右倒撵猴

沉、提、翻接、採、靠、肘、按。（图47）

二十一、左斜倒撵猴

沉、提、翻接、採、按、撅（沉臂）。（图48、图49）

倒撵猴至高探马
劲路变化

图47

图48

图49

二十二、斜飞式

掤、挤、平搌、靠、採、挒。（图50～图52）

图50

图51

图52

二十三、提手

靠、提分、採、挒、撇身掌、撅（採、截、切）。（图 53、图 54）

图 53　　　　　　　　图 54

二十四、白鹤亮翅

平攦、靠、挤、闪、提、穿分、採、擎、按。（图 55 ～图 57）

图 55　　　　　　图 56　　　　　　图 57

二十五、左搂膝拗步

挒、沉、提、搂、按。（图 58）

二十六、海底针

撅（採、肘）、搂、採、叩。（图59、图60）

图 58

图 59

图 60

二十七、扇通臂

提、穿、披身、擎、接。（图61）

二十八、翻身撇身捶

双按、提、擎、按、靠、提分、採、捯、披身肘、撇身掌、翻捶、撅（採、肘）、劈。（图62、图63）

图 61

图 62

图 63

二十九、回身搬拦捶

搬、拦、竖捶。（图 64 ～图 66）

图 64　　　　　　　　　　图 65　　　　　　　　　　图 66

三十、上步撇身捶

摆、沉、提、披身靠、撇身掌、翻捶、撅（采、肘）、劈。

三十一、上步搬拦捶

倒摆、平掤、搬、拦、竖捶。

三十二、上步揽雀尾

平摆、靠、掤、摆、挤、捯、采、双按。（图 67、图 68）

三十三、单鞭

双沾、靠、肘、拦、吊手、掤、按。（图 69）

三十四、云手

靠、提分、采、掤、摆、截切。（图 70 ～图 72）

三十五、单鞭

穿接、平摆、拦、吊手、掤、按。（图 73、图 74）

三十六、高探马

捯、翻接、采、按、撅（沉臂）。

图 67

图 68

图 69

图 70

图 71

图 72

图 73

图 74

三十七、左右分脚

平擓、靠、採、掤、捯、撅（採、靠、截、切）、提接、穿分、劈掌、翅脚。（图75 ～图77）

图 75   图 76   图 77

三十八、翻身左蹬脚

穿接、提、穿分、劈掌、蹬脚。（图78、图79）

三十九、左搂膝拗步

捯、沉、提、搂、按。（图80）

图 78   图 79   图 80

四十、右搂膝拗步

採、挒、撅（採、肘）、沉、提、搂、按。（图81）

四十一、上步搂膝栽捶

採、挒、撅（採、肘）、搂、栽捶。（图82、图83）

图81　　　　　　图82　　　　　　图83

四十二、翻身白蛇吐信

靠、提、擎、按、提分、採挒、披身肘、撇身掌、翻捶、伸掌、撅（採、肘）、劈。（图84～图86）

图84　　　　　　图85　　　　　　图86

四十三、上步搬拦捶

倒撅、平掤、搬拦、竖捶。（图 87 ～图 89 ）

图 87　　　　　　　　　　图 88　　　　　　　　　　图 89

四十四、右蹬脚

提接、穿分、劈掌、蹬脚。（图 90 ～图 92 ）

图 90　　　　　　　　　　图 91　　　　　　　　　　图 92

四十五、左右披身伏虎

披身靠、翻挤、双按、平捋、穿接、披身肘、双竖捶。（图93～图95）

图93　　　　　　　　　　图94　　　　　　　　　　图95

四十六、回身右踢脚

靠、提、擎、按、提接、穿分、劈掌、踢脚。（图96）

四十七、双峰贯耳

双捌、双採、双横捶。（图97、图98）

图96　　　　　　　　　　图97　　　　　　　　　　图98

四十八、左踢脚

沾提、擎按、提接、穿分、劈掌、踢脚。（图99）

四十九、转身右蹬脚

穿接、提、穿分、劈掌、蹬脚。（图100、图101）

图 99　　　　　　　　　　图 100　　　　　　　　　　图 101

五十、上步撇身捶

披身靠、撇身掌、翻捶、撅（采、肘）、劈。

五十一、上步搬拦捶

倒撅、平掤、搬拦、竖捶。（图102）

五十二、如封似闭

倒捶、捯、穿接、分手、采、双按。（图103、图104）

五十三、十字手

双沉、双提、双擎、沾提、擎、按、提掤、穿接、撅、挤、十字手。
（图105～图107）

五十四、抱虎归山

撅、按、挤、平撅、掤、倒撅、反挤、提、搂、捯、双按。（图
108～图110）

图 102

图 103

图 104

图 105

图 106

图 107

图 108

图 109

图 110

五十五、斜单鞭

双沾、靠、肘、拦、吊手、掤、按。（图111～图112）

图 111　　　　　　　　　图 112

五十六、左右野马分鬃

靠、提分、採、捯、提、沉、平擖、闪。（图113～图115）

图 113　　　　　　　　　图 114　　　　　　　　　图 115

五十七、上步揽雀尾

平掘、靠、採、掤、掘、挤、捯、双按。（图116～图118）

图116   图117   图118

五十八、斜单鞭

双沾、靠、肘、拦、吊手、掤、按。（图119、图120）

图119   图120

五十九、左右玉女穿梭

靠、提分、採、撅（沉臂）、挒、穿接、分手、掤、擎、按、横插掌。（图 121 ~ 图 123）

图 121　　　　　　　　　　图 122　　　　　　　　　　图 123

六十、上步揽雀尾

平擥、靠、採、掤、擥、挤、挒、双按。（图 124 ~ 图 126）

图 124　　　　　　　　　　图 125　　　　　　　　　　图 126

六十一、单鞭

双沾、靠、肘、拦、吊手、掤、按。

六十二、云手

靠、提分、採、掤、攦、横挤、穿接。（图 127 ～图 129）

图 127　　　　　　　　　　图 128　　　　　　　　　　图 129

六十三、单鞭

穿接、平攦、拦、吊手、掤、按。（图 130 ～图 132）

图 130　　　　　　　　　　图 131　　　　　　　　　　图 132

六十四、单鞭下势

提、穿、擎。（图133、图134）

图 133

图 134

六十五、左右金鸡独立

靠、提、挒、搂、肘、采、按、沉、翻接、倒攦、挤、撇（采、靠）。（图135～图137）

图 135

图 136

图 137

六十六、右倒撵猴

挒、采、靠、肘、按。

六十七、左右倒撵猴

沉、提、翻接、採、靠、肘、按。

六十八、左斜倒撵猴

沉、提、翻接、採、按、撅（沉臂）。（图138～图140）

图138　　　　　　　　图139　　　　　　　　图140

六十九、斜飞式

搌、挤、平搌、靠、採、挒。（图141～图143）

图141　　　　　　　　图142　　　　　　　　图143

七十、提手

靠、提分、採、挒、撇身掌、撅（採、截、切）。（图144、图145）

图 144　　　　　　　图 145

七十一、白鹤亮翅

平攞、靠、挤、闪、提分、採、擎、按。（图146～图148）

图 146　　　　　　　图 147　　　　　　　图 148

七十二、左搂膝拗步

捯、沉、提、搂、按。（图149、图150）

图149　　　　　　　　图150

七十三、进步海底针

撅（採、肘）、搂、採、叩。（图151、图152）

图151　　　　　　　　图152

七十四、扇通臂

提、穿、披身、擎、接。（图153、图154）

图 153 　　　　　　　　图 154

七十五、翻身撇身捶

双按、提、擎、按、靠、提分、采、挒、披身肘、撇身掌、翻捶、撅（采、肘）、劈。（图155 ～图157）

图 155 　　　　　　图 156 　　　　　　图 157

七十六、回身搬拦捶

搬、拦、竖捶。（图158、图159）

图 158

图 159

七十七、上步撇身捶

搌、沉、提、披身靠、撇身掌、翻捶、撅（採、肘）、劈。

七十八、上步搬拦捶

倒搌、平掤、搬、拦、竖捶。

七十九、上步揽雀尾

平搌、靠、掤、搌、挤、挒、採、双按。

八十、单鞭

双沾、靠、肘、拦、吊手、掤、按。（图 160 ～图 162）

图 160

图 161

图 162

八十一、云捶

靠、提分、採、披身靠、双竖捶。（图 163 ～图 165）

| 图 163 | 图 164 | 图 165 |

八十二、单鞭

平擺、拦、吊手、掤、按。（图 166、图 167）

八十三、高探马

挒、翻接、採、按、撅（沉臂）。（图 168）

| 图 166 | 图 167 | 图 168 |

八十四、翻身十字脚

平摮、撇身掌、翻穿、倒摮、掤、捯、穿接、分手、披身肘、劈掌、蹬脚。（图 169 ～图 171）

图 169　　　　　　图 170　　　　　　图 171

八十五、上步搂膝指裆捶

翻接、採、靠、肘、按、沉、提、撅（採、肘）、搂、指裆捶。（图 172、图 173）

八十六、左右採削

捯、採、削。（图 174）

图 172　　　　　　图 173　　　　　　图 174

八十七、上步揽雀尾

平捋、靠、掤、捋、挤、捌、採、双按。（图175 ～图177）

图 175　　　　　　　图 176　　　　　　　图 177

八十八、单鞭

双沾、靠、肘、拦、吊手、掤、按。（图178 ～图180）

图 178　　　　　　　图 179　　　　　　　图 180

八十九、单鞭下势

提、穿、擎。（图 181、图 182）

九十、上步七星

靠、提、采、迭捶。（图 183）

图 181　　　　　　　　图 182　　　　　　　　图 183

九十一、退步跨虎

捯、采、削、沉、提。（图 184、图 185）

图 184　　　　　　　　图 185

九十二、转身双摆莲

穿接、穿分、披身肘、平擖、摆脚。（图 186、图 187）

九十三、弯弓射虎

平搌、穿接、披身肘、折迭捶。（图188）

图186　　　　　　　　图187　　　　　　　　图188

九十四、退步搬拦捶

搬、拦、竖捶。

九十五、上步撇身捶

搌、沉提、披身靠、撇身掌、翻捶、撅（採、肘）、劈。
（图189～图191）

图189　　　　　　　　图190　　　　　　　　图191

九十六、上步搬拦捶

倒攦、平掤、搬拦、竖捶。

九十七、如封似闭

倒捶、捯、穿接、分手、採、双按。（图192、图193）

图192　　　　　　　　　图193

九十八、十字手

双沉、双提、双擎、沾提、擎、按、提、掤、穿接、攦、挤、十字手。（图194～图196）

图194　　　　　　图195　　　　　　图196

九十九、合太极

平开、平合、吸、呼。（图 197、图 198）

一百、还原

无极式。（图 199）

图 197

图 198

图 199

辅助行功式

一、分虚实

由平行步高站式，收右脚进左脚变川步中站式，前后坐腿。两手松腕反贴腰际，转腰回头平视实腿侧后方。

二、回头望月（后顾无忧）

由平行步高站式变马步站式，左右坐腿。两手松腕反贴腰际，随腰转。两膝连环圈，回头斜望后上空。

三、变阴阳（抱虎归山、倒攆猴式）

由平行步高站式，收右脚进左脚变川步中站式，前后坐腿。随转腰一手覆掌前平举，一手仰掌伸向斜后方，然后再转臂使两手掌心斜斜相对，后手向胸前按出，前手向腰侧掘沉。

四、大海浮沉

平行步中站式，左右坐腿，两手交互随转腰，一手覆掌前平举，一手仰掌伸向斜后上方，然后再转臂使两手掌心斜斜相对，后手向胸前按出，前手向腰侧搋沉。此式身形有起伏。

五、西江印月

平行步中站式，随转腰一手上掤，转臂反掌披额，挥手反掌搭背，回头望踵，同时另一手反掌披额，随即左右交互上掤披额，挥手搭背，回头望踵。数次，正身两臂覆掌前斜平举，撒手还原。

六、万里鹏程

由平行步高站式变马步站式，坐一腿，实脚掌随转腰向身后斜角转去，虚脚颠地。两手随转腰一手反掌披额，一手仰掌后伸，手臂和虚腿平行。两眼后视虚脚踵。

七、左右进退圈

平行步高站式，一脚斜向并步，随两手松腕反贴腰际。及转腰屈膝势坐实，一脚虚颠，然后再随腰转向身前斜方或身后斜方，成凹弧形。进步或退步各三次。

八、月夜过清溪

平行步高站式，一脚斜向并步，随两手松腕反贴腰际。及转腰屈膝势坐实，一脚虚颠，然后虚脚随腰转向前，伸腿虚点，曲腿提收。

九、先予后取

由平行步高站式，收右脚进左脚，变川步中站式，坐后腿。随转腰两手前仰后覆，由后胯侧向前斜上方掤伸去。坐实前腿，变双劈掌回身后坐，撒手。

十、绝壁攀缘

平行步中站式，两手交互随腰转反掌上提，握拳转顺，挥臂撒手坐腿。

十一、折迭式

斜川字步中站式坐前腿，打折迭捶变搌分手，随转臂成覆掌，两臂左右侧平举，坐腕舒指进步。

十二、俯仰式

斜川字步中站式坐前腿，两臂覆掌由前胯侧齐胸提起，随腰转由外向圈内经身前往后腿外侧提肘沉臂倒搌，复往前腿里侧沉肘提臂掤按，随进步。

十三、蛇身下势金鸡展翅

由平行步高站式，收右脚进左脚，变川字步中站式。坐前腿，两臂覆掌前平举，回身单吊手，顺劈掌变下势。提臂起腿，两手后分前劈，伸腿蹬脚，随进步。

推手简言

金仁霖与
弟子推手

一、定步

你按我掤，我攦你挤，你挤我化；

我按你掤，你攦我挤，我挤你化；

你按我掤，我攦你提（换手），你掤我按，你攦我挤，我挤你化。

二、动步（一步）

你按我掤，你上步按，我卸步掤，我并步攦，你并步挤，我转腰化；

我上步按，你卸步掤，你并步攦，我并步挤，你转腰化，你上步按，我卸步掤，我并步攦，你并步提（换手），你卸步掤，我上步按。

三、活步

你按我掤，你进步按，我退步掤，我收步攦，你跟步挤，我转腰化；

我进步按，你退步掤，你收步攦，我跟步挤，你转腰化，你进步按，我退步掤，我收步攦，你跟步提

（换手），你退步掤，我进步按（换脚则多进或多退一步）。

四、大攦（进三步退三步）

你按我掤，你进步按，我退步採（攦），你进步靠（挤），我转腰化（沉臂），我并步闪（挒）；

你并步提（掤），我进步按，你退步採（攦），你并步靠（挤），你套步化（插裆），你并步按，我并步提（掤、换手反向走）。

散手行功式

一、正步

（一）连珠，（二）直捶，（三）单穿，（四）单按，（五）斜捯，（六）正劈，（七）双截，（八）踢脚，（九）蹬脚，（十）套提。

二、七星步

（一）双採，（二）双飞，（三）双分，（四）採捯，（五）横肘，（六）倒顺肘，（七）倒顺靠，（八）横穿，（九）双贯，（十）双射。

三、七星步跟步

（一）上步双分，（二）进步双封。

太极剑谱

一、起势。

二、三环套月：接剑。

三、大魁星：反崩，上前斜刺，提，左手作剑指向前指出。

四、燕子抄水：击，撩，洗。

五、左右拦扫：拦。

六、小魁星：提。

七、燕子入巢：刺，截。

八、灵猫捕鼠：带，格（攫），压，前斜下刺。

九、蜻蜓点水：点。

十、黄蜂入洞：拦（叶里藏针），提，前斜下刺。

十一、凤凰双展翅：截。

十二、左旋风：左搅。

十三、小魁星：提。

十四、凤凰双展翅：截。

十五、右旋风：右搅。

十六、等鱼式：反叩，叩。

十七、拨草寻蛇：拨，截。

十八、怀中抱月：抽，带。

十九、宿鸟投林：斜上刺。

二十、乌龙摆尾：截。

二十一、风卷荷叶：压，平刺。

二十二、狮子摇头：拦（叶里藏针），摇。

二十三、虎抱头：带，截，右拦，提，截。

二十四、野马跳涧：（远）格（擭），压，平刺。

二十五、翻身勒马式：截，带，格（擭）。

二十六、上步指南针：平刺。

二十七、迎风掸尘：格。

二十八、顺水推舟：反崩，上前斜刺。

二十九、流星赶月：劈。

三十、天马行空：撩，截。

三十一、挑帘式：提，挑。

三十二、左右车轮剑：轮（刺）。

三十三、燕子衔泥：点。

三十四、大鹏单（或作双）展翅：展翅，撩。（双展翅）作刺。

三十五、海底捞月：洗。

三十六、怀中抱月：抽，带。

三十七、探海式：斜下刺。

三十八、犀牛望月：抽，带。

三十九、射雁式：截，左手作剑指向前斜上指。

四十、青龙探爪：前斜上刺。

四十一、凤凰双展翅：截。

四十二、左右挂篮：抽，带。

四十三、射雁式：截，左手作剑指向前斜上指。

四十四、白猿献果：上前刺，提，截。

四十五、左右落花：抽，带。

四十六、玉女投梭：提，前斜下刺。

四十七、白虎搅尾：搅，格，左手作剑指前指。

四十八、鲤鱼跳龙门：（高）截，格（摅），压，平刺。

四十九、乌龙绞柱：劈，提。

五十、仙人指路：击，刺。

五十一、怀中抱月：崩，抽，带。

五十二、朝天一炷香：格（吞、对）。

五十三、风扫梅花：拦（叶里藏针），带，扫，截。

五十四、怀中抱月：抽，带，格（摅）。

五十五、上步指南针：平刺。

五十六、迓笋式：格（吞、对）。

五十七、抱剑归原：交剑。

叶大密赠金仁霖杨式太极剑谱

金仁霖演示
太极剑

太极刀谱

十七、左右玉女穿梭（拦、割、推、提）

十八、翻身藏刀（拉）

十九、上格前刺

二十、跳步劈剁

二十一、后挂前蹬（交刀）

二十二、左右打虎势

二十三、转身踢脚

二十四、顺水推舟（接刀、扎）

二十五、转身盘头藏刀（缠、拉）

二十六、拦腰平推

二十七、后划前割

二十八、鲤鱼分水（劈、提）

二十九、上格前刺

三十、跳步劈剁

三十一、上步盘头劈刀（缠、劈）

三十二、卞和携石（交刀）

三十三、退步七星

三十四、抱刀还原

金仁霖演示
太极刀

太极刀谱跋

　　5 月 31 日，叶师大密嘱余将太极刀整理成谱，受命后遂将田兆麟、褚桂亭、傅钟文三家之传，通理一番。顺序一依原歌诀词句先后次第，名称则多取之于用法，间有部分袭用歌诀词句内容或会意其含义者，草成初稿。为持郑重起见，复请蔡福民同学至张玉处将武汇川所传之刀学来，并为参校之。斟酌再三，始敢定稿。

　　谱成谛视之，虽不能云已集诸家之大成，然较之市间所传泛泛者，自有霄壤之别也。

　　　　　　　　　　　　　1973 年 6 月 22 日慰苍并志

武当对剑

附圆虚道人论剑——武当内家对手剑法

第一路

上下手各起势　互垫步刺剑进步倒插步反崩腕上进步斜点腕　下回身抽腕　上退步刺腕　下退步上刺腕对提腕　对走半圈　下进步翻腕刺胸　上回身带腕　下回身带腰　上进身反格腕刺胸　下进身反格腕刺胸　上回身带腰　重三遍　上进身反格腕刺胸　下回身压剑进身反击耳　上回身崩腕　下提剑刺腕　对提腕　对劈腕下上步刺喉　上上步带剑身刺喉　下回身带剑进身刺喉　重三遍　上退步压剑进步右搅剑下进步左搅剑　对走半圈　下击头　上托剑进步截腿下退步截腕　上退步带腕　下进步左截腕　上退步抽腕刺腹　下进步右截腕上退步带腕　下垫步翻格腕进步刺胸　对提腕　各退步保门式

第二路

下进步击头　上进步击腕　下提腕　上提腕箭步刺膝黏剑反崩腕　下箭步压剑反崩腕　上跌步斜点腕

下跌步斜崩腕　上抽腕　下进步刺腹　上进步右截腕　对劈腕　下上步反击耳　上反击腕回身带剑搅腕　下进步抽腿退步抽腰　上提腿进步刺腕退步抽腰　互刺腕抽腰　重三遍　下退步压剑进步击头　上退步右搅剑击腕　对提腕　各退步保门式

第三路

上进步劈头　上进步格腕　下提腕　上进步带腰　下退步反格腕进步带腰　上退步反格腕进步带腰　对走半圈　下退步压剑反耳　上退步崩腕　下提剑刺腕　上上步叩击腕　下上步叩击腕　对走半圈　对反抽腕　下上步刺腹　上上步反格腕　下左搅腕反抽腕　上右搅腕反抽腕对提剑　各退步保门式

第四路

上进步起腿洗　下进步击腿反抽腕　上上步反抽腕　对走半圈　下退步抽剑反带腕　上退步反带腕　对走半圈　下退步带腕进步左搅腕上退步右搅腕　重三遍　下进步抽腿　上退步带腕　下退步带腕　上进步抽腕　上进下退抽带　重三遍　下连退步崩腕　上进步抽剑下进身反击耳　上搭剑回身左压　下回身左压剑　上进身击腿反击耳　下收腿踩步崩腕　上提剑刺腕　对提腕　各退步保门式

第五路

上下各斜进步提剑式　上进步刺腹　下进步击腕上反腕平提　下右搅腕平截腕　上左搅腕平截腕　互沉剑　对提腕　对走半圈　上进步踩步崩腕　下退步带腕　上进步反格腕刺胸　下退步上抽腕　上迈步右截腕　下抽剑上刺腕　上抽腕　下右截腕　上退步带腿抱剑插步刺腰　下抱剑插步刺腰　上回身抽腕　下上步独立刺胸　上上步击腕　下退步提剑刺腕　对提腕　扣退步保门式　上下各斜进步提剑式　上进步刺腹　下进步击腕　对提腕　对劈里腕互上步刺腹　上反截腕　下跌步左搅反带腕　上右搅腕反抽腕　互收剑　互垫　步刺剑翻身劈剑　退步保门式

武当对剑拆练　上手

第一路

起势　垫步刺剑进步倒插步反崩腕　（先）[1]进步斜点腕　退步刺腕提腕　走半圈　回身带腕　进身反格腕刺胸　回身带腰　重三遍　进身反格腕刺胸　回身崩腕　提腕　劈腕　上步带剑进身刺喉　重三遍（先）退步压剑进步右搅剑　走半圈　托剑进步截腿　退步带腕　退步抽腕刺腹　退步带腕　提腕　退步保门式

第二路

进步击腕　提腕箭步刺膝黏剑反崩腕　（先）跌步斜点腕　抽腕　进步右截腕　劈腕　反击腕回身带剑搅腕　提腿进步刺腕退步抽腰　刺腕抽腰　重三遍　退步右搅剑击腕　提腕　退步保门式

第三路

进步格腕　进步带腰　退步反格腕　进步带腰　走半圈　退步崩腕（先）上步叩击腕　走半圈　反抽腕　上步反格腕　右搅腕反抽腕　提剑各退保门式

第四路

进步起腿洗　上步反抽腕　走半圈　退步反带腕　走半圈　退步右搅腕　重三遍　退步带腕　进步抽腕　进步抽带　重三遍　进步抽剑搭剑回身左压　进身击腿反击耳　提剑刺腕　提腕　退步保门式

第五路

斜进步提剑式　（先）进步刺腹　反腕平提　左搅腕平截腕　沉剑提腕　走半圈　（先）进步踩步崩腕　进步反格腕刺胸　迈步右截腕　抽腕　退步带腿抱剑插步刺腰　回身抽腕　上步击腕　提腕　退步保门式斜进步提剑式　进步击腕　提腕　劈里腕（先）互上步刺腹　反截腕右搅腕反抽腕　收剑　垫步刺剑翻身劈剑　退步保门式

---

[1] 先：在"上手"套路中，指先于"下手"套路动手。同理，在"下手"套路中则反之。

武当对剑拆练 下手

第一路

起势 垫步刺剑进步倒插步反崩腕 回身抽腕 退步上刺腕 提腕 走半圈 （先）进步翻格腕刺胸 回身苫腰 进身反格腕刺胸 重三遍 回身压剑进身反击耳 提剑刺腕 提腕 劈腕 （先）上步刺喉 回身带剑进身刺喉 重三遍 进步左搅剑 走半圈 （先）击头退步截腕 进步左截腕 进步右截腕 垫步翻格腕进步刺胸 提腕 退步保门式

第二路

进步击头 （先）提腕 箭步压剑反崩腕 跌步斜崩腕 进步刺腹 劈腕 （先）上步反击耳 进步抽腿退步抽腰 刺腕抽腰 重三遍 （先）退步压剑进步击头 提腕 退步保门式

第三路

（先）进步劈头 提腕 退步反格腕进步带腰 走半圈 （先）退步压剑反击耳 提剑刺腕 上步叩击腕 走半圈 反抽腕 （先）上步刺腹 左搅腕反抽腕 提剑 退步保门式

第四路

进步击腿反抽耳 走半圈 （先）退步抽剑反抽腕 走半圈 （先）退步带腕进步左搅腕 重三遍 （先）进步抽腿 退步带腕 退步抽带 重三遍 （先）连退步崩腕 进身反击耳 回身左压剑 收腿踩步崩腕 提腕 退步保门式

第五路

斜进步提剑式 进步击腕 右搅腕反截腕 沉剑提腕 走半圈 退步带腕 退步上抽腕 抽剑上刺腕右截腕 抱剑插步刺腰 上步独立刺胸 退步提剑 刺腕 提腕 退步保门式 斜进步提剑式 （先）进步刺腹 提腕 劈里腕 上步刺腹 跌步左搅腕反带腕 收剑垫步刺剑翻身劈剑 退步保门式

圆虚道人论剑——武当内家对手剑法

　　1988年，笔者在《武魂》总第19期发表了文章《宋唯一的武当剑术和李景林的武当对剑法源流不同考》，文中提到，"李景林老师的武当对剑法是和浮山（剑）道人圆虚的武当内家对手剑法一脉相承的"。现将圆虚道人撰写的《武当内家对手剑法》公开，此谱是根据师姐濮冰如于民国年间的手抄本整理而成的。

金仁霖

剑　纲

　　剑式　凡高低、斜正、曲直、左右、进退、伸缩，每一动作为一式，曰剑式。

　　剑情　彼如此来，吾如此应，有感而动，不在人先，不落人后，曰剑情。

　　剑理　动必有由，曰剑理。

　　剑势　剑在敌旁，动必能及，随机应变，无所不通（适）[①]，使敌生畏，能败敌而不为敌所败，曰剑势。

　　剑德　谦而不满，敬以采事，逊乃不遨（傲），敏乃能捷，慧才见巧，制而能让，敌败不怨，曰剑德。

　　剑意　知彼知己，相敌而动，曰剑意。

　　剑志　能避人险，动必伤人，曰剑志。

　　剑法　人以此式来，我以此式应之，或以变式施之，总以能脱险而加刺击于敌人，不必以第二式之动作即能取胜者，曰剑法。

　　剑用　经者常也，庸者不易也。无成法不能为彀率，舍规矩不能成方圆，守经不变则为拙工。若尺矩不失，因物而施，曰剑用。

---

　　① 本节中"（ ）"中的文字，为笔者对原文存疑，根据文意校改。

武当剑法十三势疏证

剑法十三势名称：击、截、刺、抽、劈、洗、格、带、提、压、点、掤、搅。

十三势之功能：击，敲之使退也；截，阻之勿进也；刺，冲之于前也；抽，拔（之）于后也；劈，由上斩下也；洗，由下掠上也；格，破其实而陷之也；带，攻其虚而避之也；提，撬之使扬也；压，镇之使定也；点，制之于上也；掤，制之于下也；搅，能失敌之主张，居中御外，统领八方，凡十二势之动作皆兼而有之者也。

十三势之对象：击与截对；刺与抽对；劈与洗对；格与带对；提与压对；点与掤对。天地有阴阳，即有顺逆、相对、交错，而后消长变化生焉。故此十二势其势皆相反也。搅，唯此一势，则无论阴阳横直，皆我自为之，不因人而成事，亦无与对抗者。

十三势之攻守：击、刺、劈、格、提、点，皆有攻之势也。截、抽、洗、带、压、掤，皆有守之势也。搅，有攻有守，能攻能守，或攻或守，似攻似守，是攻是守，又兼有彼十二势之才能以成己势，故能统众而为帅，相彼而后动，其态圆，得天地之正形，足为各势之冠，其（它）诸势中无一足与相配相敌，无不为其所化者也。

金仁霖演示
武当对剑

杨家太极拳老谱①

一、八门五步

方位八门，乃阴阳颠倒之理，周而复始，随其所行也。八门者，四正四隅也。四正为掤捋挤按，四隅乃採挒肘靠。合正隅之手，得门位之封（卦），以身分步，则生五行，以支撑八面。五行者，进步［火］，退步［水］，左顾［木］，右盼［金］，中定［土］是也。以中定为枢轴，怀藏八卦，脚踏五行，名之曰八门五步。

二、沾黏连随

沾者，提上拔高之谓也。黏者，留恋缱绻之谓

---

① 此谱摘录自 1953 年 7 月 1 日由田兆麟老师的学生何孔嘉汇编成集的《太极拳手册》。与他本杨氏老谱相关内容一一对照，可判断此谱系杨氏老拳谱无疑。此谱文字虽多舛误，而文思简洁，义理清晰，遣词用典，皆有着落，且语气亲和，面目可人。文字舛误处，均已一一校正。中括号［ ］内的文字，系原文所固有的标记。圆括号（ ）内的文字，系校正的文字。部分标点有所改动，其余一概保持原谱之风貌。

也。连者，舍己无离之谓也。随者，此动彼应（彼动此应）之谓也。学者欲求懂劲，当于此四字三注意焉。

三、顶偏（匾）丢抗

顶者，出头之谓也。偏（匾）者，不及之谓也。丢者，离开之谓也。抗者，太过之谓也。初学者，每犯此四字之病，必于推手之时，密密觉察，随时改去，改之既尽，方能达感觉灵敏，沾黏连随之域。

四、太极圈

退圈容易进圈难，不离腰腿（顶）后与前。所难中土不离位，退易进难仔细研。此为动功非站定，倚身进退并比肩。能如水磨摧急缓，云龙风虎象周旋。要用天盘从此觅，久而久之出天然。

五、对待用功法守中正

欲求懂劲，须习对待，[即推手]。推手分掤攦挤按四手，学者必于此四手，用不动步推法，苦下工夫，须练至腰腿皆可沾黏连随，身形和顺，伸舒自如，无丝毫拙力，随感随应，方可谓基本之功足。

六、太极进退不已功

掤进攦退自然理，阴阳水火相既济。先知四手得其真，採挒肘靠方可许。四隅从此演出来，十三势架永无已。所以因之名长拳，任君开展与收敛。千万不可离太极，对待于人出自然。由兹往返于地天，但求舍己无弥病。上下进退永连绵。

七、太极体用解

理为精气神之体，精气神为身之体。身为心之用，劲（力）为身之用。心身有一定之主宰者，理也；精气神有一定之主宰者，意诚也。诚者，天道；诚之者，人道。俱不外意念须臾之间。

要知天人同体之理，自得日月流行之气。其气意之流行，精神自隐于（微乎）理也（矣）。夫而后言，乃武，乃文，乃圣，乃神，则得矣。特借后天之武事，论之于身心，用之于劲力，仍归于道之本也。劲由于筋，力由于骨。如以持物论之，有（力）者能持数百斤，是骨节皮毛之外操也，故有硬力。太极拳之内劲则不然。以之持物，或不数斤，盖精气内壮也。若功成之后，较硬力不知妙出若干倍也。

八、太极文武解

文者，体也；武者，用也。文功在武，用于精气神也，为之体育；武功得文，体于心身也，为之武事。夫文武又有火候之谓。在放卷得其时中，体育之本也。文武使于对敌（待）之际，在蓄发适当其可，武事之根也。有文无武，谓之有体无用；武而无文，谓之有用无体。文者，内理也；武者，外数也。有外数无文理，必为勇（血）气之勇，有失本（来）面目，欺敌取败也；有文理无外数，徒思安静之学，未知用的采战，差微则亡矣。

九、太极懂劲解

自己懂劲，接及神明，为之文成。而反（后）采战。身中之阴，七十有二，无时不然。阳得其阴，水火既济，乾坤交媾，性命葆真矣。于人懂劲，视听之际，遇而变化，不着思虑形相，而来往咸宜，自得曲诚之妙。

十、八五十三势长拳解

自己用功，一势一式，用成之后，合（之）为长拳，滔滔不断，周而复始，所以名为长拳也。万不得不有一定之架子，恐日久入于油滑也，又恐入于硬拳也，决不可失其绵软。周身往复，精神意气之本。用久自然贯通，无往不至，何坚不推也。

于人对敌（待），四手当先，亦是（自）八门五步而来。站步四手，碾磨四手，进退四手，天地人三才四手，由下乘长拳四手起，大开大展，练（炼）至紧凑屈伸自由之功，则入上中乘之境矣。

十一、太极分文武三成解

盖言道者，非自修身，无由得也。然又分为（三）乘修法。乘者，成也。上乘即大成也，下乘（即）小成也，中乘即诚之者成也。法虽三，其成功一也。

文修于内，武修于外。体育内也，武事外也。修者，内外表里成功集大成者，上乘也；由体育之文，而得武事之武，或由武而得文，中乘也；若惟知体育而成，或专由武事而成者，即下乘也。

十二、太极下乘武事解

太极之武，外操柔软，内含坚刚。练习之久，自得内之坚刚，然非有意坚刚，实自然增长之内劲也。所难者，内含坚刚，而（不）施于外。即迎敌之时，也以柔软而应坚刚，使坚刚尽化无存。然此步功夫，何等深玄。要非沾黏连随，已由懂劲达神明之域者，不能轻灵玄妙，收四两拨千斤之功若是也。

十三、太极正功解

太极者，元（圆）也。无论内外上下左右，不离此元（圆）也。太极者，方也。无论内外上下左右，不离此方也。元（圆）之出入，方之进退，随方就元（圆）之往来也。方为开展，元（圆）为紧凑。方元（圆）规矩之至，熟（孰）能出此外哉。如此得心应手，仰高钻坚，神乎其神，见隐显微，的的思的，生生不已，欲罢不能。

十四、太极轻重浮沈（沉，下同）解

双重为病，在于填实，与沈不同也；双沈不为病，因其活泼能变，与重不等也。双浮为病，在于漂渺，与轻不同也；双轻不为病，因其天然轻灵，与浮不等也。半轻半重不为病，偏轻（偏）重为半（病）者，半有着落也。偏者，偏无着落也。所以为病。偏无着落，必失方元（圆）；半有着落，岂出方元（圆）；半浮半沈为病，失于不及也；偏浮偏沈，失于太过也；半重偏（重），滞而不正也；半轻偏轻，灵而不元（圆）也；半沈偏沈，虚而不正也；半浮偏浮，茫而不元（圆）也。夫双轻不进于浮，则为轻灵；双沈不进于重，则为离虚。故曰，上手轻重，半有着落，则为平手，除此三者（之）外皆为病手。盖内之虚灵，不昧能勇（致）于外，气之清明，流（行）乎肢体也，若不穷研轻重浮沈之手，徒劳掘井不及泉之叹耳。然有方元（圆）四正之手，表圆而方，超乎象外，得其寰中之上手也。

十五、太极四隅解

四正，即四方也，所谓掤擓挤按也。四隅，即四角也，所谓採挒肘靠也。学者若不知方极而元（圆），元（圆）极而方，方元（圆）循环，阴阳变化之理，焉能出隅之手哉。盖吾人外而肢体，内而神气，均贵轻灵活泼，乃能极四正方元（圆）之功。然或有于四正之手，犯轻重浮沈之病者，则有隅手出矣，譬为半重偏重。

十六、太极平正（准）腰顶解

顶如准，故至（曰）顶头悬也。二手，即平左右之盘也。腰即平之根株也。若平准稍有分毫之轻重浮沈，则偏显然矣。故习太极拳者，须立身中正，有如平准。使顶悬腰松，尾闾中正，上下如一线贯串。转变全凭二平，分毫尺寸，须自己细辨。默识揣摩，容（融）会于心，迨至精熟，自能随感斯应，无往不宜也。车轮二，命门一，纛摇又转，心令气旗，使自然，随我便。满身轻利者，金刚罗汉炼。对待有往来，是早或是晚。合则发放去，有如凌霄箭。滋养有多少，一气哈而远。口授须秘传，开门见中天。

十七、太极尺寸分毫解

功夫先炼（练）开展，后炼（练）紧凑。紧凑之后，再求尺寸分毫。由尺而寸而分而毫。盖慎密之至，不动而变也。

十八、太极膜脉筋血（穴）解

节膜、拿脉、抓筋、闭穴，此四功，尺寸分毫得之，而后求之。络（膜）若节之，血不周流；脉若拿之，气难行走；筋若抓之，身无主地；穴若闭之，神气皆无。暗抓络节至半死，伸脉拿之似亡军，筋抓之劲断，死穴闭之无生。气血精神若无，身何有主哉。若欲能节拿抓闭之功，非得真传不可。

十九、太极字二解

挫揉捶打，［于己于人］，按摩推拿，［于己于人］，开合升降，［于己于人］，此十二字（习）皆用手也。

屈伸动静，［于己于人］，起落急缓，［于己于人］，闵（闪还）撩了，［于己于人］，此十二字于己气也，于人手也。

转换进退，［于己身也，于人步也］，顾盼前后，［（于）己目也，（于）人手也］，即瞻前眇后、左顾右盼，此八字，关乎神者也。

断接俯仰，此四字关乎意劲也。（断）接关乎神气，俯仰关（乎）手足也。

劲断意不断，意断神可接。劲意神俱断，则俯仰矣。因手足无着也，俯为一叩，仰为一反，不使叩反，非断而（复）接不可。对待之时，俯仰最当留意，时时在心，手足不使断接之能，非见隐显微不可。隐微如断而未断，见隐如接而未接。接接断断，断断接接，其心意身体神气，极于隐显，又何患不沾黏连随哉。

二十、太极节拿抓闭尺寸分毫辨

对待之功，既得尺寸分毫于手，则可量之矣。然不论节拿抓闭之手易，若节络（膜）拿脉、抓筋闭血（穴）则难。非自尺寸分毫量之，不可得也。节不量，由按而得。拿不量，由摩而得。抓不量，由推而得。拿闭非量而不能得穴，由尺盈而缩之寸分毫也。此四者，无（虽）有高传，然非自己功夫久者，无论（能）贯通矣（焉）。

二十一、太极补助（泻）气力解

补泻气者（力）于自己难，补泻气力于人亦难。补自己者，知觉功则补运动功，过则泻，所以求诸己不易也。补于人者，气过则补之，力过则泻之，此胜彼则所由然也。气过或泻，力过或补，其理虽亦然，其有详夫过补为之，过上加过，遇泻为之，缓他不及他，必更过，仍加过也。补气泻力于人之法，均为加过于人矣。补气名曰结气法，泻力名曰空力法。

二十二、懂劲先后论

未懂劲之先，易犯顶匾丢抗之病，既懂之后，又恐（犯）断结（接）俯仰之病。然未懂故犯病，既懂何又犯病？盖后者在似懂未懂两可之间，断接无准，则视听未正确，尚未达真懂劲之境焉。何为真懂？知瞻眇颜盼之视，起落缓急之听，（闪还撩了之运，转换）进退之动，斯为真懂劲。乃能屈伸动静之妙，开合升降之巧。见入则开，遇出则合；看来则（降），去就（就去）则升。而达神明之域。既明矣，则往后行（坐）住卧、一动一静，均须谨慎在意，盖无往而非功夫矣。

二十三、尺寸分毫在懂劲后论

凡未懂劲，先求尺寸分毫，为之小功，不过末技武事而已。所谓能尺于人者，非先懂劲也。如懂劲后，神而明之，自然能量尺寸分毫也。能量然后能节拿抓闭矣。

又必详知膜（络）脉筋血（穴）之理，存亡之手，生死之穴。而点穴之要，又在于闭之一字也。

二十四、太极指掌捶手解

自指之下，腕上实者如（为）掌，五指之首为手，五指皆为指，五指组笼为捶。

言其用处，按，推掌也；拿揉抓闭，俱用知（衍文）指也；挫，摩手也；打，捶也。捶有搬拦、指裆、肘底、搬（撇）身、覆捶。掌有搂膝、换转、单鞭、通背、串掌。手有云手、提手、合手、十字手、反手。指有屈指、伸指、捏指、闭指、量指。量指又名尺寸指，又名觅穴指。指有五，各有（其）用。首指为手仍为指，故又名为手指。其（一），用之为施（旋）指、施（旋）指手；其二，用之为根，指根手；其三，用之为弓，指弓手；其四，用之为中合手指。四手指之外为独指、独指手也。食指为卞指，为剑指，为佐指，为沾指。中正（指）为心指，为合指，为钩指，为抹指。无名指为全指，为环指，为代指，为扣指。小指为帮指，为补指，为媚指，为挂指。若此之名，知之易而用之难，得口诀秘法，亦不易为也。其次，有对掌、推小（山）掌、射雁掌、掠（晾）翅掌、似（闭）指、拗步指，湾（弯）弓指、穿梭指、探马手、湾（弯）弓手、抱虎手、玉女手、胯（跨）虎手、通山捶、叶（腋）下捶、背反捶、势分捶、卷挫捶。再其次，步随身换，不出五行，则无失错矣！因其沾黏连随之理，舍己从人，身随步转。只要无（五）行（之）舛错，身形脚势出于自然，又何虑些些（须）之病也。

二十五、口授张三半（丰）老师之言

予知之数（三教）归一之理，皆性命之学也，皆以心为一身之主也。人之身有精气神，才能文思安安，武借（备）动动。安安动动，动动安安，乃文乃武。大而化之者，圣神也。先觉者，得其寰中，超乎象外矣。后学者，以效先觉之所知能，盖其知能虽人因（固）有之，然以迷故，以渐消失，非效先贤，不可（复）也。夫人之知能，天然文武。目视耳听，天然文也，手舞足蹈，天然武也。前辈大成文武圣神，授人以

体育修身之道，而不以武事修身传也。至予得手舞足蹈之采战。惜阴补阳，身之阳男也，身之阴女也，然皆备于一身，非如邪道之以男女后天色身为采补也。予之传斯武事，即本此意，借假修真，以求进于了性保命之境。非徒作技击之末也。然即施之于技击，亦与己身之采战之理相同。盖己身遇对待之数，则为采战也。是即汞铅，于人对战，坎离兑震，阳战阴也，为之四正；乾坤艮巽，阴采阳也，为之四隅。此八卦也，为之八门。身足位列中土，进步之阳以战之，退步之阴以采之，左顾之阳以采之，右盼之阴以战之，此五门者，为之五步。共为八门五步也。夫修身入手，无论文武，及成功一也，之（三）教、之（三）乘、之（三）原，不出太极，愿后学以易理格致于身中，留于后世亦可。

二十六、张三丰以武到（事）得道论

夫人身之成，由得先天之性命，后天之精血形骸。然人既坠尘也，为七情六欲所迷，本性自失，故贤者欲求复本，不得不加修练（炼），修练（炼）之道，或由文，或由武。练太极，即由武入也，由命而返性，由假而返真，故足蹈五行，手舞八卦，皆先天地之理也。迨夫日久功深，自能内外合一，尽性立命，然其要在一诚字，盖意诚心正，乃能致知格物，而归先天大道也。

太极拳真义

无形无象,[忘其有己]，全身透空,[内外为一]，症（应）物自然,[随心所欲]，西山悬磬,[海阔天空]，虎喉猿噶,[锻炼阴精]，泉清水静,[心死神活]，翻江闹海,[元气流勤]，益性立命,[神定气足]。

八字歌

掤擓挤按世界（间）奇，十个艺人九不知，若能轻灵并坚硬，沾连黏随俱无疑。採挒肘靠更出奇，行之不用费心思，果能轻灵并坚硬，得之环中不支离。

心会歆

腰脊为第一之主宰，喉口（头）为第二之主宰，心地为第三之主宰；

丹田为第一之主宰 (宾辅)，指掌为第二之主宰 (宾辅)，足掌为第三之主宰 (宾辅)。

周身大用论

一要心性 (定) 与意静，自然无处不轻灵。二要遍体气流行，一定继续不能停。三要喉头永不抛，问尽天下众英豪。如询大道凭何得，表裹精细无不到。

十六关要论

发 (旋) 之于足，行之于腿，纵之于膝，活泼于腰，灵通于背，神贯于顶，流行于气，运之于掌，通之于指，敛之于髓，运之于神，凝之于耳，息之于鼻，呼吸于胸往来于口，浑噩于身，全体发之于毛。

功用解

轻灵活泼求懂劲，阴阳相济无滞病，若得四两拨千斤，开合鼓荡主中定。

用功五

博学　是多功夫

审问　非口问，是听劲

慎思　时时想念

明辨　生生不已

笃行　如天行健

以下各节录自田镇峰编著《太极拳讲义》12~14 页《封于拳术领会的几点贡献于读者》。原文出于芪乃周《武备参考》。

金仁霖识

非在不得已时，不与人交手。与人交手，先有夺人之气。交手时，拦其手谓之头门，制其肘，谓之二门，截其膀根，谓之三门。每一出手，应先制其膀根，是谓登堂入室。停顿时，宜沉着加力，转关处，宜活泼随机。

练拳总以用功为主，力是自然主力，不可勉强加力。一身气血周流，方能浑元一气。

初学拳，切勿猛进，戒求速，忌用力。术语云，无力努力伤血，不速求速伤气。血气二伤，则必危机肇临，有力何有施哉。

练时切记存神上田，[大脑]，纳气下田，[脐下]，先使用脑力，然后方能收敛。太极拳与他种拳术不同之处，即在于练时之存神纳气，其形式即与其他拳术，无甚分别。若徒呆练而不加以研究，则结果祇平凡之人而已。

此谱请大密先生向田兆麟先生处要来，所录拳谱系杨氏老谱，字句稍有舛误，已为校正。复手抄一本，以为他日与新谱合刊之用。

1954 年 1 月 30 日金仁霖识

金仁霖拳学札记

太极小道

太极小道，自非急务，时或留心，见万类皆比拟之，日久未有不技进于道者，所谓行、住、坐、卧，一动一静，无往而非功夫也。所难者，任情恣性然后为之，虽半遍拳架不为少，若急于成事，虽日练万遍，不能佳也。

含胸拔背

含胸拔背是动作时身形的配合问题。这里所说的身形（包括面容），也是我国武术界的古老说法，用现代运动生理学的话来说，就是状态反射的有意识利用。状态反射是先天性的，它在各项运动中被人们有意无意地广泛利用着，对顺利完成动作和提高运动效果（成绩）很有帮助。

1964 年，叶大密老师在他为上海市中医文献研究馆编写的《医疗保健太极拳十三式》第一章第三节《练习医疗太极拳的基本要点》"敛腹含胸"中说：

"敛腹含胸是一个动作的两个方面，敛腹是在吸息时将腹壁有意识地略为收缩，使和膈肌的收缩下降配合起来。含胸是紧接着敛腹，使胸部肌肉放松，胸骨正中第三、第四肋间隙玉堂穴和膻中穴中间，稍微有内吸的意思。这样可使胸廓下部得到充分的扩展，有利于肺活量的增加。

"敛腹含胸时，腹压降低，丹田向上合抱，使内气从尾闾沿脊柱往第四胸椎棘突间的身柱穴处提敛，也就是古人所说的'敛入脊骨'。敛腹含胸一般是在动作开始或转换变化时行之，在技击上是一个走化或蓄势的动作。对初学的人来说，只能先从外形的敛腹含胸着手。结合呼吸的提敛内气，可以留在后一步来做，避免发生偏差。"

在"拔背顶劲中"则说：

"拔背顶劲也是一个动作的两个方面。拔背是在呼息时使两侧背部的肌肉群，如骶棘肌、棘肌、半棘肌等，由下而上地依次拉伸一下，然后竖起身躯，则在脊柱第四胸椎棘突间的身柱穴处，就有往上拔起的感觉。顶劲是紧接着拔背，由头棘肌的作用，松松竖起颈项，抬头向前平看，头顶百会穴处有凌空顶起的意思。拔背顶劲时，可使由敛腹含胸时提敛至脊骨身柱穴处的丹田内气，再从身柱穴沿督脉上升到百会，经前顶、神庭、印堂而到龈交，由舌抵上腭的作用，接通任脉承浆，再沿任脉而下，回归小腹。这时丹田落归原位，膈肌上升，恢复原来隆凸状态，腹部内压力增加，腹肌放松而有饱满舒畅的感觉，这就是古人所说的'气沉丹田'。这里应该注意的是，气沉丹田是配合着拔背顶劲的动作，并不单独存在，是意识引导丹田内气的作用，不是用力屏住呼吸往下硬压。拔背顶劲，一般是在动作的终了或成定式时行之，在技击上是一个放劲的动作。"

这里对于古人所说的"气敛入脊骨"和"气贴背"的认识，明确地指出是两个不同时间，配合不同呼吸运动的生理设想。在祖国医学气功疗法中，把它们称为意识引导内气的锻炼法。"气敛入脊骨"是引导内气由尾闾循脊柱向上提收的设想，一般是配合吸息，在动作的开始、转换或推手的化解时。

"气贴背"是引导内气由头顶循颜面、胸腹向下沉放的设想，一般是配合呼息，在动作的结束、终了或推手的发放时，也就是气沉丹田、气贴脊背的意思。但脊背的范围较大，要点中特别提出了第三、第四腰椎间的命门穴处，这不仅和祖国医学、古代养生学注重肾间动气，注重命门的理论相符合，抑且说得更具体些。拿叶大密老师的话来说，这时是"丹田落位（落归原位），气贴命门（命门饱满）"。

要点中也对一般著作中以讹传讹的腹式逆呼吸法生理机制的错误认识，通过实验予以纠正。即呼息时腹压增加，膈肌是松弛上升的，并不是收缩下降的。不过一吸一呼间，膈肌的整个升降过程有所增加而已。

护肫

李亦畬在身法八目中提出护肫，郝少如在《武式太极拳》第一章"要点"中称："两肋微敛，取下收前合之势，内中感觉松快，谓之护肫。""身法先求尾闾正中。正中者，即是脊骨根向前也。又须护肫，肫不护，则竖尾无力，一身便无主宰矣。"卞人杰《太极拳练习的十二个基本要则》之五"塌腰"称："塌是坠下的意思，注意腰部的松弛，由后面到前面，整个腰部的肌肉，不须有丝毫紧张的现象。司时集中意识，使两肋收敛，腰部向下垂注，这就是塌腰。"之六"敛臀"称："敛臀，就是以意识使臀部向内收缩，使与背之下部相平，在外面一点看不出有突出的痕迹为之。"相比而论，郝少如的护肫，其实就是卞人杰的塌腰、敛臀。

叶大密老师在《医疗保健太极拳十三式》第一章第三节基本要点"松腰收臀"中说："太极拳以躯干带动四肢，而躯干的转动主要在于腰脊部的旋转灵活。"古人说"腰如车轴"，又说"腰为纛""腰为主宰"，同样说明了腰脊部的重要作用。松腰就是要在放松腰部四周肌肉群的前提下，使两胁肋部往下松塌，而又有向前抱合的意思。所以武禹襄把它称为"护肫"。能松腰，腰脊才能转动灵活，上下不相牵掣，重心降低，两脚有根而下盘稳固。收臀是在松腰的同时，有意识地使臀部稍微往里收缩，使臀部和腰背部基本保持在一个曲面上，而不向后凸出。能松腰收臀，才能使脊柱直竖，尾闾中正，起到像大纛旗和方向盘一样的指挥作用。

斜川步

斜川步旧名雁行步，两脚前后距离随各人身材高矮及架式高低而定，总以能使自己进退不勉强为度。两脚掌平行如雁群之飞行，身虽前后参差，翼仍保持平行，故称雁行步。孙禄堂在《八卦掌学》第七章《太极学》第一节《太极学图解》中所谓"两足形式如斜长方形"，指的就是这种步法。因为它像牌九中的长三六，所以叫它"长三步"。1982年第4期《新体育》第40页黄万祥《八卦掌的特点》中就有"长三步"的说法。

牮柱之式

周稔丰《太极拳常识》"步法"说，吴式太极拳做弓步时，两腿前后距离较小，上体前倾（一般耳根不超过前脚脚尖），自顶至后脚跟应成一条斜的直线，眼要向前平视，此即所谓"牮柱之式"（牮柱为预防屋墙倾倒用的斜撑着的直柱）。裴锡荣《河南正宗形意拳》之李英昂序中，在评及宝显庭（名鼎，陕西长安人）的形意拳谓："从拳式观之，有整劲不失形意真意，然其身法斜倾不正，主张自头至足，如一直杆若牮柱状，疑为宝先生个人心得。盖形意拳身法，以正为贵。早年王芗斋先生传我身法口诀有虚灵挺拔、轻松匀整八字，亦求正也。不正则无法虚灵，更不能轻松。宝先生以斜为正，颇难明其奥妙所在。"

平肩和仄肩

杨澄甫《太极拳使用法》解释武禹襄拳论"意气须换得灵，乃有圆活之趣"时说："所谓意气的换法，犹如半瓶水，左侧则左荡，右侧则右荡，能如是不但得圆活之趣，更有手舞足蹈之乐。至此境地，若人阻我练拳，恐欲罢不能也。"叶大密老师教拳时，把半瓶水演绎为"如半管水银""如荷叶承露",形容太极拳之轻灵,有倾即泻。因此他主张在练拳进退转换时,要"身沉、胯松、腰转,以虚侧肩合实侧脚"。这与清代苌乃周《苌氏武技书》"仄肩"节提出的"一肩高兮一肩低,高高低低不等齐,低昂递换多变化,七捞十势亦出奇"不谋而合。孙派拳学则将此称作"卸肩"。

肩的高低一方面与身体的正仄有关。双手(臂)齐出的正身式势,多用平肩。单手左右呼应的仄身式势,多后高前低,也有前高后低。《苌氏武技书》卷二"论手足"一节中所谓"出手脱肩里合肘,左右扶助如水流,击动首尾一线起,打法何须搠攀勾"。同书卷五"二十四字偏势退华山看果"一节有云"一肩高,一肩低,一胯擎,一胯落",可见肩的高低还与左右腿(足)的进退转换有关。拳势之中,无须拘泥于"两肩切忌一高一低"之论。

化劲、运劲、发劲

化劲要虚空粉碎,运劲要连绵贯穿,发劲要沉着松净。

虚空粉碎则自身各部分彼此不相牵制,没有这里动那里摇的相互影响,从而才能把对方的来劲消化干净;连绵贯穿则源源不绝,有缝就渗,钻得进,提得起;沉着松净则安舒稳妥,完整不偏,清脆利落,脱得开,放得远。

1958年,我在淮海公园与田兆麟老师推手,田老师说:"推手打人,要打得你脚跟咚咚响,甚至发痛,而身上却不觉得痛才对。老三先生(指杨健侯)打人就是这样的。"这样的功夫,总归还在于练习时的用意放松,不持力气。这几句话说来容易,做到却难。

化劲的高级阶段,情绪对人体生理机能的影响

孙禄堂在《拳意述真》第八章《练拳经验及三派之精意》中说:

余练化劲所经者,每日练一形之式,到停式时,立正,心中神气一定,每觉下部海底处(即阴穴处)如有物萌动。初不甚着意。每日练之

有动之时，亦有不动之时，日久亦有动之甚久之时，亦有不动之时，渐渐练于停式，心中一定，如欲泄漏者，想丹书坐功，有真阳发动之语，可以采取。彼是静中动，练静坐者，知者亦颇多。乃彼是静中求动也。此是拳术，动中求静，不知能消化否？又想拳经亦有"处处行持不可移"之言。每日功夫总不间断。以后练至一停式，周身就有发空之景象，真阳亦发动而欲泄。此情形似柳华阳先生所云"复觉真元"之意思也。自觉身子一毫亦不敢动，动即要泄矣。心想，仍用拳术之法以化之。内中之意，虚灵下沉，注于丹田，下边用虚灵之意，提住谷道。内外之意思，仍如练拳趟子一般。意注于丹田片时，阳即收缩，萌动者上移于丹田矣。此时，周身融和，绵绵不断。当时尚不知采取转法轮之理，而丹田内，如同两物相争之状况。四五小时，方渐渐安静。心想，不动之理，是余练拳术之时，呼吸二息仍在丹田之中，至于不练之时，虽言谈呼吸，并不妨碍内中之真息，并非有意存照，是无时不然也。庄子云"真人呼吸以踵"，大约即此意也。因有不息而息之火，将此动物消化，畅达于周身也。以后又如前动作，仍提在丹田，仍是练拳趟子，内外总是一气，缓缓悠悠练之，不敢有一毫之不平稳处，动作练时，内中四肢融融，绵绵虚空，与前站着之景况无异。亦有练一趟而不动者，亦有练二趟而不动者。嗣后亦有动时，仍是提至丹田，而用练拳之内呼吸，转法轮，用意主之于丹田，以神转息而转之，从尾闾至夹脊、至玉枕、至天顶而下，与静坐功夫相同，下至丹田。亦有二三转而不动者，亦有三四转而不动者。所转者，与所练趟子消化之意相同。以后有不练之时，或坐立，或行动，内中仍以用练拳之呼吸，身子行路亦可以消化矣。以后甚至于睡熟，内中忽动，动而即醒，仍以用练拳之呼吸而消化之，以后睡熟而内中不动，内外周身四肢，忽然似空，周身融融和和，如沐如浴之景况。睡时亦有如此情形，而梦中亦能。用神意呼吸而化之。因醒后，已知梦中之情形而化之也。以后练拳术，睡熟时内中即不动矣。后只有睡熟时，内外忽然有虚空之时，白天行止坐卧，四肢亦有发空之时，身中之情意，异常舒畅。每逢晚上，练过拳术，夜间睡熟时，身中发虚空之时多。晚上要不练拳术，睡时发虚空之时较少。以后知丹道有气消之弊病。自己体察内外之情形，人道缩至甚小，消除百病，精神有增无减。以后静坐亦如此，练拳亦如此。到此方知拳术与丹道是一理也。

此则显然是因为练拳而提高了情绪，而情绪的推高，又能活跃人体各种生理功能，如内分泌系统，包括脑垂体性腺的分泌，因而出现了性兴奋。当意注到行转法轮（佛家语，也即道家所谓的小周天）引导内气沉纳于丹田后，性兴奋受到抑制，因而阳即收缩。

中架子和大小架子

中架子与陈沟老架相比，内容相似而动作变慢，节律变匀，用劲变柔。它是小架子和大架子的发展基础。它的外表特征是圈多而大。后来班侯、少侯将架势收缩成小架子，而澄甫将架势开拓成大架子。架势大小变化后，圈子的幅度也随之收缩到了极小，接近于点，因形式上已看不出来，所谓有圈之意，无圈之形。

因此，无论大架或小架，倘若学之不得其法，便将太极拳练成了无圈的动作。动作无圈，练起来固然简便，但是健身与拳技效果，自然也就差了。

九脚

传统杨式太极拳腿法九脚，从拳的架势来分：左右分脚、左右蹬脚、左右踢脚、二起脚、单双摆莲脚。以使用法而论，则分为：踢脚、翅（分）脚、蹬脚、（二）起脚、（单双）摆（莲）脚、接脚、套脚、衬脚、踩脚。翅脚即刺脚，踩脚即踹脚。

太极拳由松得沉、由沉入轻的锻炼步骤

杨派传本《太极拳拳谱·轻重浮沉解》："夫双轻不进于浮，则为轻灵；双沉不进于重，则为离虚，故曰上手。"把轻灵与沉着都评为上手，可见，轻灵绝不是入门初学的人一下子就能追求得到的境界。

此拳论还一再强调轻与浮、沉与重的不同之处，旨在告诉我们，太极拳在由松得沉、由沉入轻的锻炼历程中，轻，必须经过沉的这一过程，否则得到的不是轻，而是浮。轻，是轻灵；浮，是浮滑。两者截然不同。

清吴修龄《手臂录》评少林僧洪转《梦绿堂枪法》三奇之软中说："石敬岩、程真如峨眉枪法，以重硬为初门，以轻虚为脱化，若软字，枪中至极处也。程冲斗只言重硬，不言轻虚，所以火气不除。此段非冲斗所及，乃少林本法也。但言用时之软，而不言练时之强，实则无根本，所以不及峨眉。"这里说的重硬，就是太极拳中所说的沉实；轻虚，就是太极拳中所说的轻灵；软，就是太极拳中所说的柔。

引申到太极拳中，练架子时，处处放松，以求得沉实雄厚的基础功夫，推手时活泼紧跟，以求得到轻灵顺遂的机势，当然必须在练时能够沉实，才能有用时的轻灵。所谓"从实处下手，从虚处脱化"，理固然矣。

把放松当作是轻灵，不从实处基础功夫下手，企图一步登天，就容易犯浮滑之病。

掤

太极拳中所谓似松非松的掤劲，是在持久锻炼中，有意无意间逐步形成的。它包括了听、化、黏、随等技击技巧在内，所以是遍身都有的，绝不是只局限于身体的某一部分，如臂、肘等。因此也无须强调臂、肘与腋下留有一拳等机械要求，也无须强调臂、肘永远保持相当的紧张度之类的要领。

抽胯

抽胯，孙禄堂《八卦掌学》中的说法有："两胯里根极力往回抽劲，里胯根抽至如圆圈里边圆线，如'）'是也""两胯里根如圆圈里面，无有棱角""内里似乎开圆圈之意""腹内要似觉圆圈虚空一般""两胯里根均向回抽劲，又兼向外开劲，此式是内开外合之意"。

卜人杰《太极拳练法的十二个基本原则》之十"抽胯"则云："抽是向内抽缩的意思，怎样把胯向内抽缩呢？你练拳时两腿不是要进退么？譬方你的左腿前进一步，身体的重心还支在右足的时候，立刻注意把左足的根节向内抽缩，同时叫右腿的根节向外挺突，使两胯的位置并列在一条横线上，没有凹凸不平衡的情形，这便是抽胯的方法。右步前进时也是一样，不过左挺右抽，换一个方向而已。退步时也是一样。"郝少如《武式太极拳》录郝月如《太极拳的走架打手》云："习太极拳者，必先求尾闾正中。正中者，脊骨根对脸之中间也。迈左步，左胯微向左上抽，用右胯托起左胯；迈右步，右胯微向右上抽，用左胯托起右胯。则尾闾自然正中。能正中，则能八面支撑。能八面支撑，则能旋转自如，无不得力。"

卜、郝两说相近，但与孙说并非一回事。孙说的是成式时，两胯在原地位置上，附近的相关肌肉群和韧带的最大限度放松和拉长。而卜、郝所说，则是在式势变动时，两胯位置的调节。

足掌贴地与足心贴地

拳界"足掌贴地"与"足心贴地"的说法，其实是拳势在将成定式时，气达涌泉穴的一刹那，是设想中的足心涌泉穴松沉塌地，接着脚掌前外缘和脚跟着地，涌泉穴回缩，气贯五趾，所谓脚心空，则是真正成定式的时候了。

这种说法，其实也是有它的来源的。那就是孙禄堂在《太极拳学》中说的"两足尖亦不用力抓扣，两足后跟亦不用力蹬扭，身子如同立在沙漠之地"的演绎。

黏手接劲与散手接劲

黏手接劲已难，散手接劲更难。其难在于手虽散开而意思仍旧要黏住。所以太极拳散手的基础在于黏手。散手要从黏手练起，这就是太极拳散手黏打和其他拳术散手格打的根本不同之处。

沾连粘随与粘连绵随

《打手歌》末句，据李亦畬手抄《太极拳谱》，原应是"沾连粘随不丢顶"。"沾"字在《太极拳谱解》中解释为"提上拔高之谓也"。在推手中是"引而提之"的一种方法，等到对手被沾起，就可以"起而放之"。叶大密老师说，当年杨澄甫老师在推手时常说"一沾就成"。田兆麟老师则索性说"一沾起就打"。说明沾了就会停顿，会断，对方跟不上的话，就会丢。孙禄堂先生认为这个字在《打手歌》中用得不妥，提出把"沾连粘随"改成"粘连绵随"。陈微明先生在 1925 年初版《太极拳术》所载《打手歌》末句用的是"粘连黏随不丢顶"。"粘"字原是"黏"字的俗写，北方有读"粘"为"沾"的。则知"粘"字实为"沾"字的谐音笔误。1933 年再版《太极拳术》时，陈先生就把《打手歌》末句改成了"粘连绵随不丢顶"。1957 年 9 月孙禄堂原著，孙剑云整理的《太极拳》（1962 年 12 月第五次印刷时改名为《孙式太极拳》）附录参考资料中的《打手歌》末句，也为"粘连绵随不丢顶"。

太极拳之用掌

太极拳掌心之凹与凸，不仅是内容设想和外观形式上的不同，更重要的是关系到出劲能不能玲珑剔透，也就是出劲清脆还是闷憋的问题。清脆是锐，闷憋是钝。脆劲长里有短，短里带长，能长也能短。闷劲是断劲，只有短而没有长，也只能短而不能长，和外家拳的格打震掌一样，能打而不能发，能击而不能放。

太极拳与内家拳

太极拳与内家拳的论争由来已久。实际上这里我们首先必须弄清楚的是"内家拳"这一名词的定义，究竟是狭义的一种拳术的专门名称还是广义的一个类型拳术的笼统名称。

据黄梨洲《王征南墓志铭》中所说，"少林以拳勇名天下，然主于搏人，人亦得以乘之。有所谓内家拳者，以静制动，犯者应手即仆，故别于少林为外家"。《宁波府志》"张松溪传"："盖拳勇之术有二：一为外家，一为内家。外家则少林为盛，其法主于搏人，而跳踉奋跃，或失之疏，故往往为人所乘。内家则松溪之传为正，其法主于御敌，非遇困危则不发，发则所当必靡，无隙可乘，故内家之术为尤善。"这里明确指出内家拳与外家拳最为主要的区别，在于以静制动、主于御敌和跳踉奋跃、主于搏人的对敌策略，以及个别的技击训练方式方法。

黄百家《王征南先生传》中所载，内家拳术就有六路、十段锦等不同的套路。适用于不同阶段（时期）不同训练要求的需要。所谓"六路与十段锦多相同处，大约六路练骨，使之能紧，十段锦紧后又使之放开"，因之足以说明内家拳是广义的一个类型拳术的通称，而不是狭义的一种拳术的专称。

我们不妨再把内家拳的禁犯病法和太极拳的练习要点来一番比较。内家拳的禁犯病法是：懒散、迟缓、歪斜、寒肩、老步、腆胸、直立、软腿、脱肘、截拳、扭臀、曲腰、开门捉影、双手齐出等。太极拳的练习要点有：用意放松、连绵不断、周身完整、中正安舒、分清虚实、敛腹含胸、拔背顶劲、松腰收臀、沉肩垂肘、坐腕伸指、缓慢均匀等。很明显，不歪斜就是中正安舒，不寒肩就是要沉肩，不脱肘就是要垂肘，不老步、不双手齐出就是要分清虚实，不腆胸就是要含胸，不扭臀就是要收臀，不曲腰就是要松腰。内容基本相同，要求大致不相违。

因之把太极、形意、八卦等对敌策略和技击训练方法基本相同的几种拳术，统统归并于内家拳这一个类型之内，应该是无可非议的。

意在人先

意在人先的"先"，表现在手上的进或退，应该是一个极小值。愈小愈好，要小得对方丝毫不曾察觉。等对方察觉，已经是"我顺人背"，成了定局，来不及再有所变化了。

磨转心不转

郑曼青《郑子太极拳十三篇》述口诀中，"曰磨转心不转，磨转者即喻腰转，心不转者，乃气沉丹田之中定也"，作者自加按语道："磨转心不转者，此家传口诀也。比诸拳论所谓腰如车轴、腰为纛二语，尤为显赫。余得此意后，自觉功夫日见进境。"郝少如 1987 年 12 月 26 日在体育宫的一次讲课中讲到虚实时，则说"磨子是虚的转，实的不动"，把上虚下实，上体才能灵活转动的意思包括在里面了。郑说的磨转心不转，可以补充郝说的上体转动应该以脊柱为枢轴。上体转动角度大时，腰脊也应该有相应度数的扭转，像拧转的脆麻花（铰链棒）一样，不能真的像磨心那样，是一根笔直的铁梗。

收颏

收颏这个说法，见诸新中国成立后各派太极拳的论著中。或称"颚"，或称"颌"，或称"颏"，动作要领大致都是主张下颌部要保持微微里收的姿势。

清乾隆年间苌乃周著《苌氏武技书》卷二"面部五行论"中说："凡一动之间，势不外屈伸，气不外收放，面上五行形象，亦必随之相合，方得形气相兼之妙。故收束势者，气自肢节收束中宫，面上眉必皱，眼必收，鼻必纵，唇必撮，气必吸，声必噎，此内气收而形象聚也。展脱势者，气自中宫发于肢节，面上眉必舒，眼必突，鼻必展，唇必开，气必呼，声必呵，此内气放而外象开也。留心熟练，内气随外，外形合内，内外如一，坚硬如石。"卷三"合炼中二十四势"中则说："纳气头面形容之说：凡纳气皆以头面为先，其要只是转四个圈，左往右转一圈，右往左转一圈，前往后转一圈，后往前转一圈，皆是皱眉促鼻，上唇后束，下唇前朝，如象卷鼻之状，所云纳气如吞川，盖必如以口吞物，尽力一吸，气方纳得充实饱满。"同卷"纳气"中又说："头面往上扬，则咽喉之气易入，口上唇往上微缩，下唇往前朝，如象卷鼻。"这里是主张在动作呼吸时，身躯头面的外表形态也要随之适应而有所变化。而且吸气时的口唇形状却与诸家太极拳论著所述的下颌微收的姿势恰恰相反。应该指出的是，这种呼吸法是完全用口来进行的。

1932 年 6 月，吴兴国术馆出版张景祺编著《太极要义》一书，其中刊载的杨澄甫《太极拳之练习谈》中则说，"其口似开非开，似闭非闭，口呼鼻吸，任其自然"，此则与孙禄堂《八卦掌学》之《太极学图解》中所说："头要往上顶劲，口似张非张，似吻非吻，舌要顶上腭，呼吸要从鼻孔出气"相同，都是主张口唇自然闭合，而并不强调上下唇区别对待。至于杨澄甫所说"口呼鼻吸，任其自然"，应该理解为用鼻用口，听任自便，不为勉强的呼吸法，不是什么一定要"以鼻引气，以口呼气"的迎气法或呼气时要默念一字的四时五气动功六字呼吸法。太极拳的训练原则既是主张用意放松，纯任自然的，那当然以采用任其自然的呼吸法为恰当。即使是收颌，准确的做法是头部整个以百会穴为支点，使下颌部向里微收，而不影响两眼平视为限度，而不是颌部局部里收。

足趾抓地的问题

足趾抓地说，见诸姜容樵、姚馥春编著《太极拳讲义》第十章《太极拳谱释义歌诀》（所谓的乾隆抄本、光绪初年木刻本）云："顺项贯顶两膀松，束烈下气把裆撑，胃音开劲两捶争，五指抓地上弯弓。"徐哲东先生《太极拳理董辩伪合编》辩乾隆旧抄本及光绪木刻本云："今按姜容樵本既有十三势行功心解之文，即为出于武禹襄（1812—1880 年）以后之证，乃云乾隆时旧本，已堪大噱。至太极拳谱清代从未有刻本，何来光绪木刻本乎？此实诬妄之尤者矣。至于二十字诀后之文，显为出于形意拳者之笔。"

从太极拳的发展进化历程来看，陈沟传统老架似还保留着"脚趾、脚掌要抠住地""五趾要用力抓地，大拇趾尤得用力""足底皆用力抓地"等练法。孙禄堂《太极拳学》"无极学图解"明确指出"两足亦不用力抓地"，似乎有意针对足趾抓地论而写的。杨式诸家有"足跗须软如绵，足心涌泉方能松沉塌地""脚踏实地，以意使两足涌泉与地吻接，足跟与足掌要自然与地面接触……脚趾用力抓地，会造成足踝部的僵滞"，等等。

叶大密老师在《医疗保健太极拳十三式》一稿中有"三五"一说，即"五心齐意，五指齐气，五趾齐地"。五心齐意，就是意想要达到头顶心（百会）、两手心（劳宫）和两足心（涌泉）；五指齐气，就是内气要均匀地分布到五个手指头上；五趾齐地，就是五个足趾须与足掌、足跟一起平均地伏贴于地面。并且他还曾补充说："要膝上有圈（足踝松开），然后才能使足趾、足掌和足跟一起平伏贴地。"

失黏

两人接手时，接触点就是黏着点。一般情况下，黏着点一经黏定后，是不能再有所转动的。对手通过黏着点的作用力大小和方向，也不是我所能变动或更改的。我所能做的只能是在黏着点保持不动的前提下（这就是舍），通过旋转肢体或移动脚步来把我自己的重心的垂直基面，偏离开对手劲力作用方向的范围，然后再循缝蹈隙、趁势借力将对手发放出去。否则黏着点不要说位置移动，就是接触面的角度有些微改变，也往往为对手所发觉，从而使对手重心的垂直基面随之变动，以致改变劲力作用的方向，反而给对手以可乘之机。这就是术语中所讲的"失黏"。

失黏及丢，与匾一样，是推手中的一种毛病。不过失黏是主动造成的，匾是被动造成的。

"里开外合"试译

所谓"里开外合"，实际上是内功拳界里习练内功的一句古老的笼统说法。

它在练习之前，首先要把两髋关节、两肩关节、颈椎部分，用意念去想象把它们放松。好像在我们一辈童年时代里的老式洋囡囡，两髋关节、两肩关节、头颈项，都只用一根细松紧带来把它们连锁住，头和身躯，正好像一只摆正了的葫芦，如果把它的两脚、两手暂时简单地固定一下，用一点小力气把它的头和身躯垂直下揿，可以看到它的头和身躯可以同时下沉下去。我们在习练内功中所利用的，将是头和身躯的自重加上放松髋、肩关节的意念，而不是加上外力的揿。

接下去是踝关节，用意念把它们放松，以使两脚的脚掌面犹如吸盘那样，五趾、脚掌缘、脚跟均匀受力，不抓不扣地平放在地面上。

然后开始用外（逆腹式）呼吸吸息，帮助意念中的内气从脚底涌泉穴、循足少阴肾经路线，出于舟骨粗隆下，沿内踝后，进入足跟，向上行于腿肚内侧，出腘窝的内侧，上向股部内后缘，通向脊柱尾闾长强穴。

具体做法是，踝关节以上的小腿开始，两内侧面的肌肉群，有沿着腿径先向后再向后外松松张开的意念，逐渐向上，过膝关节（这样两膝关节前面部分就有向里对合的感觉，但不能佷他们在外形上看出来）。

继续向上至两大腿里侧面，一直到髋关节外的腹股沟处。这时，两股骨头的大转子处，也就有由里向外略为张开的感觉。身躯连头，也自然就有下沉的感觉和形象，随着两膝弯处也自然而然地就有被动下屈的感觉和形象。古人比喻的两足为足弓，自然也就有上下对合的现象，这就是两足部分的"里开外合"。

外呼吸继续吸息，意念上使小腹部的内压力稍微降低，腹肌自然地收缩而内瘪，帮助内气进入尾闾长强穴后，循督脉腰俞穴、阳关、命门、悬枢、脊中身柱上升，直至大椎。此时，身躯连头继续下沉，敛腹含胸，臀部随身躯的下沉而向前收拢，帮助尾闾往前弯伸。腰背部命门穴处感觉爆满，下与阳关、腰俞，上与悬枢、脊中，基本保持在一个曲面上，不凹不凸，大椎穴处颈椎向前弯倾，下和尾闾相向靠拢，古人比喻的身躯为身弓，此时，在外形上也就有上下对合的形象。按照郝少如老师的讲法，此时的腹部和胸部"似都有掏空的感觉"，下肋部的左右两旁，随着身躯的下沉，也都有向前卷和的感觉，这就是所谓的"护肫"。

此时的外呼吸虽然仍在吸息，而头部却随着颈椎的前弯，已有前俯的形态。

然后，保持下部足弓、中部身弓的弯曲相合不变，意念上再把颈椎部分放松，轻轻抬起头来，大约正好使头顶的百会穴放端正，两眼向前平视为度，随即把舌尖轻轻舔抵上腭近门齿处，随着外呼吸变为呼息，引导内气从大椎过头顶（不要停留），下龈交入承浆，循任脉过玉堂、膻中，此时膈肌自然松弛上凸，小腹部内压力也自然感觉有所增加，腹肌也放松外凸，意念上就借此帮助内气继续向下，过鸠尾、神阙、气海、会阴，交督脉于长强，再由长强穴自然将内气分为两股，从两旁足太阳经的会阳穴，送入两臀下的承扶、殷门、委阳、委中穴，经承山、昆仑、申脉而直至两足小趾外侧的至阴穴，斜趋两足心足少阴肾经的涌泉穴。

等到两足足底有内气到达的感觉时，意念上再放松一下踝关节，然后从踝上的小腿开始，先撑开两足弓，而后身弓（推手时最后为手弓），则内劲自然而然地由足底而上，节节贯穿上行，最后是由两肩而前的两手弓，直至到达手指端的所谓"形于手指"。此为内功拳内功的一个"大周天"练法。

习练时应该先练定步式，一开始用小平行步即太极起式，熟悉后再练习川字步（坐后腿）即左右倒撵猴式，最后才练弓步（坐前腿）即左右搂膝拗步式。

练动（退进）步也可以开始先练左右倒撵猴式，然后再练左右搂膝拗步式。所不同的是，在退步的足趾掌跟或进步的足跟掌趾平伏贴地后，才可以做足弓、身弓、手弓上的"里开外合"功夫，要等平撑身躯坐后腿或平送身躯坐前腿到位后，才能抬头向前平视，做放开足弓、身弓、手弓的功夫。

这样的练法，则旋踝、合膝、裹裆、抽胯、收臀、敛腹（抱起丹田）、护肫、含胸，以及撑（送）腿、丹田落位（放开尾闾）、拔背顶劲、沉肩垂肘、坐腕伸（舒）指，等等的所谓身法，全部都有了，而且都是由下而上，由后而前的所谓"节节贯串""完整一气"（完整一气是一气呵成的，有人把它比喻成"排门板一块"是不对的）。

穴位名称也不必一时之间就把它们全部都强记住，只要能把意念中内气所循行的经络路线大致了解就够了。

关于二丁

早在 20 世纪 50 年代初,复兴公园香山路边门进来向左(北)拐弯的小路旁,盖有一个茅亭,是吴氏太极拳赵寿邨老师教拳时给学员休息的场所。当时他教的学员中,有简号"大丁"和"小丁"(丁晋山、丁德山)二位学员,人称"二丁"。茅亭向东,直着走去的马路段,是杨氏叶家拳叶敏之老师教拳的场所,而丁受三老师则是和叶敏之老师在抗日战争胜利前差不多时间,向叶大密老师学拳的。所以,在 20 世纪 50 年代初,丁受三老师和蒋锡荣老师,就都已在衡山公园。教授太极拳了。汤祥生老师和丁善清老师,那时还在武当太极拳社向叶敏之老师学太极拳。后来叶敏之老师参加卢湾区医院工作,不去公园后,汤祥生和丁善清才先后在复兴公园教拳。汤祥生学过吴氏太极拳,所以他也教吴氏拳。因而丁受三和丁善清是两辈人,不能像在同辈中的"大丁"和"小丁"那样称为"二丁"。

第二编

溯端竟委

金仁霖于嘉兴烟雨楼

几个有关太极拳历史考证问题的科学探讨①

　　早在 1961 年 5 月，为了写好《各流派太极拳在上海的发展简史》，笔者有幸结识了著名文学家、太极拳研究家徐哲东先生（1898—1967 年），承蒙提供了有关郝派太极拳在上海发展过程中的许多具体细节。在太极拳历史考证方面的很多问题，笔者的观点都和他相同，诸如：太极拳创自陈王廷之说，推断有余，实证不足；研究太极拳不先从一系一家的太极拳本身技艺方面下功夫，对这方面的体会总是肤浅的，往往会从形式上去看问题；反对不鉴别史料的可信（所谓信史）与否，以为只要有材料就该认为可据，如所谓"治考据者，以博为其道也"，等等。因而，他鼓励笔者写有关太极拳历史考证方面的文章，甚至同意笔者引用他还没有正式发表过的许多资料。

　　后来徐先生在 1967 年 10 月不幸去世，这件事就

　　① 原载《上海武术》1996 年第 4 期，1997 年第 1、2 期，《武魂》1997 年第 1、2 期。

一直搁置了下来。转眼 30 年，1993 年秋，病后得暇，因捡出旧稿，补充以新的资料，整理成篇。问题虽然琐碎，但各个击破，未尝不有裨于整个太极拳历史的考证也。

一、近代流行的杨、吴、武、郝、孙几家太极拳，都是由河南温县陈家沟派生出来，并根据山西人王宗岳写的《太极拳论》和《打手歌》的理论，改革创新而发展起来的。

近代流行的几家太极拳流派，如杨、吴、武、郝、孙等，都是源出于河南温县陈家沟：陈长兴（1771—1853 年）把老架传给杨露禅（1799—1872 年）。杨露禅传给次子杨班侯（1837—1892 年）、三子杨健侯（1839—1917 年）。杨班侯传给其子杨兆鹏（1872—1930 年）、长侄杨少侯（1862—1930 年）。杨健侯传给三子杨澄甫（1883—1936 年）。杨少侯传给其子杨振声（1878—1939 年）、学生田兆麟（1891—1959 年）、尤志学等。杨澄甫传给其子杨振铭（1910—1985 年）、杨振基、杨振铎，学生牛春明（1881—1961 年）、陈微明（1881—1958 年）、张钦霖（1887—1963 年）、董英杰（1888—1961 年）、武汇川（1890—1936 年）、崔毅士（1890—1970 年）、李雅轩（1894—1976 年）、郑曼青（1901—1975 年）、曾寿昌等。田兆麟传子田颖嘉，学生黄文叔（1884—1964 年）、陈志进、叶大密（1888—1976 年）、林镜平（1900—1997 年）等。是为杨派。

杨班侯传给满族人全佑（1834—1902 年）。全佑传给其子吴鉴泉（1870—1942 年），学生王茂斋（1862—1940 年）、郭松亭。吴鉴泉传给其子吴公仪、吴公藻，女儿吴英华（1905—1996 年），女婿马岳梁（1901—1998 年），外甥赵寿村（1901—1962 年），学生吴图南（1884—1989 年）、徐致一（1892—1968 年）等。王茂斋传彭广义（仁轩）、杨禹廷（1887—1982 年）等。是为吴派。

武禹襄（1812—1880 年）学太极拳，启蒙时师从杨露禅，之后，又从河南温县赵堡镇陈清平（1795—1868 年）学了陈沟新架一系的赵堡架，结合山西人王宗岳的理论，融会贯通以后，传给外甥李亦畬（1832—1892 年）、李启轩兄弟等。是为武派。

李亦畬传给其子李石泉（1873—1932年）、李逊之（1882—1944年），姨甥马同文，以及学生郝为真（1849—1920年）、葛福来等。郝为真传给其次子郝月如（1877—1935年），学生李圣端（1888—1948年）、李香远（1889—1961年）等。郝月如传给其子郝少如（1908—1983年），学生张士一、徐哲东等。是为郝派。

郝为真传给友人孙禄堂（1861—1932年）。孙禄堂传给其子孙存周（1893—1963年）、孙务滋（1899—1921年），女儿孙剑云，学生齐公博（1875—1960年）、孙振川（1885—1945年）、孙振岱（1888—1955年）、柳印虎、胡席圃等。是为孙派。

以上诸家太极拳流派，无论杨派也好，吴派也好，武派也好，郝派、孙派也好，它们的盘架子和推手的训练方法，有共通的一点，那就是都能够遵循王宗岳《太极拳论》和《打手歌》的理论指导，并尊之为经典著作，而把它们流传下来。

陈家沟和赵堡镇陈家则并不是这样。从清朝末年到民国初年，他们不但都没有王宗岳《太极拳论》和《打手歌》的流传，并且在练架子和推手的训练方法上，有很多方面都与《太极拳论》和《打手歌》的理论不相符合，甚至在某些方面是有所抵触的。

由于上述情况的存在，我们不得不回顾一下有关这方面的历史。原来，武禹襄是在1852年（清咸丰二年壬子）到他大哥武澄清（1800—1884年）河南舞阳县任所后，才得到他大哥在舞阳县盐店发现的、其中抄有王宗岳《太极拳论》和《打手歌》的《太极拳谱》的。之后，他才在太极拳技艺和原理方面有所领悟。除了陆续撰写了"打手要言""四字密诀"等好几篇理论性的文章以外，并且把去舞阳县时趁便到温县赵堡镇向陈清平学来的赵堡新架，根据王论，进行了多方面的改革和创新，然后再把拳架和拳谱，传给外甥李亦畬、李启轩兄弟。李亦畬则再传给其子李石泉、李逊之，姨甥马同文，以及学生郝为真、葛福来等，所以，他们都有王谱和武、李著作并留传下来。

杨家则因杨露禅曾是武禹襄习练太极拳的启蒙老师，而杨露禅的次子杨班侯，又是曾经受读于武禹襄的，因而能在武家得到王宗岳的《太极拳谱》及较早时期的武家著作，所以，杨班侯的学生陈秀峰才有《太极拳真谱》手写本石印传世。杨家自从得到王谱及武家著作，便遵循着王、武理论，通过祖孙三代的教学实践，把原来从陈家学来的老架和推手，进行了较长时期不断的改进和完善：架子，由杨班侯改进成小架子，杨健侯改进成中架子，杨澄甫再改进成大架子；推手，则从原来的只有同侧顺步进一步、退一步的一种，完善成为合步、顺步二类都有，定（站）步、动（活）步俱全。动步从一步到三步，以至于走四斜角方向的进三（或二）步、退二（或一）步的拗步大擖。

孙家则在陈沟赵堡新架一系传下来的郝派基础上，结合形意、八卦和杨派大、小架的部分内涵进行了架子高、步子活、进步后脚跟、退步前脚撤、沉提转换交代清楚的改革以外，在推手方面，则从原来的只有合步进三步、退三步的一种，增添到合步、顺步二类都有，并且还特为补充了定步的基础推手法。和杨、武、李、郝四家一样，孙家也有王谱和武、李著作留传下来。

陈家沟和赵堡镇陈家则并不是这样。直到清末民初，他们既没有王谱和武、李著作留传，练架子依旧一直固守着传统的、类似于形意拳明劲阶段的练法，推手则只有顺步动步进一步、退一步的一种。因此，无论在练架子或推手方面，在一定程度上，是不能和王、武、李、杨诸家的理论相符合的。

直到20世纪50年代以后，陈派的几位提倡者，如沈家桢（1891—1975年）、顾留馨（1907—1990年）、李剑华、李经梧等，才在理论和实践两方面，都开始吸取王、武、李、杨诸家的可借鉴部分。练架子开始改变了那种"指肚用力""四指骈住，指中节伻（绷）住，使指向手背微弯（如瓦垄状）"，伸指肌腱始终保持非常紧张，震脚发劲，比形意拳明劲阶段的练法还要明显的倾向；推手也逐渐在向杨、吴两家的传统名目和内容靠拢。如单、双手挽花，合步定步推手，顺步动步（一进一退）推手，大擖（顺步大身法），活步（花脚步、乱踩花）等。

　　沈寿在 1984 年 6 月福建人民出版社出版的《太极拳法研究》中，把陈家沟陈家太极拳，称之为"原始陈式太极拳"。这不仅表明了他数典而没有忘祖，同时也说明了太极拳也和其他技艺一样，一定要随着时代的进步和发展，而在外形和内容上，相应地有所改革和创新，否则便会削弱了它适应时代的生命活力。

　　二、河南温县陈家沟陈家，在文字记载上"太极拳"名称出现时间的探讨。

　　1932 年 1 月，唐豪（1897—1957 年）在陈家沟陈森（槐三）处，得到封面上题有"同治十二年癸酉（1873 年）新正，颍川氏宗派"的《陈氏家谱》。在乾隆十九年（甲戌 1754 年）谱序中十一世至十五世陈氏诸祖先名旁，有的注有"拳手""拳头""拳""拳师"，以及陈王庭长短句遗诗中有"闷来时造拳"一句，其中的"拳"字，都没有写明白是什么拳。唐豪在 1935 年 12 月中国武术学会出版的《戚继光拳经》"受戚氏拳经影响的近代拳法"一节中，也承认"不过谱注和诗，均未说明其所造者为太极拳"。

　　同时，唐豪在陈家沟陈省三（1880—1942 年）处抄来三省堂本《拳械谱》，在篇名《长拳谱》的式势歌诀末后，注有"此是长拳，惟熟习者得之耳"十一字。又在篇名《十三势》三套标题下，注有"此名大四套捶"；四套标题下，注有"此名红拳"；歌诀最后二句还说"要知此拳出何处，名为太祖下南唐"。炮捶架子式势名目末后，注有"十五拳十五炮，走拳用心"十字。总之，在这本三省堂本《拳械谱》中，也只有提到过"长拳"和"十三势"两个名称。

　　直到 1934 年 9 月 29 日，徐哲东在南京向陈子明借来抄录出的陈家两仪堂本《拳械丛集》中，有篇名"头套十三势拳歌，三套拳，四套、五套拳歌，二套炮捶十五红十五炮"，接下去才有篇名"太极拳一名头套拳，一名十三势，即十三折，亦即十三摺也"的出现。徐哲东在式势名目后的按语中说："右（原书系直排本，故云，下同）文亦据两仪堂本，与以上所录之五节，字出一手，纸色亦一律。然其名目之多寡，与前所录头套十三势歌，小有不同，故仍复录之，以备参考。"又篇名："二套捶，太极拳。"徐哲东在式势名目后也有按语说："右两则亦在两仪堂本中录出者，但与前所载太极拳及头套、二套名目，又小有出入。考书中有四页，纸较黄而粗，字体亦与前后各页不同，此两则即载在四页中者，盖四页非两仪堂本所原有，装订者误合之也。"这四页虽然不能肯定就是文修堂本中的东西，但至少是同一时期所装订，由他人转抄来的，那是无可怀疑的。

又，在徐哲东向陈子明借来抄录出的文修堂本《拳械谱》中，有篇名"头套捶架"的，在它的式势名目后并有附记"二套捶、三套捶失传""右此头套捶拳架，如能熟练纯习，就能生巧，只要日夜加功，如若董（懂）内中情理使手，可为教师"。徐哲东在按语中说："右头套捶拳架及附记二条，均自文修堂本中撼出，与两仪堂本中所谓十三势太极拳之名目，大致相同。"

再据文修堂本中"枪法自序"篇后有"道光癸卯年桂月（道光二十三年八月，1843 年 9 月 24 日—10 月 22 日）张文谟号开周重抄"十五字的题记，枪棍法后更有"以上枪棍谱系河北王保（堡）村得来，道光二十三年岁在癸卯中秋（1843 年 10 月 8 日）张开周重抄录谨志"33字的题记，结合文修堂本中有"民国十七年（1928 年戊辰）九月二十二日岁贡生县丞年八十岁，陈鑫字品三号应五别号安愚谨志"的附记，家谱末后也有"我高曾祖父皆文兼拳最优，森批"的陈森批注，则可以确定，为《拳械谱》和陈氏家谱最后写附记和批注的人，是陈氏十六世的陈鑫（1849—1929 年）和陈森。他们俩和杨氏第二代传人杨班侯、杨健侯，武氏第三代传人郝为真都是同一时代的人。文修堂本中张开周重抄枪棍谱的时间是在 1843 年 9 月 24 日至 10 月 8 日这 14 天间，则陈家沟陈家的辗转再抄进来，和陈鑫、陈森堂兄弟俩之间的相互抄成，然后再装订成册，时间最早肯定也要在 1843 年 10 月以后的 15 年以上，即陈鑫年龄在 10 岁以上懂事以后。所以陈家沟陈家在文字上明确有"太极拳"名称出现的时间，也就要在 1858 年（清咸丰八年戊午）以后的若干年月。

上题叙述到武禹襄是 1852 年到河南舞阳县去探望他大哥武澄清，才得到他大哥在该县盐店发现的、抄有王宗岳《太极拳论》《打手歌》等的《太极拳谱》的。那么，它的写成、抄出，直到被发现，时间当然还要在 1852 年以前若干年月。

陈家沟陈家在 1858 年以后若干年月，才开始有"太极拳"名称的文字记载。王宗岳则早在 1852 年以前若干年月，就有成熟的太极拳理论著作写出。加之，从清末到民初，甚至在武、杨、李、郝诸家传人，把王宗岳《太极拳谱》的内容局部到全部公开发表以后，陈家沟还一点也没有王宗岳《太极拳谱》留传下来的痕迹出现。

因此，要随便攀牵什么王宗岳曾学拳、学推手、学春秋刀、学枪杆于陈家沟陈家，是不符合辩证逻辑的。即使那位编写《阴符枪谱》的山右王先生，也是不可能的。武术界哪有学成了器械再去学拳脚的道理？俗语形容得好，"八十岁学吹打"是笑话！

三、陈子明编著《陈氏拳械谱》中的六句《挤手歌诀》，是把陈沟原来几本抄本和书中没有标题或称之为七言俚语的四句歌诀，增添了二句，使之成为六句小律，再根据王宗岳六句《打手歌》的次序和《太极拳论》中的相关内容，修改并给以定名的。

李亦畲手抄《太极拳谱》中的《打手歌》是"掤捋挤按须认真，上下相随人难进，任他巨力来打我，牵动四两拨千斤，引进落空合即出，沾连粘随不丢顶"六句。辛亥革命以后，这首歌诀最早刊载在 1925 年上海中华书局出版陈微明编著的《太极拳术》中，是在《太极拳论》注后面，名称也还是《打手歌》，歌诀也只有六句，不过最后一句把"沾连粘随不丢顶"印植成了"粘连黏随不丢顶"。之后，1927 年 9 月上海文华美术图书印刷公司出版徐致一编著的《太极拳浅说》第九章附录（五）打手歌，歌诀也是六句，文字完全和《太极拳术》的相同；1929 年上海九福公司出版《健康指南》中的《太极拳全图》（五）打手歌六句；1930 年上海武学书店出版姚馥春、姜容樵编著的《太极拳讲义》第九章打手歌六句；1931 年 1 月上海文光印务馆出版董英杰执笔、杨澄甫编著的《太极拳使用法》，在推手图解前没有标题的歌诀六句，文字也都和《太极拳术》的相同。"沾"字作"粘"，"粘"旧为"黏"字的俗写，而北音有把"粘"读成"沾"（zhān）的。由是造成了谐音笔误而把"沾"字书写成了"粘"字。但于此可见，它们之间是有着一脉相承的血缘关系的。

1933 年，北平军分会尉官差遣队出版彭广义编著的《太极拳详解》第九章第一节《推手歌》中，则把六句歌诀增添成为八句，前六句和上面介绍过的几本书中所刊载的歌诀，文字完全相同，谐音笔误的"粘"字也相同。而末后二句"试观耄耋能御众，俱系先天自然能"，是其他诸本都没有的，"俱"字当是"岂"字的谐音误植。显然，这是编著者根据《太极拳论》的内容，自作主张地把六句七言小律，增加了两句凑成八句，使歌诀成为七言律诗的。

1958 年 11 月，人民体育出版社出版的《武术运动论文集》，在唐豪撰写的"太极拳的发展及其源流"一节中，认为王宗岳的六句"打手歌""显然是综合了陈沟的四句和六句加以修改的"，那究竟是怎么一回事呢？

原来陈沟的打手歌，抄录在两仪堂本中，篇名小四套亦名红拳式势歌诀之后，没有标题的四句"掤挤搂捺须认真，上下相随人难进，任他巨力人来打，牵动四两拨千斤"。刊载在 1933 年 4 月，开封开明书店出版陈鑫编著的《陈氏太极拳图说》卷首，"太极拳著解"节之后标题为"七言俚语"的是"掤掳挤捺须认真，引进落空任人侵，周身相随敌难近，四两化动八千斤"四句。刊载在 1935 年 10 月，南京仁声印书局出版陈绩甫编著的《陈氏太极拳汇宗》中，陈鑫的《太极拳图画讲义初集》卷四，标题也称"七言俚语"的是"掤掳挤捺须认真，引进落空任人侵，周身相随人难近，四两擒动八千斤"四句。刊载在 1935 年 1 月，油印本陈子明编著的《陈氏拳械汇编》中称为"挤手歌诀"的是"掤掳挤捺须认真，周身相随人难进，任人巨力来攻击，牵动四两拨千斤，引进落空合即出，沾连粘随就屈伸"六句。徐哲东在 1937 年 4 月南京正中书局出版的《太极拳考信录》卷下"文征篇"的按语中认为，这是"陈子明据别本抄出者"。实际上，这首歌诀比陈沟其他诸本中的歌诀，只多出了两句。而歌诀的最后二句，在杨、吴二家传谱中已经发表过的词句是"引进落空合即出，粘连黏随不丢顶"；在李、郝二家传谱中已经发表过的词句是"引进落空合即出，沾连粘随不丢顶"。油印本把《陈氏太极拳图说》和《陈氏太极拳汇宗》标题为"七言俚语"的第二句歌诀"引进落空任人侵"最后的"任人侵"三字修改成了"合即出"，并且把歌诀的位置也调换到了第五句，使之和杨、吴、李、郝四家传谱中的一样；把增加的最后一句歌诀，李、郝二家传谱原来词句为"沾连粘随不丢顶"的"不丢顶"三字修改成为"就屈伸"，也正好是王宗岳《太极拳论》中"随屈就伸"这一句的缩简。陈沟在过去直到清末民初，既然没有王宗岳《太极拳论》的留传，而在杨、吴、李、郝四家把王宗岳《太极拳论》和《打手歌》的传本公开发表后多年才印行的《陈氏拳械汇编》中，把陈沟原来两仪堂本和《图说》《汇宗》中，没有标题或称之为"七言俚语"的四句歌诀，增添了两句，使之成为六句小律，再根据王宗岳《太极拳论》和《打手歌》的相关内容，修改增订并给以定名的痕迹，是非常明显的。更何况陈沟最早没有标题的四句"打手歌"的出现，又是和太极拳名称的出现在同一时期。因此，唐豪倒过来说"王宗岳的六句打手歌，显然是综合陈沟的四句和六句加以修改的"，理由是不够充足的。由此而进一步推导出王宗岳曾经学拳、学推手于陈家沟的推断当然是更加毫无根据的。

　　四、当唐豪的所谓厂本《太极拳谱》，被证实是道道地地的杨氏传本之后，则唐豪据以考出"写《阴符枪谱》的山右王先生就是山右王宗岳；王宗岳得陈氏之传者，不单是太极拳一种，陈沟的春秋刀也兼得其传；王宗岳不仅得长拳十三势、打手之传，兼得一百单八势长拳之传"的论证，全都不能成立了。

　　1936 年 5 月，中国武术学会出版唐豪编著的《王宗岳太极拳经·阴符枪谱》，系唐豪根据 1930 年在北京琉璃厂书肆得到的杨氏传本《太极拳谱》和《春秋刀谱》《阴符枪谱》合抄本，即所谓厂本《太极拳谱》，经过一番加工删改，而后出版的。如原来篇名《先师张三丰、王宗岳传留太极十三势论》的，把它删改成为《十三势论》了。实际上，这就是李亦畬手抄本《太极拳谱》中，武禹襄《打手要言》的最后一个"又曰"的一段文字，杨氏学者把它润色成篇，并给以篇名的。

厂本中的《十三势名目》，把它和油印本杨澄甫《太极拳使用法》附录中刊载的清光绪元年乙亥五月十六日（1875年6月19日）杨少侯手抄《太极拳十三势名目》相对照，其中除了"扇通背"中的"通"字作"童"，"左右分脚"中的"脚"字作"步"，"转脚摆连"中的"连"字作"莲"，其他的名称次序，无不一一相同，甚至连"卸步搬拦捶"中的"卸"字误作了"却"字的也都相同。可见，它俩同是杨家第二代的产物了。所以，徐哲东在1937年4月，南京正中书局出版的《太极拳考信录》卷上《厂本王宗岳太极拳经辨第九》中，认为"今观厂本拳谱与杨本同，而杨氏拳谱中显有武禹襄之手笔，则唐氏所得之合抄本，决非王宗岳所手定，亦不出于王氏嫡派学者之手，皆可证明。此册为后人所抄合，亦复显而易见"。同书卷中《太极拳依托张三丰考第十一》中，进一步认为"又按唐豪所得阴符经谱太极拳谱合抄本中亦有张三丰遗论数语，可见此谱出于杨氏一派。杨氏有此拳谱而无阴符枪谱与春秋刀谱，陈沟有此春秋刀谱又无此枪谱及拳谱，是此册为后人合抄之的证。合抄者既非承一家之传授，则欲据此合抄本以定王宗岳学于陈沟，其说不攻自破矣"。

厂本《太极拳谱》是杨氏传本这个论点，直到1964年3月，人民体育出版社出版唐豪、顾留馨编著的《太极拳研究》第四章"太极拳的呼吸"的后面，唐豪在20世纪50年代考释的永年李福荫重编的廉让堂本《太极拳谱》发表（也和厂本《太极拳谱》一样，作了加工删改），唐豪在该谱的《十三势说略》和《五字诀》二节的附志中，才终于承认了"曩予在厂肆得一抄本，篇名为《先师张三丰、王宗岳传留十三势论》。1931年出版之《太极拳使用法》篇名为《禄禅师原文》，皆杨门弟子所附会"，"予于一九三〇年在北平厂肆得王宗岳（实际是山右王先生）《阴符枪谱》与杨氏《太极拳谱》合抄本"。

厂本《太极拳谱》既然被肯定了是杨氏传本，那里面当然就有武禹襄在 1852 年以后的著述附入，那么，合抄本的抄成当然还要在武禹襄 1852 年后的著述附入之后更晚一些时间。这样，当然就不可能因此而得出"太极拳经（谱）与阴符枪谱合抄在一起，其理论与文采又相合致（实际上文采极不合致），苟非一人的著作，没有这般巧合的事"，山右王先生即山右王宗岳的简单推测。当然也就不可能得出"这阴符枪谱与太极拳经（谱）之间，尚有春秋刀残谱一种，其刀法现尚为陈沟练习，刀谱也可在陈沟拳家之间抄得，据此以观，王宗岳得陈沟之传者，不单是太极拳一种，陈沟的春秋刀，王宗岳也兼得其传。……尤其不可能由此而进一步推定王宗岳得长拳十三势打手之传，当在居汴洛时（1791 年辛亥，乾隆五十六年及其后），并推定王宗岳不仅得长拳十三势之传，兼得《拳经总歌》及六句《打手歌》，其后即自撰《太极拳论》一篇，连同润改之《打手歌》一首，写定成谱。《拳经总歌》则存而不录。……由《太极拳释名》之'长拳者：如长江大海，滔滔不绝'三句推断，宗岳兼得一百单八势之传"。这完全符合唐豪个人脑海里神话般想法的论证，什么都是推定、推断，从学术考证的角度来看，当厂本《太极拳谱》被证实是道道地地的杨氏传本之后，则这些据以推测的论证，当然就全部不能成立了。

五、陈沟《拳械谱》中的所谓"一百单八式长拳"，洪洞县《忠义拳图稿本》中的所谓"通背拳"，都不是王宗岳《太极拳谱》"太极拳释名"一节中所说的"太极拳一名长拳"的长拳。

1936 年，山西洪洞县荣仪堂石印樊一魁编著的《忠义拳图稿本》，从卷一逐势绘图的《通背拳图谱》来看，它的歌诀名称，和徐哲东 1934 年 9 月，在南京从陈子明处借来抄录下来的两仪堂本《拳械丛集》中的《拳势总歌》、文修堂本《拳械谱》中的《拳势总歌一百单八势》、唐豪 1931 年在陈沟从陈省三处抄录来的三省堂本《拳械谱》中的《长拳歌》，以及 1925 年 1 月油印，陈子明集编的《陈氏世传拳械汇编》中的《长拳歌诀》，除了个别词句和文字稍有出入以外，其余部分都完全相同。

樊一魁在《通背拳图谱》自序中说的"此拳乃河南郭永福所传""郭在少林寺曾受艺""郭于乾隆年间镖师来洪，在洪羁留多年，传艺于贺家庄贺怀璧，后贺留传南北，皆是口传心授，按照前轨""樊一魁童年时习拳于万安镇杨如梅及乔伯金，系艺中名手，实为郭师永福之嫡派"，云云。这些，显然是编著者在简朴地介绍他所知道的这套"通背拳"的历史渊源和授受情况，并没有绘声绘色地来形容这套"通背拳"有什么了不起的地方，也没有假借什么有名拳种或新兴拳种的时髦名称。因此，"随便捏造"和"改名"的罪名，应该加不到编著者樊一魁身上去的。何况，在 20 世纪 50 年代，曾经传说山西省洪洞县高公村一带，仍旧还有人会练这套"通背拳"。从 1992 年第 9、10、11 期（总第 104、105、106 期）《中华武术》上发表的张从俭提供的《洪洞通背拳》的内容来看，可以证明这确属事实。

再据台湾《武坛》杂志（刘云樵 1971 年创刊，1973 年停刊）上，张唯中在《重振国术武艺，发扬中华文化》一文中，引用过河北省高阳县传授长拳的李从吉的一段谈话："我虽原籍河北省，但远祖和陈氏一族一样，原来都是山西洪洞县大槐树村的居民。据祖先们说，'那个地方每到旧历正月，在庙前举行武术大会，颇为盛大'。另外，把祖传长拳的技法和姿势，与陈家沟十三势长拳和戚继光《纪效新书》'拳经捷要'篇的三十二势的图解等，一一对照起来看，连名称都大多相同。因此，可以认为，所有这些都是宋太祖长拳流传下来的。"

综上所述，这套陈沟无传的一〇八式的拳，叫"长拳"也好，"通背拳"也好，甚至还可以有更多的不同名称。非常明显，它和两仪堂本中的"小四套亦名红拳"（三省堂本作"四套此名红拳"）一样，是陈家沟在什么时候从外面什么地方传抄进来的拳谱，而绝不是王宗岳在《太极拳论》里所说的"太极拳一名长拳"的长拳谱。

倒是唐豪，既然已经肯定了陈家沟在陈长兴、陈有本是已经不传的长拳一〇八式，忽而又得出"在乾隆年间（1736—1795 年）由河南镖师郭永福传入山西洪洞县贺家庄，改名为'通背拳'，并且陈家沟陈家于

1791 年及其后传与王宗岳，而陈家沟自家却不传"这样荒诞无稽、不能自圆其说的结论。那么，郭永福又是怎样来陈家沟学拳的呢？王宗岳在 1791 年（乾隆五十六年辛亥）及其后，又是怎样来陈家沟，向陈家沟早于陈长兴、陈有本一辈的哪一位学到一〇八式长拳的呢？这不真正是在自己给自己制造矛盾吗？

六、指导陈家沟和赵堡陈家训练太极拳的基础理论是形意拳理论。

在前二题中，曾经多次提到过陈家沟和赵堡陈家，直到清末民初，他们既没有王谱和武、李的著作留传，而他们的练架子和推手，却又都是类似于形意拳明劲阶段的练法，因而不得不使笔者要调查研究一下，究竟指导陈家沟和赵堡陈家训练太极拳的是什么理论？

翻开 1935 年 10 月南京仁声印书局出版陈绩甫编著的《陈氏太极拳汇宗》"太极拳入门总解"篇刊载的《陈长兴太极拳十大要论》的第一章至第九章，把它们和 1929 年上海大东书局出版凌善清编著的《形意五行拳图说》上篇中，附会为《岳武穆形意拳要论》的要论一至要论九对照一下。便可以看出，陈书中除了把诸论都改称为章并给以命名，以及在文字字句和结构上稍有改动外，它们的内容，却仍旧和凌书的一样。不过陈书中的第九章"身法"，只是截取了凌书要论九中"步之为用大矣哉"一句为止的前半论；而凌书要论九后的交手法，陈书却把它移后而补进了第十章刚柔。又，陈书在《陈长兴太极拳十大要论》后面接下去的《用武要言》，却恰恰是把凌书要论九"步之为用大矣哉"一句后面接下去的后半论，以及要论九后交手法的全部内容，兼收并蓄地一并抄袭了进去，讲的当然完全都是形意（旧时笼统称为"心意六合"）拳的拳技理论。

1937 年 2 月，中国武术学会出版唐豪撰著的《行健斋随笔》在"形意拳鼻祖与谱"一条中说"民二一（1932 年），余游陈沟，于陈春元家借阅陈品三（鑫）遗著，见有品三手录《三三拳谱》一册。三三者，内外各三合即六合也。谱有十大要序一篇……惜春元将品三著录诸稿，秘不以公开，仅许借抄其目录题记，否则收诸武艺丛书中，亦可考订他谱之有无沿误也。其目录如左（原书系直排本，故云）：一曰双手，二曰拳经总序，三曰解法必用，四曰手足妙用，五曰锦囊，六曰短手，七曰十九问答，八曰六合十大要（序，一、三节，二、五行，三、四梢，四、身法，五、手法，六、步法，七、上法，八、截法，九、三性调养法，十、内劲），九曰总打，十曰十二上法，十一曰虎扑鹰捉，十二曰易筋经贯气诀，十三曰心意拳论，十四曰法式，十五曰筋法论，十六曰起落论，十七曰七十二拿法，十八曰总论，十九曰穴门，二十曰生死擒拿手，二十一曰擒手，二十二曰不宜打处。"

把它和 1988 年 6 月，四川科学技术出版社出版宝鼎原著、林暄整理的《形意拳与内功十三段》一书中的《形意拳谱正编》对照一下，就可以知道，所谓《三三拳谱》中，"八曰六合十大要"中十大要的名目和内容，无一不在其中，只是"四梢和五行""步法和手法足法"，这两要的名目次序颠倒了一下，第十要的"劲法""陈家沟谱作'内劲'"和"劲法"第一句"夫内劲者"的"劲"字，宝书都把它错植成了"动"字。

《三三拳谱》既然就是《形意拳谱》。那么陈春元又何必要这样神秘呢？原来它是陈家沟用以指导训练太极拳的基础理论。在当时的社会情况来说，应该是秘不外传的东西。这一点，唐豪未尝不知道，所以他要在 1940 年 7 月，现代印书馆出版的《中国武艺图籍考》手搏篇六合拳谱一卷的考释中，再次提出来，气话一番道："陈鑫抄谱，予居陈家沟时，其犹子春元仅许借录序目，不肯公之于世，八一三后温县沦为战区，此谱倘化劫灰，则秘私之毒，与炮火何异乎？"

1985 年 11 月，人民体育出版社出版了陈小旺编著的《世传陈式太极拳》一书，书末附有《太极拳十大要论》（陈长兴）和《用武要言》（陈长兴）二篇所谓古典拳论，再一次证实了我在上面所提论证的可靠性。

但这还是不够全面的，因为上面所论证的还仅仅是局限于陈沟本村老架一系的。那么赵堡新架一系的情况是怎样的呢？

事情很是凑巧，1991 年 3 月以后，陕西科学技术出版社出版刘会峙编著的《武当赵堡传统三合一太极拳》，广西人民出版社出版王海洲演述、严翰秀整理的《秘传赵堡太极拳》，二书相继应市。这就极有力地帮助了笔者，使笔者能够在这较短的时期里，整理出下面几段文字来回答这个问题。

先看刘书的附录"太极拳经典要论"，舍弃了前面十九篇清末民初以来诸家太极拳著作中早就见到过的，明显就是从他们那里辗转传抄进来的文字。可以看出，附录"经典要论二十、古传《太极拳九要论》"，和上面所举二陈书中的一样，也完全是凌书中附会为《岳武穆形意拳要论》的"要论一"至"要论九"，而附录"经典要论二十一、古传论法"，恰好是凌书中"要论九"后的交手法。

再看王书的"第八章、赵堡古典太极拳论选登"，和刘书一样舍弃了选登"王宗岳太极拳经"。可以看出，"选登二、太极拳九要论"，也就是凌书中附会为《岳武穆形意拳要论》的"要论一"至"要论八"和"要论九"中"步之为用大矣哉"一句为止的前半论，而"选登三、太极拳注解"，恰也正好是凌书"要论九"中"步之为用大矣哉"一句以后的后半论。"选登四、论法""五、捷要论""六、天远机论"三篇，也正好是凌书中"要论九"后交手法的前、中、后三段。其他像"选登十、七疾""十一、八字诀""十二、十法"，则更明显地是学过形意拳的尽人皆知的形意拳的"七疾""八字"和"十法"。

特别应该指出的是，刘书"附录二十，古传《太极拳九要论》。九、九要论"的最后一段和王书选登的太极拳注释，开门见山就说出"此捶一名心意"，接下去"盖心意者，意是心出，拳随意发，总要知己知彼，随机应变，……"云云，则又完全是上面举出过的二陈书中所附会为陈长兴《用武要言》中的文字。

至于刘书第二部分"拳架与推手二、武当赵堡传统三合一太极拳歌序"歌诀第一句就说"太极拳亦称心意拳"，则是因为编著者在拳技理论上，袭用了形意拳的理论而不自知的缘故。从而也就肯定了陈家沟新架一系的赵堡架，也是以形意拳理论来作为指导训练太极拳的基础理论的。

写到这里，不禁使笔者联想起已故老师，原上海武当太极拳社社长叶大密。在他的《柔克斋太极传心录》《记奇遇李景林将军》一文的一段文字:"丁卯(1927年)十一月某日,突来一不知姓名之客,持朱红色大名片访余。顾视之,原是三年前形意、八卦、太极名家老前辈孙禄堂老伯所说精通武当剑术之李芳辰(宸)将军。今得此机会,惊奇靡已。来使遂偕余至祁齐路(今岳阳路)寓所拜见将军。一望而知是儒者风度之大将,无赳赳武夫气象。后观余练杨家太极拳、剑毕,叹道:'不失武当真意,曩日在奉直各省所见者,夹有八卦、形意,非纯粹之太极可比。'回顾左右眷属及侍从者云:'尔辈不习此拳,难得余剑之真传。'言罢,随手取剑起舞,矫若神龙,变化莫测,轻灵高雅,叹为观止。当即恳求执弟子礼,果允所请,为余一生之大幸事。时陈微明、陈志进诸友在沪办'致柔拳社',约往学习,以资提倡。"文中所谓"夹有八卦、形意,非纯粹之太极可比"一语,原来说的就是用八卦掌、形意拳的理论来指导太极拳实践的太极拳。这真是非见多识广如李景林太老师者,不能道此也。

七、王宗岳的《太极拳论》并不是像唐豪论断的那样,"是一篇引用《打手歌》和《周子全书》哲学理论,总结出推手经验的论文",并"确定王宗岳的《太极拳论》作于乾隆二十二年(1757年丁丑,《周子全书》刊行)以后","从而也考出了王宗岳是什么时代人物"。

早在1957年,唐豪在第4期《体育文丛》上写的《提出证据来谈谈太极拳源流》一文中,就开始提出:"要研究王宗岳《太极拳论》究竟和张三丰有没有关系,以及王宗岳究竟是什么时代人物,还必须进一步探讨《太极拳论》其他理论的根源,才能搞清这两个问题,到哪里去找资料呢? 一部是《周子全书》,一部是《三丰全书》。

"《周子全书》出版于乾隆二十一年(1756年)之后,是一部11世纪到18世纪阐发周敦颐(哲学理论)的结集。书里有康、雍、乾三个帝王推崇的文章,因此从出版之后就成为一部知识分子常读的书,这和科举有密切关系。王宗岳的《太极拳论》,是一篇引用《周子全书》和《打手歌》总结太极拳经验的论文……

"王宗岳引用《周子全书》，有的句子直袭而不改（简表列举出'无过不及''不偏不倚'两句），有的句子加以发挥，一经对比就能看出，可证王宗岳写作《太极拳论》的时候，最早当在乾隆中叶《周子全书》出版以后。"

接着，1958年11月《武术运动论文集》出版，在唐豪写的《太极拳的发展及其源流》一文中，不仅重复了这个观点，并且进一步作了更加肯定的错误论断。他说："《太极拳论》是一篇引用《打手歌》和《周子全书》哲学理论，总结出推手经验的论文。要研究王宗岳是什么时代的人物，要研究《打手歌》起源于何地，张士一的考证（见徐哲东《太极拳考信录》附录：答张君书）没有告诉我们。我们要搞明白王宗岳不是神仙张三丰的传人，和推手的具体内容及其早期理论的发展，对于以上两个问题，就有进一步研究的必要。研究的资料，其一是《周子全书》；其二是陈沟传谱上的《拳经总歌》和《打手歌》；其三是王宗岳的《太极拳论》。

"《周子全书》乾隆二十二年（1757年）出版于江西，它是一部11世纪到18世纪时人，阐发周敦颐哲学（理论）的结集。《太极拳论》部分的理论出于这部书……从而也考出了王宗岳是什么时代人物。

"王宗岳采用《周子全书》的哲学理论作为推手理论，有的句子不改，有的句子加以发挥，一经对比，就可以看出《太极拳论》中'阳不离阴，阴不离阳，阴阳相济，方为懂劲'四句，就是采用《周子全书》里面胡煦的'阴阳不相离，又有相须相互之妙'两句发挥出来的。同样的例子，《太极拳论》中，'太极者无极而生，阴阳之母也'两句，刚句是采用周敦颐的'无极而太极'发挥出来的。周敦颐卒于宋熙宁六年（1073年），胡煦卒于清乾隆元年（1736年）。根据胡煦的卒年以及《周子全书》出版时期，确定王宗岳《太极拳论》作于乾隆二十二年以后，这是常识上的判断。"

为了弄清这个问题，笔者不惜在"大炼钢铁"之年，参加体力劳动之余，稍有时间，就乘车赶往福州路，寻寻觅觅于中图公司、古籍书店之间。真是上天不负苦心人，终于在不到两年的时间里，笔者不仅搜集到了《周子全书》也搜集到了在清康熙四十八年（1709年己丑）已刊行的《周濂溪集》。对照之下，才确知《周濂溪集》是《周子全书》的前身，却比《周子全书》的刊行，早了48年，将近半个世纪。

同时，笔者还搜集到了明天启四年（1624年甲子），善用熟地黄的名中医张景岳（1562—1639年）著的《类经图翼》。在这部书里，张氏已把《太极图说》连图例带说明，运用到祖国医学的理论中去了。

再说，就是唐豪认为王宗岳在《太极拳论》中引用《周子全书》直袭而不改的"无过不及""不偏不倚"两句。我们不妨翻开早在南宋绍熙元年（1190年庚戌）就开始刊行的《四书集注·中庸章句》，以儒家道统继承人自命的、宋哲理学家朱熹在南宋淳熙十六年（1189年己酉）春三月戊申日作的序。开宗明义"中庸章句"的第一句，对《中庸》的"中"字注释，便是"中者，不偏不倚，无遇不及之名（义）"。谁都知道，《四书集注》自元延祐（1314—1320年）以后六百年间，"科举奉为圭臬，士子用作金砖"，是元、明、清三朝帝王统治时代，知识分子必读之书。谁能保证《太极拳论》作者王宗岳，不从熟悉得连注释也都背得出来的《四书集注·中庸章句》中去引用，而一定要去引用那既冷僻又后出的《周濂溪集》，或更后出将近半个世纪的《周子全书》呢？

所以，唐豪所做出的"《太极拳论》是一篇引用《打手歌》和《周子全书》哲学理论，总结出推手经验的论文"，"确定王宗岳《太极拳论》作于乾隆二十二年以后"，以及"从而考出了王宗岳是什么时代人物"这三个论断，下得太粗糙，而取证视野太狭隘。仅就第一个论断而言，《周濂溪集》和《周子全书》的刊行，时间相差就有48年，将近半个世纪。何况像简表中所列举出来的，引用《周子全书》直袭而不改的"无过不及""不偏不倚"两句，为何不直接引用《四书集注》，而要大兜而特兜其圈子，去远取之于《周子全书》的呢？

我们更可以看到，在《太极拳论》中，还有阐述太极拳技击理论比较精彩而有趣味的部分内容，大多还是引申《孙子兵法》的。而《孙子兵法》十三篇，是经过曹操删订过的，至少是三国魏黄初元年（220年庚子）以前的作品。我们是不是可以仅仅凭着这么一点理由，也来胡断个什么《太极拳论》的作者王宗岳，还是个远在1700多年前的人物呢？那当然也是不恰当的。

　　不过，通过上面多方面的实例引证，和较细致的对比分析，有充足的理由来否定唐豪提出的所谓"《太极拳论》是一篇引用《打手歌》和《周子全书》哲学理论，总结出推手经验的论文"，"确定王宗岳《太极拳论》作于乾隆二十二年以后"，以及"从而也考出了王宗岳是什么时代人物"这三个错误的论断，那倒是肯定的了。

《陈长兴太极拳歌诀、总歌》出自《洪洞通背拳图谱》[①]

　　早在 1997 年第 1 期《上海武术》上，刊载了笔者撰写的《几个有关太极拳历史考证问题的科学探讨》，笔者在文中就曾提出："1936 年，山西洪洞县荣仪堂石印樊一魁编著的《忠义拳图稿本》，从卷一逐势绘图的《通背拳图谱》来看，它的歌诀名称，和徐哲东 1934 年 9 月在南京从陈子明处借来抄录的两仪堂本《拳械丛集》中的《拳势总歌》、文修堂本《拳械谱》中的《拳势总歌一百单八势》、唐豪 1931 年在陈沟从陈省三（1880—1942 年）处抄录来的三省堂本《拳械谱》中的《长拳歌》，以及 1925 年 1 月油印，陈子明集编的《陈氏世传拳械汇编》中的《长拳歌诀》，除了个别词句和文字稍有出入以外，其余部分都完全相同。

　　"樊一魁在《通背拳图谱》自序中说的'此拳乃

_____

　　① 原载《上海武术》2002 年第 4 期。

河南郭永福所传''郭在少林寺曾受艺''郭于乾隆年间镖师来洪，在洪
羁留多年，传艺于贺家庄贺怀璧，后贺留传南北，皆是口传心授，按照
前轨''樊一魁童年时习拳于万安镇杨如梅及乔柏金，系艺中名手，实为
郭师永福之嫡派'，云云。这些，显然是编著者在简朴地介绍他所知道的
这套通背拳的历史渊源和授受情况，并没有绘声绘色地来形容这套通背
拳有什么了不起的地方，也没有假借什么有名拳种或新兴拳种的时髦名
称。因此，'随便捏造'和'改名'的罪名，应该加不到编著者樊一魁身
上去的。"

上海教育出版社 1961 年 11 月初版、1962 年 9 月第二版，顾留馨编
著的《简化太极拳》，1963 年 11 月第三版时改名为《怎样练习简化太极
拳》，在这两本书第一部分"一、太极拳的来龙去脉"下的附注中，以及
人民体育出版社 1964 年 3 月初版，顾留馨编著的《太极拳研究》第一章
太极拳的起源和发展简史"一、太极拳的起源"节后的附注中，都有"长
拳一〇八势于乾隆年间由河南镖师郭永福传入山西洪洞县贺家庄，1936
年樊一魁著《忠义拳图稿本》（洪洞县荣仪堂石印八册）将此拳逐势绘图，
势名和歌诀与《陈氏拳械谱》所载相同，惟别字较多，虽已改名为'通
背拳'，实为陈王庭所创在陈家沟失传之长拳一〇八势。据说洪洞县高公
村迄今仍有人会练"这一说法。

所以，我在《科学探讨》的第五题中，对此也曾有"无论这套在陈
家沟无传而不是失传的一〇八式的拳，叫'长拳'也好，'通背拳'也好，
甚至还可以有更多的名称，非常明显，它和两仪堂本中的'小四套亦名
红拳'（三省堂本作'四套此名红拳'）一样，是陈沟（在装订成谱前）
什么时候从外面什么地方传抄进来的拳谱，而绝不是王宗岳在《太极拳
论》里所写'太极拳一名长拳'的长拳谱，并且保留了此'通背拳'在
山西洪洞县迄今还有留传"这一看法。

1978 年在广西南宁举行的全国传统武术表演大会上，山西省洪洞县
通背拳家徐凤山表演了洪洞通背拳一〇八式母拳，荣获一等奖。

2001 年 10 月，在山西省武术院召开的山西省部分老拳师座谈会上，

薛盛才以洪洞通背拳老拳家的身份，演示了洪洞通背拳。

值得提出的是，2002 年第 9 期（总第 252 期）《武林》杂志上发表了洪洞通背拳家薛盛才写的《洪洞通背拳的源流特点》一文，在源流一节中写道："又据通背拳传人徐克明先生家传手（抄）本所云：'余自束发受书，即从吉贤学习拳业。先生临汾苗屯人也，讳书升，号少令，字俊先。其为人平和端方，善于诱（导）人，文章而外，又精熟通背拳一百单八势。常于授课之暇，领吾等三四人习学拳棒。越十余载，远近驰名，天下号为神拳，得之异人传授者。有河南郭永福，也亲得其传。后郭设教于洪邑苏堡村，从其学者有大弟子贺家庄贺怀璧、二弟子韩家庄张修德……'"这点资料，正好把它拿出来作为樊一魁在自序中所述历史渊源和授受情况的补充。

《拳经总歌》刊载于南京正中书局 1937 年 4 月初版，徐哲东编著的《太极拳考信录》卷下文征编 22 页，"歌"后，徐哲东加有按语云"右（原书系直行排本，故云）文据两仪堂本，文修堂本无之"。南京仁声印书局1935 年 10 月初版，陈绩甫（照丕，1893—1972 年）编著的《陈氏太极拳汇宗》上册《太极拳学入门总解》编弁言后第 1 页的篇名作《陈长兴太极拳歌诀》。

《拳势总歌》刊载于徐哲东《考信录》卷下"文征编"17 ～ 21 页，篇名下徐哲东注有"此篇陈子明《拳械汇编》作《长拳歌诀》，文修堂、两仪堂二本皆有"，后一行"一百单八势"下注"两仪堂本无此"六字。中国武术学会 1937 年 2 月 20 日出版唐豪著的《行健斋随笔》66 页的篇名是《陈沟长拳谱》而不是《陈氏太极拳谱》。陈绩甫在《陈氏太极拳汇宗》《太极拳学入门总解》编中作《陈长兴太极拳总歌》。

这样，就可以明确地得出，陈绩甫在《陈氏太极拳汇宗》中的《陈长兴太极拳歌诀》和《陈长兴太极拳总歌》，虽然都抄录自族里的文修堂本、两仪堂本、三省堂本《拳械谱》或陈子明的《陈氏世传拳械汇编》，而实际上却都是间接抄自迄今有传的洪洞通背拳拳谱里的东西。

宋唯一的武当剑术和李景林的武当对剑法源流不同考①

要考证这个问题，必须要把《太极八卦考证二》中弄虚作假的地方剔除掉；把《八卦掌始祖究竟何人——宋唯一的一段回忆》中错误和附会的地方辨证清楚。然后才有可能提出一些可靠的资料，以此来证明是否有真实性。

一、《太极八卦考证二》辨伪

1932 年 12 月 21 日，《国术统一月刊》第 87 期（中央国术馆六周年纪念特刊）上姜容樵发表了《太极八卦考证二》。

《太极八卦考证二》是姜容樵根据宋唯一《武当剑谱》里的丁序、自序和附录，抽掉了一部分真实内容，补进一些太极拳、八卦掌方面道听途说的传闻，结合笔者主观上的褒贬意图，揉捏并拼凑出来的一段荒唐史。

---

① 原载《上海武术》1999 年第 1 期。

（一）笔者在文章一开始就把当时只有油印本的《武当剑谱》书名，改为《武当剑、太极、八卦归一附图解说明》。偷换了论题，为以后种种的捏合和附会，创造了条件。

（二）油印本中的丁序、自序、正文和附录，都没有牵涉到太极拳、八卦掌一类的说法。而姜在文章中，忽然把武当单练剑扩大到"拳剑"，并且把附录中陈荫昌的传人只有野鹤道人一人，也扩大到野鹤道人的同胞兄弟避灯侠。避灯侠再传董海川。由于董海川是八卦掌门中的著名人物，因而就编出董海川从避灯侠学八卦掌等一连串的附会故事来。

（三）文章中把首先接触宋唯一并从师学剑，而后又将宋推荐给师长李景林，并自称为"宋君剑仆"的营长丁齐锐，说成是"唯一初传（团长）张骧五先生……"这样才有可能给喜欢奉承吹嘘的张宪（骧五）向郭叔蕃叙述时，把丁齐锐换成了自己。

（四）1930年，上海武学书店出版了姜容樵和姚馥春合编的《太极拳讲义》。在第十章"太极拳谱释义"中，姜就伪称是什么"得乾隆时之抄本，复得光绪初年之木版书""其原文较世传者多三分之一，皆太极之要诀"。谱中的所谓二十字诀，也被吹嘘成"尚有二十字，亦为斯术之宝筏，国内流行之太极拳谱多未载"。这个所谓乾隆抄本、光绪木版书，在1937年4月南京正中书局出版，徐哲东先生著的《太极拳理董辨伪合编》辨伪编（三）《辨乾隆旧抄本及光绪木版本》中就被证伪。文中说："今按姜容樵本既有《十三势行工心解》之文，即为出于武禹襄以后之记。乃云乾隆时旧本，已堪大噱。至太极拳谱，清代从未有刻本，何来光绪木版本乎？此实诬妄之尤者矣。至于二十字诀后之文，显为出于习形意拳者之手笔。"而吴孟侠、吴兆峰父子俩，却把它抄袭过来，并把它杜撰成五个字一句的《五字经诀》。发表在1958年3月人民体育出版社出版的太极拳丛书之三《太极拳九诀八十一式注解》一书的第二章《太极拳之要诀》第九节中。并且在该书的前言中，把它说成是"卅年前从牛师连元学习太极拳。牛师系太极拳名家杨班侯的高足，得杨氏秘传太极拳九诀中的第九个歌诀"。可是在同书第二章《太极拳九诀注解》第九节《五字诀》标题下的括号附注里，自己却不打自招地说出"这是二十字冠顶之诀，每五字一句"。原来就是从姜、姚书中搬移过来的二十字诀，经过再加工而编写成的。以伪作伪，根本不是太极拳里的东西。

（五）油印本自序中只有"……吾有空中妙舞剑法，原系武当内家九派三乘也。吾习下乘剑法，已传八人，再传汝已（以）成九数也"。姜把"吾习下乘剑法，已传八人，再传汝已成九数也"演绎成已传八代，到"海川、唯一为第九代"。以至扩大到"唯一初传张骧五先生，后传李芳辰、蒋馨山两先生，即近世盛行武当剑法……为第十代"。殊不知道家以九数为极则，形容其到绝顶或到最后的意思。所以，"再传汝以成九数也"，应该理解为"再传你是最后一个人了"的意思才对。

二、《八卦掌始祖究竟何人——忆宋唯一的一段回忆》辨误

1983年10月，在内蒙古青少年杂志社出版的《武门精粹》上，郭叔蕃写了《八卦掌始祖究竟何人——忆宋唯一的一段回忆》一文，其中说道："宋唯一，辽宁北镇城内鼓楼大街人。在奉系军阀张作霖盘踞东北时，1919年，奉军第一师师长李景林（河北枣强人，字芳宸）驻防锦州市北之义县。其一旅一团团长张宪（河北冀县人，字骧五），为其眷属寻觅住所。在义县城内文献胡同，寻得宋姓前院。主人曰：'吾名宋唯一，八卦掌名师董海川之师弟。吾师壁（姜容樵作"避"，下同）月侠，董之业师壁灯侠，吾与董海川系伯叔师兄弟。……董海川系在安徽九华山学艺，业师为壁灯侠，学的是"坎卦"八卦掌。我学的是"离卦"八卦掌。'宋氏畅谈后，即以所著《学艺心得》手写本赠予张宪（抗战时遗失）。张氏拜谢而出，即以电话报告师长李景林说：'发现剑侠门徒，即吾之房主宋唯一。'翌晨，李即派参谋迎请宋到师部，盛筵款待。陪座者有张宪、蒋馨山等。嗣后，宋即每日到师部教授八卦掌及武当剑。"

这篇回忆录所证，有很多失实和附会的地方。

（一）根据1986年第2期《中华武术》特约通讯员李生和邱万春六次去北镇调查后所写的《宋唯一和武当剑谱》中说："……宋中年后长期

居住北镇，在北镇县西门北侧城墙下，辘轳把胡同有一所宅院，共有房间 20 多间，前后两层，尖顶草盖，宋住里院（西院）。……1922 年，奉军第一师驻防北镇，营长丁其（齐）锐携眷住宋宅外院，认识了宋唯一。而后又将宋唯一推荐给师长李景林。……其时宋唯一已 63 岁了。李景林遂拜宋唯一为师，学习武当（单练）剑法。当时跟随李景林同去拜会宋唯一的还有郭岐凤、林志远等人。"宋唯一的住处是在北镇县西门北侧城墙下辘轳把胡同，而不是义县城内文献胡同。

（二）租用宋唯一住宅外院的，是当时驻防在北镇县的营长丁齐锐，而不是驻防义县的团长张宪。

（三）和李景林第一次同去拜会宋唯一的，是郭岐凤和林志远等人，而不是张宪和蒋馨山等人。张、蒋等人向宋唯一学剑，应当还在后一时期。

（四）巫邑闾山，应该就是医巫闾山的误记，也就是宋唯一在《武当剑谱》自序末所具的一无虑山，本是东胡语"大山"的意思。此山在北镇县城西北十里许，横跨北镇、义县二县，长达 80 华里，过去山里多道观庙宇。据此，则宋唯一的学得武当单练剑术，应该就在本县，而不是什么"川、鄂接壤处"。

（五）回忆录中的"董海川……学的是'坎卦'八卦掌，我（宋唯一）学的是'离卦'八卦掌"，完全是清嘉庆二十二年（丁丑，1817 年）兰簃外史纂辑的《靖逆记》里"……嘉庆十五年（庚午，1810 年）春……牛亮臣见克善拳法有'八方步'（梅花拳步法）。亮臣曰：'尔步伐似合八卦？'克善曰：'子何以知之？'亮臣曰：'我所习坎卦。'克善曰：'我为离卦。'亮臣曰：'尔为离我为坎，我二人坎离交宫，可习其所习可也。'"这一段记载的移植和附会。实际上《靖逆记》里所记载的，是清嘉庆十八年（癸酉，1813 年）北京近郊爆发以李文成、林清为首的"天理（八卦）教"农民起义。它是以八卦卦名来分支的。文中所说冯克善所习的"离卦"是指拜王祥为师所加入的"天理教"中的"离卦教"；牛亮臣所习的"坎卦"，是指拜林清为师所加入的"天理教"中的"坎卦教"。因此，冯、牛二人对话中的"离卦""坎卦"，不是拳法而是"天理教"农民起义的组织。

（六）1922 年冬，丁齐锐认识了宋唯一后，随即向宋学练武当单练剑法。不久，宋唯一就把他和他二弟宋德朴（1881—1927 年）合编的《武当剑术》原稿，交给丁齐锐阅读，并请丁为此书作序。并不是像回忆录中说的那样送给丁一本《学艺心得》。

（七）宋唯一到李景林师部教的只是武当单练剑法和散击剑，并不是武当对练剑法，更没有八卦掌。这些情况，可参阅 1948 年第 1 期《中华武术》李天骥在《学练武当剑五十年》中说过的"……当时，宋唯一的剑法以单练、散练为主。李景林学练后，朝夕揣摩研究，在继承单练剑的基础上，创编（笔者注：不是创编，见下文三）了对练，以高超的剑法享誉武坛"，以及 1986 年第 3 期《精武》上，康戈武在《关于董海川从毕澄霞学得八卦掌的考证》中说过的"《武当剑谱》原稿本作者宋唯一在《自序》中述及其学艺经过时，只说野鹤道人教了他武当剑，没有谈到传授八卦掌一类的说法。……关于董海川学艺于毕澄霞（或曰避灯侠）、宋唯一学艺于毕澄霞同胞兄弟毕云霞（或曰避月侠）之说，是虚构附会入宋唯一《武当剑谱》中的"。从这些文字资料和考证中，可以得到确凿的证明。

三、《武当内家对手剑法》和《武当剑谱》

1927 年年底，上海武当太极拳社社长叶大密（1888—1973 年），在《柔克斋太极传心录》中《记奇遇李景林将军》一文中说："李老师武当（对）剑，系武当山第十三代陈世钧先生所授。先生皖北人，为袁世凯幕友。"1935 年 4 月，上海商务印书馆再版黄元秀编著的《武当剑法大要》附录《李师芳宸传略》中也说："李师讳景林，字芳宸，又字芳岑。冀南枣强县人，河北世家也。……其祖以技击闻于两河间，师幼时得父之传授，桓桓有侠士风。及壮，遨游塞外，遇异人皖籍陈世钧先生。先生沉默寡言，出没无踪，冬夏一衲，系武当嫡派，能天盘、地盘、人盘剑术。师受其业数载。"1983 年第 11 期《武林》上，陈正清在《武当剑传家剑》

中提到李景林的授受情况，大致也和《传略》相同。

1945 年秋，昆明致文印刷铸字所出版吴志青（1887—1949 年）编著的尚武楼丛书第二种《太极正宗源流、国术丛论、国术理论体系、历世纪》合刊本中，则说："……李师曾云'此剑得自异人传授，计共六路。由第一路至第五路为对剑法，其第六路为独练之法，式式奥妙，异于常剑。惜大半遗忘，绝技竟成'广陵散'。"1985 年 11 月，浙江人民出版社出版顾启欧、章晓云编著的《武林名家》，在《黄元秀四度学剑》一文中也说："李景林自称'古广川'（今河北枣强县）人氏，自幼得武当正宗陈世钧（1851—1922 年）的真传，深得武当（对练）剑法的妙旨。这一剑法，本是武当山道家的护山剑，秘而不传。清道光年间，武当隐士郭济光，传出这套（对练）剑法，因系单线相传，会练的真是寥若晨星。"

以上从李景林本人及直接跟他学剑的黄元秀、叶大密等，及间接传人吴志青，直到最近的顾启欧、章晓云的说法都比较一致。则陈世钧似乎不应该暂时"因其人无处可考"而说成是虚构的。

根据我所见到过的叶大密老师和濮冰如（玉）师姊，当时向李景林老师学习武当对剑时，从李老师那里手抄得来的，署名为"浮山剑道人圆虚"撰写的《武当内家对手剑法》，内容不仅有剑纲、剑法十三势名称、十三势之功能、十三势之对象、十三势之攻守等篇名的理论部分，还有内家对手剑法五趟，即五套对剑法的式势名称。和李景林老师所传授的武当对剑法对照一下，内容可说是大体相同，式势却多了不少。这似乎又和李老师自己所说过的"惜大半遗忘"相符合。因此，在这里我就有足够的理由这样说："李景林老师的武当对剑法，和浮山道人圆虚的武当内家对手剑法，是一脉相承的。"

如果这个浮山，就是现在江苏盱眙县西的浮山，那它和安徽淮南的来安、嘉山（今明光），淮北的五河、泗县相邻近。清末民初，这些地方还隶属于安徽的泗州管辖，道道地地在皖北地区，这恰恰又和陈世钧的籍贯相同了。

当然，在这里我不可能就此而随便得出"浮山道人圆虚就是陈世钧或郭济光"这样的结论。但至少可以提出"武当对剑是否是从皖北地区流传出来？或是在该地区还有所流传？"这样的问题来作为探讨。

但是可以肯定，李景林的武当对练剑法，和宋唯一的武当单练剑法，并不是同一种剑法。它们的来源也各不相同。

李亦畲《太极拳小序》写作时间考①

1964 年 3 月，人民体育出版社出版了唐豪、顾留馨编著的《太极拳研究》(下称《研究》)一书，书中 136—139 页第四章，是唐豪考释的《廉让堂本太极拳谱》，李福荫写的序文。唐豪在附记中写道：该篇是"据 1938 年戊寅夏，节武一如所抄廉让堂石印本"的节抄本。实际上，正本廉让堂本太极拳谱的序文，是稷山马力伯（甲鼎）写的，李福荫写的是后序。

唐豪在 142 页《太极拳释名》后的附诉第四段中写道："马印书此篇，为其姨丈李亦畲于 1867 年（同治六年丁卯）所遗留。亦畲则得其母舅武禹襄。"唐豪在同页的第五段中又写道："马印书所抄，当据 1867 年（同治六年）或更早之文。既无篇名、篇首，复有缺佚，此可推见禹襄所得正谱已有漫患。"

唐豪在 161 页《五字诀》后的附识第一段中又写

① 原载《上海武术》2002 年第 2 期，《太极》2006 年第 2 期。

道:"马印书抄本,首题太极(脱一拳字)小序,末题丁卯端阳日亦畬李氏识。亦畬有生之年,只逢一丁卯,则此序初稿当作于1880年(同治六年)。初稿首句,作太极拳始自宋张三丰。"在168页《左虚右实之图》中的唐豪附识中则写道:"郝和藏本无此篇。马印书与廉让堂本皆列在亦畬著作内。马印书为李亦畬姨甥,生于1870年(同治五年丙寅),亲见亲闻,为亦畬作无疑。"这里,唐豪把1870年的纪年搞错了,同治五年丙寅是1866年,三版《研究》已为之改正。

那么,马印书抄录李亦畬手写《太极拳谱》的最小虚年龄,至少也应该在10岁以上,即1875年清光绪元年以后的事了。再从《太极拳小序》的内容来看:马印书抄本的首句作了"太极拳始自宋张三丰";"我郡南关杨某"一句,"某"字作了"某老禄"三字;"备极精巧"一句中的"巧"字作了"妙"字;"伊不肯轻以授人"一句中的"伊"字下多一"亦"字;"素闻豫省怀庆府赵堡镇有陈姓名清平者"一句,"豫省"后脱了"怀庆府"三字,"平"字作了"萍"字。而关键性的几句"予自咸丰癸丑,时年二十余,始从母舅学习此技,口授指示,不遗余力。奈予质最鲁,廿余年来,仅得皮毛"则没有变动。

由此可以推算,咸丰癸丑是咸丰三年(1853年),李亦畬(1832—1892年)年22虚岁,开始从武禹襄(1812—1880)学太极拳,此时武禹襄年正好42虚岁。武禹襄于光绪六年庚辰(1880年)年69虚岁去世。李亦畬实际从武禹襄学了不足27年的太极拳。如果马印书抄本中的《太极拳小序》写于同治六年(丁卯1867年),则要27年减去13年,那时李亦畬只从武禹襄学了14年还不足的太极拳。在《太极拳小序》中,他不可能把它写成"廿余年来"。从而可以肯定,唐豪辗转从武一如处抄来的《太极拳小序》,纪年肯定有错误。那么,一版《研究》153页武莱绪撰写的《先王父廉泉府君行略》下的唐豪附识一开始就写道"1880年(同治六年丁卯)",三版132页已改为1876年(同治六年);161页《五字诀》后的唐豪附识一开始又写道,"马印书抄本,首题太极(拳)小序,末题丁卯端阳日亦畬李氏识。亦畬有生之年只逢一丁卯,则此序应作于

1880 年（同治六年）"，三版《研究》139 页也已改成为 1876 年（同治六年）。这两处的 1880 年公元纪年，又该作何解释？原来，一版《研究》中唐豪考释的《廉让堂本太极拳谱》是唐豪生前尚未定稿的草稿本，当时唐豪已经发觉在这两处的"同治六年"纪年上有问题，因而他在见到这两处的有关纪年时，就随手把它改写了公元纪年上去，以便在定稿时改正。顾留馨向来尊重唐豪，也就在一版《研究》出版时把这两处唐豪批改而只改了公元纪年的原来面貌，保留了下来。

但笔者个人认为，还不如把这两处的纪年，改成为 1879 年，即清光绪五年来得更为妥当。因为这一年，不仅干支纪年是己卯，和武一如错抄来的纪年丁卯的地支"卯"字相同，更为重要的是这一年武禹襄本人还健在，极有可能来为外甥兼学生的李亦畬正在正稿缮写的《太极拳小序》提出文字上的润色和内容上的修改，特别是像首句有关太极拳历史传说的纠正。

这样，就使李亦畬的整理《太极拳谱》，从初稿、修改、定稿，直到"老三本"分别誊正送出，更具有连贯性，更符合思维逻辑。

杨氏太极拳学者修改太极拳经典著作的例证①

一、增添"动静之机"四字

杨氏《太极拳谱》传本在王宗岳《太极拳论》第一句"阴阳之母也"之前，增添了"动静之机"四字。这样，不仅使之和"阴阳之母"四个字对仗，成为道道地地的骈体文句，并且也使之和后一句中的"动之则分，静之则合"起到了承上启下的照应作用，因此，无论在文法结构和文义用词方面都是无可非议的。

这个改动，在出版物中出现得最早的，是1921年12月出版的许禹生的《太极拳势图解》，其次，是1927年9月出版的徐致一的《太极拳浅说》，然后，是在1929年九福公司出版的《康健指南》中的《太极拳全图》，1931年10月出版的吴图南的《科学化的国术太极拳》，1935年6月出版的吴公藻的《太极拳讲义》上编，抄本则仅见于上海武当太极拳社社长叶

---

① 本文为笔者与蒋锡荣师兄合作完成。原载《上海武术》1994年第3期。

大密老师转抄的杨健侯（老三）先生持赠田兆麟老师的藏本。

　　历史资料证明，许禹生（1879—1945 年）和田兆麟都曾经向杨健侯学太极拳，吴鉴泉的父亲全佑则先在旗营跟杨露禅后，从杨露禅之命在端王载漪府拜杨班侯为师学太极拳的。鉴于永年李福荫所辑廉让堂本《太极拳谱》（以下简称李廉让堂本）和李亦畬（1832—1892 年）工批手抄自留本和持赠郝和本《太极拳谱》（以下简称李亦畬抄本）中的王宗岳《太极拳论》第一句都没有"动静之机"四个字。所以我们认为，这个改动时间较早，大约是杨露禅、杨班侯父子俩还在北京端王府及诸旗营教拳讲课时，由向他们父子俩学拳的王公们或陪伴王公们学拳听课的文人学子所增添的。

　　二、把"连而不断"改成了"断而复连"，"能粘依"改成了"能呼吸"

　　在杨、吴两家《太极拳谱》传谱中，把李廉让堂本误为李亦畬写而实际为武禹襄写的《十三势行功歌解》和李亦畬抄本中武禹襄《打手要言》中的第一个"解曰"一段，并穿插了李廉让堂本武禹襄《太极拳解》和李亦畬抄本中武禹襄《太极要言》第二个"解曰"中的部分内容，把它们合并起来统称之为《十三势行工（功）心解》其中"收即是放，连而不断"一句，杨、吴两家传本中都把它改成了"收即是放，断而复连"。这是杨氏学者在李廉让堂本王宗岳《太极拳论》后的"又曰"，和李亦畬抄本《打手要言》第二个"又曰"中"劲断意不断"的基础上，再根据杨氏二代教拳经验，总结成"劲断意不断，藕断丝犹连"一句话的意思而改写成的。

　　这在陈秀峰《太极拳真谱》中《十三势用工心解》之后的"又曰：彼不动，己不动，似松非松，彼微动，己先动，将展未展，劲断意不断"句后有"陈秀峰加此：彼不动，己先动，劲断神不断，藕断丝犹连"二十一字，以及杨澄甫《太极拳使用法》（原文解明）中说的"杨老师常言'劲断意不断，藕断丝犹连'，盖此意也"，双双得到证明，不过陈秀峰本把"犹"字写成了"又"字，这当然是谐音笔误所造成的。

　　在同篇中"极柔软，然后极坚刚"的后半句，李廉让堂本和李亦畬抄本中都还保持原来的"能粘依然后能灵活",而杨、吴二家的诸多传本中,却都已把它改成为"能呼吸,然后能灵活"了。这个改动表明了修改者对太极拳实际功夫的体验,比原作者更加深入了一层。因为,即使是在一般推手时,仅仅只是在外形肢体上能够跟随得上对方,还是不够的,必须在外形肢体上能够跟随得上的同时,还要在内在呼吸上也能够跟随得上对方的呼吸。那才真正是全面的所谓"完整一气",才真正是里里外外的所谓"合住对方",然后才能既轻松而又干脆地把对方发放出去。更何况,进一步要把它运用到太极散手和太极器械方面去了。

三、把"每一动,惟手先着力,随即松开……"云云三十九字改成了"一举动,周身俱要轻灵,尤须贯串"十三字

李廉让堂本中武禹襄《十三势说略》开头一段"每一动,惟手先着力,随即松开,犹须贯串一气,不外起承转合,始而意动,继而劲动,转接要一线串成"计39字,李亦畲抄本中武禹襄《打手要言》最后一段,又曰:"每一动,惟手先着力,随即松开,犹须贯串,不外起承转合,始而意动,既而劲动。转接要一线串成"是37字。在杨、吴二家的诸多传本中,都把它改成了"一举劲,周身俱要轻灵,尤须贯串"13个字。除了在杨澄甫《太极拳使用法》中把这篇文章称之为《禄禅师原文》,最后还注有"原注云:此系武当山张三丰老师遗论,欲天下豪杰延年益寿,不徒作技艺之末也"外,其他各本都把它称之为《太极拳论》并附上原注的这个篇名和原注,显然也是杨氏学子所改定的。

实际上,武禹襄原文头一句"每一动,惟手先着力,随即松开"是有很大语病的,既然是《打手要言》,当然是指推手。在双方功夫相差很大的情况下,功夫大的加上体力占绝对优势的,固然可以做得到"惟手先着力,随即松开",如果功夫体力二者都不相上下,一搭手,手上既然已经用上了力,再想要把它松开,那已经是千难万难的了。更何况像现在的竞技推手比赛,称过了体重再来分组配对,双方的功夫又是差不了多少,主观上偏偏又都想抢先用力来推对方。除了只能出现像吴修龄在《手臂录》中所批评的那样"去柔存刚,几同斗牛""气力愤发,殆同牛斗"之外，想要意思安闲、神态自如、若无其事地来进行推手比赛，简直是不可能的。从这一角度来看，杨氏学子把原来这19个字改成为"一举动，周身俱要轻灵，尤须贯串"13个字，无论在理论上或实践上都是有它的积极意义的。

四、把"静"字改成了"净"字

李廉让堂本和李亦畬手抄本《十三势行工歌诀》中"腹内松静气腾然"一句中的"静"字，以及李廉让堂本《十三势行工歌解》李亦畬手抄本《打手要言》中第一个解曰中"发劲须沉着松静，专注一方"一句中的"静"字，在杨、吴二家的《太极拳谱》传本中都已把它改成了"净"字。从字义上来说，它已含有数量上比较多少的意思在里面了。就拿前一句"腹内松净气腾然"来说吧，惟其是腹为放松得干净，内气才有翻腾上升的现象出现，腹内放松得愈干净，内气也就翻腾得愈厉害。但应该指出的是，这种翻腾现象是动的，而不是静的，静了是不会有什么东西可以腾然的。再如拿后一句"发劲须沉着松净，专主一方"来说，发劲时思想上固然要坚定沉着，肢体上却要放松得干干净净，而且是愈干净愈好，然后"认定准头"专注一方而去，才能将对方发放得干脆利落，一往无前。

这两个地方的改动，应该承认是改得恰当，改得好的。有人认为"把'静'字改成'净'字是不对的"，那无非是因为原作者的文化水平要远比杨家三代祖孙中的任何一人都高。但是如果把杨家前二代在宫廷教拳时，学拳的王公或陪伴王公来学拳的有什么"侍读""侍讲"一类官衔的学子来和原作者相比较，那也就只能说是小巫见大巫了，更不要说是来个把什么"大学士""协办大学士"官衔的了，难道他们也不能替老师润色给他们讲解的拳论和笔记的么！

五、把"存心"改成了"在心"，把"动牵"改成了"牵动"，把"蓄神"改成了"精神"

李廉让堂本中王宗岳《太极拳论》后武禹襄所加的"解曰"和李亦畬抄本中《打手要言》第一个"又曰"一段："先在心，后在身，腹松，气敛入骨，神舒体静，刻刻存心。切记：一动无有不动，一静无有不静；视静犹动，视动犹静，动牵往来气贴背，敛入脊骨，要静。内固精神，外示安逸，迈步如猫行，运劲如抽丝。全身意在蓄神，不在气，在气则滞。"其中第一句末了"刻刻存心"中的"存"字，在杨、吴二家的传本中，除了陈秀峰本和叶大密老师抄藏的杨健侯先生传本中没有改动外，其余各本都把"存"字改成了"在"字。说明这个字在杨班侯、杨健侯兄弟传出的谱本中，还没有改动。改动的时间，应该还在他们的谱本传出以后。

把"存"字改成了"在"字，在意义上并没有多大出入，只是把平声字换成了仄声字，读起来声调比较协调顺口而已；另外"动牵往来气贴背"一句中的"动牵"二字，杨、吴二家传本中也都把它改成了"牵动"，这两个字颠倒过来意义完全一样，但平仄却协调了。

至于"全身意在蓄神"一句中的"身"字，陈秀峰本、陈微明本和吴图南本都保持着原来的"身"字，而徐致一本、九福公司本、吴公藻本则都把它写成了"神"字，这当然是吴鉴泉在后来的传本中谐音笔误所造成的。因为这个错误比较明显，所以没有什么多研究的必要。但在同一句中的"蓄神"两字，除了陈秀峰本、吴图南本仍保持着原来的面貌以外，其他杨、吴二家的传本都把它改成了"精神"二字，那当然是从杨健侯传本开始改动的。但我们决不可以小看了这一字之改动，因为"蓄神"二字，充其量也只不过是"内固精神"一语的重复叮咛，而"精神"恰就是"精""气""神"中的精和神，俗话说的"有精神"却必须先要内气充盈体内，然后才能使精神显现于体表的，所谓"神完气足"也就是俗话说的"神气实足"。

六、把"沾连粘随"改成了"粘连绵随"

李廉让堂本和李亦畬抄本中《打手歌》，同样都是"掤、握、挤、按须认真，上下相随人难进，任他巨力来打我，牵动四两拨千斤，引进落空合即出，粘连粘随不丢顶"六句共 42 字，其中"任他巨力来打我"一句中的"我"字，除了陈秀峰本、叶大密老师抄藏杨健侯老先生传本作

"咱"以外，其他如杨、吴二家传本都是统一写作了"我"字。最后一句"粘连粘随不丢顶"中的第一个"粘"字，叶大密老师抄藏杨健侯老先生传本作"沾"。根据田兆麟老师所藏《太极拳谱解》杨健侯传本（俗称老谱）中"沾粘连随解"节有"沾者，提上拔高之谓也"的解释，则"沾"是提，是擎，也就是向上向高方向的引进，所以"粘连粘随不丢顶"一句，原文应该是"沾连粘随不丢顶"。由于北音有把"沾"字读成 zhān 的，但意义上还是和"粘"差不多，如"粘在一起""粘贴"等，所以抄写者便把"沾"字含糊地写成了"粘"，也就可以说是谐音笔误吧。至于徐致一本、九福公司本、吴图南本索性把"粘"字写成了"黏"，那无非是因为旧字典只有"黏"或"作粘""俗作粘"这一类注释的关系。

　　这里有个小故事，是上海武当太极拳社社长叶大密老师亲自讲给我们听的。1930 年 11 月 11 日，李景林、孙禄堂、杨少侯、吴鉴泉、杨澄甫、褚民谊、田兆麟、武汇川、陈微明、陈志进等人都到当时的法租界萨坡赛路（今淡水路）南永吉里十九号祝贺武当太极拳社成立五周年纪念。在闲谈中，陈微明老师首先向诸多太极拳老前辈提出，是否要把《打手歌》末一句中的"粘"字改回为"沾"字的问题，因为陈微明老师在初版《太极拳术》中是把"沾"字写成"粘"字的。当时，田兆麟老师首先回忆道："老三先生（指杨健侯）和我打手时常常说'一沾就成（功）嘛'。"接着，杨澄甫老师索性补充道："沾起来就打嘛。"这就说明了"沾"字不仅含有《太极拳谱解》沾连粘随解中所说提上拔高的引进的意思，并且还含有"即丢即顶""逢丢必打"的意思在里面，也就是说已经是属于随便"找劲"的了。"找劲"是推手的高级阶段，当然不是初学推手的人所适宜学习的。因此，孙禄堂老先生随即提出，"要使初学推手的人，在推手时能够做到连绵不断，就该把《打手歌》的最后一句，改成为'粘连绵随不丢顶'才恰当"。后来，陈微明老师果然在 1933 年再版《太极拳术》时，把《打手歌》的末一句修改成了"粘连绵随不丢顶"了。再从 1957 年 9 月初版、1988 年 2 月修订，孙禄堂原著、孙剑云整理的《孙式太极拳》附参考资料五，推手歌诀的末句来看，同样也已改写成了"粘连绵随不丢顶",可以作为旁证。

七、把"必至偏倚"一句删去,把"不是"改成了"不在",把"物将"两字颠倒过来改成了"将物"

李廉让堂本《十三势说略》和李亦畬手抄本《打手要言》中有又曰"有不得机得(手抄本无此'得'字)势处,身便散乱,必至偏倚。其病必于腰腿求之"这一段中的"必至偏倚"四字一句,杨、吴二家传本中都把它删去了。理由是散乱到了一定程度,就会清楚地暴露出自己的弱点所在,给了对方一个可以趁虚而入的机会,不一定要等到表现出自己的身躯已经偏倚时。

接下去,"上下前后左右皆然。凡此皆是意,不是外面"这一段的最后一句"不是外面",杨、吴两家传本中也都把"不是"两字改成了"不在",以使不表现在外面的意思更加明确、更加肯定些。

再下去,"有上即有下,有前即有后,有左即有右。如意要向上,即寓下意,若物将掀起,而加以挫之之力,斯其根自断,乃坏之速而无疑"这一段中,"若物将掀起"一句中的"物将"两字,杨、吴二家传本中,又都把它颠倒过来改成了"将物"。

从文言文法上讲,这一段中"如意要向上,即寓下意"这两句是承应第一句"有上即有下"而作了一般文字上的说明,然后接下去再举"若将物掀起,而加以挫之之力,斯其根自断,乃坏之速而无疑"这个日常生活中既简单而又具体的例子来作为补充说明的。

这里所用的"挫"字,是作向下揿按的意思来解释的。如果用了原来的"物将",则这一句的意思就变成了犹如物体自身将要掀耸起来的时候,而给它一个向下揿按的力。这样,作用的结果就不会是"斯其根自断,乃坏之速而无疑"。恰恰是把这刚掀耸起来而自立不稳的物体,重新把它揿按回去,从而使它恢复平稳,这岂不是在给这物体自身的稳定帮了个大忙?

这里,如果是把"挫"字当作"摧断"的意思来解释,则对于"若物将掀起而加以挫之之力"这一句话本身的意思,倒也可以自圆其说,但和前面的"如意要向上，即寓下意"，在文法上已是互不相干，而和接下去的"斯其根自断，乃坏之速而无疑"，更是颠顸不通了。

以我们低水平的理解，这一段讲的正是《打手歌》最后一句，"沾粘连随不丢顶"中的第一个字——"沾"字。根据杨氏老谱《太极拳谱解》"沾粘连随"节中，对"沾"字的解释是"沾者，提上拔高之谓也"，则可以知道，"沾"是向上向高处的引进，也就是李亦畲《撒放密诀》中"擎起彼身借彼力"的"擎"字。可得注意，李氏已将"擎"字说得清清楚楚，是要借用对方的反作用力的。

为了防止对"擎"字的错误理解，李氏在后面的小注中又特为注了"中有灵字"，说明了在使用"擎"字时要轻灵，决不是凭着力气大来蛮干一下就算是符合了的。

为《杨式太极是一家》补漏正误

2001 年第 4 期《武林》杂志刊载了瞿世镜先生撰写的《杨式太极是一家》(以下简称《一家》) 一文，对笔者于 2000 年 7 月发表在台湾第 22 期《太极学报》上《为正名》(以下简称《正名》) 一文的前言部分，提出了"内容大致不错，但有两三处细节，仍需按事实更正"的意见。为此，笔者认真地读完了《一家》全文，始知瞿先生乃黄景华先生及门弟子，学识渊博。惜乎仅是为了笔者在《正名》前言中两次提到了瞿先生的太极拳老师黄景华医师，竟然惹起瞿先生按捺不住的情绪冲动，写出了既和《正名》前言毫不相干的所谓更正，又和事实大相径庭的许多戏剧性的讹人情节来，深为叹惋！现依照《一家》原文有疏漏、讹误处出现的先后为次序，列出下列 11 条，以为补漏正误之证例：

第一，瞿文开始就写道："郑曼青师伯早年在上海美术专科学校教中国画时，景华师曾向他学画，故有师生之谊。他们二人在叶大密的武当太极拳社学拳 8 年，澄甫公来沪后，又在杨家同门学艺，成为师兄弟。"这样说来，黄景华先生当年曾在叶大密老师创办的武当太极拳社学过太极拳、剑的事，并非虚构。而武当太极拳社是经过当时的教育局立案、教育部备案的合法太极拳教学团体。根据该社修订的《简章》，以最高的太极拳、剑研究班来说，期限也只有"六个月为一学期，在第二学期以后是否继续研究，悉听学者自便"。黄景华先生在那时居然一学就是 16 个学期（8 年），那么，那时候的叶大密老师和黄景华先生师生间的情感是如何的融洽，是不言而喻的了。瞿文写到这里，却把这些事实一笔掠过，致使读者莫明其关系，读来索然，这是首先必须要在这里给瞿先生补充疏漏的。

第二，瞿文写道："澄甫公在上海，先后曾有三处寓所，1928 年自南京来沪，住金神父路圣达里。去杭州任国术馆教务长返沪，住巨籁达路大瑞里。去广州授拳返沪，住福熙路安乐村。金仁霖在文中云：澄甫公从南京到上海即住'巨籁达路圣达里'，显然是记错了。"笔者在《正名》前言中写的是："那时，杨澄甫老师还住在圣母院路、巨籁达路（今瑞金一路、巨鹿路）的圣达里。"查对了上海地图出版社 1954 年 9 月第一版第 4 次印刷的地图，路名索引表的路名栏下，有用括号注明的《上海分区街道图》，圣母院路（今瑞金一路）和金神父路（今瑞金一路）虽然同属于卢湾区，又是在同一条南北向的马路上，但以霞飞路（今淮海中路）为界：霞飞路以北直至福煦路（今延安中路）是圣母院路，它是可以和东西向的巨籁达路（今巨鹿路）相交的；霞飞路以南直至徐家汇路是金神父路，它是不能和巨籁达路相交的。瞿先生在文章中把我写在前面的主要马路"圣母院路"给漏掉了，所以便成为"巨籁达路圣达里"了。在 2000 年第 6 期《太极》第 19 页香港马伟焕、西安路迪民合写的《杨澄甫年表初探》年表中 1930 年的纪事可以参考，只是圣母院路后括号里注的"今瑞金二路"，应改正为"今瑞金一路"。

第三，瞿文写道："关于澄甫公赠叶大密照片一事，中间有一段过节。叶大密自告奋勇为澄甫公整理书稿，但迟迟未能动笔。澄甫公遂索回原稿资料，由董英杰师伯整理成《太极拳使用法》一书。叶大密向澄甫公进言：此书语言俚俗，讹漏甚多，有伤大雅。澄甫公即命景华师前往神州国光社，将全部存书取回焚毁。景华师在焚书之时，叶大密悄悄对他说：'不要都烧掉，里边有好东西。你给我留一本，我送你一对龙泉剑。'叶大密走后，澄浦公问景华师：'叶大密说什么？'景华师不敢隐瞒，直言禀告。翌日，叶大密到杨家推手，澄甫公连发猛劲，将叶大密弹出两丈开外。事后太师母侯夫人问澄甫公，为何发此猛劲。澄甫公曰：'叶大密说《使用法》不好。景华烧书，又叫他暗中留一本，说书中有宝。此人出尔反尔，心术不正！'叶大密获悉澄甫公产生误会，遂向澄甫公再三说明：'说《使用法》不好，因其文字鄙俗。说书中有宝，此乃杨家真传。'澄甫公闻之释然，遂以照片相赠。"瞿先生把这虚构的情节，描写得活灵活现。可在这虚构的情节里，你把杨澄甫老师描绘成什么样的人了？事实上，我早在1961年，为了写好《各流派太极拳在上海的发展简史》，通过徐哲东先生的介绍，对于孙派太极拳传入上海的情况，要我请教徐先生的同乡好友、老一辈武术家章启东（明）老先生（章老先生是前辈武术家孙禄堂老师的学生）。20世纪30年代，章老先生写过一本《形意连环拳图说》并出版，有关武术界里的旧闻轶事，博闻而强记。承蒙他老人家约我在8月初的某日晚饭后到叶老师家的书房去面谈，见面后才知道他老人家竟然也是叶老师的要好老朋友。当他老人家把"孙派太极拳传入上海是最早"的主要问题谈清楚后，也谈到了叶老师那时为什么要搁笔不写《使用法》，他老人家居然当着叶老师的面，直截了当地对我说："因为叶先生是没有正式向杨澄甫老师磕过头（呈过红帖子）的，所以在杨老师磕过头的师兄弟中，有说闲话的，说'杨老师怎么会叫不磕头的学生去代笔写书'，闲话传到叶先生耳朵里，叶先生当然不肯写了。"老法师果然一语道破机关。那么，后来的什么进言、焚书、悄悄语，以及谎称杨澄甫老师说的'此人出尔反尔，心术不正'等，当然是全都挨不到没有向杨老师磕过头的学生叶大密老师身上去了。叶老师对这些事回避还唯恐来不及，哪有动辄是叶老师所作所为之理！

第四，提到《太极拳使用法》，叶大密老师自己留存的那本《使用法》，当时原是名画家徐悲鸿老前辈之物，是文艺界田汉老前辈在徐老前辈案头看见后索取来送给叶老师的。所以在此书前面第一页的题字页上，不仅徐老前辈用钢笔签有"悲鸿"二字，叶老师还写有墨笔题记。这本书至今还保存在叶师母处。其实，《使用法》这本书既经上市，已分发到各销售店里的书，是无法再全部收回来销毁掉的。1955年1月23日，我在河南中路商务印书馆南侧的昭通路上，就曾买到过簇新的一本，编号是00893，这本书我至今还保存着。同年不久，又在这条路上买到纸色略为泛黄的一本，此书后来为吴寿康老师兄索去。

第五，当杨澄甫老师在叶大密老师处取去《使用法》原稿、照片等资料时，杨澄甫老师还特为留送给叶老师一本《杨家传抄老谱》（即三十二目，实际四十目）。可就是为了这本老谱，后来被叶老师的磕头师兄弟知道了，才又惹出了那么多的恩恩怨怨。20世纪40年代后期，叶老师存心把这本拳谱放在濮冰如大姐处，但被觊觎已久的磕头师弟某某借去不还；无独有偶，也正是瞿文中提到过的某兄弟两人，在杨澄甫老师去世后，改门去投拜吴鉴泉老师学吴家太极拳，吴鉴泉老师去世后，又向师兄赵寿村老师学。凑巧也在20世纪40年代后期，某兄弟俩忽然又回到了武当太极拳社向叶敏之老师学拳，直到把叶敏之老师当时放存在我处的一本1933年12月上海武术学会初版，书末附有唐豪代跋的《太极拳源流考》，陈子明编著的《陈氏世传太极拳》，和一本经过郑曼青先生亲自用铢画笔，在第二十八节扇通背用法末后，"两手展开"一句下，补加进去了"如扇"两字的，1934年2月上海大东书局初版，杨澄甫著的《太极拳体用全书第一集》线装本两本书，由兄弟俩中的弟弟出面，当着叶敏之老师的面，向我索借到手以后，从此兄弟两人就连学拳也不再来了。看来他们有一个共同的想法，那就是：习练太极拳，如果能够得到像传奇小说中形容的那样一本秘本太极拳谱，或者好的太极拳书，即使没有老师的悉心指导，没有自己的坚持实践，没有自己的用心钻研，太极拳功夫也会自然上身的，成名成家后也就自然会被众多的太极拳爱好者认可的。

　　第六，瞿先生写道："金先生文中提到，澄甫公来沪定居，叶大密介绍濮冰如姊弟、郑曼青先生、黄景华医师、张叔和眷属投拜杨门学艺，保障澄甫公生活。此说似有夸张之嫌。濮秋丞、张叔和家道殷实，对澄甫公或有裨益，然而曼青师伯两袖清风，景华师一贫如洗。据景华师自述，当时他非但不付学费，而且中午、晚上均在杨家用膳。每天除练拳之外，还须练推手、抖白腊杆，体力消耗极大。杨家以大砂锅用文火煮牛蹄筋，景华师与同门师兄弟皆用面饼卷牛蹄筋加葱酱作为主食，有此耐饥之物落肚，方能补充体力消耗。在杨家免费用餐之师兄弟人数不少，澄甫公每月开支自然不菲。靠叶大密介绍几名学生，岂能保障其生活？"瞿先生简直是在和我开文字玩笑了，第二条刚给你指出怎么会把我写在前面的主要马路"圣母院路"给漏掉了，这里又把我写得清清楚楚的"在杨澄甫老师来到上海定居后，叶大密老师又通过濮秋丞老先生为介绍，先后把濮冰如大姐和其弟弟、郑曼青先生、黄景华医师，以及张园主人张叔和的子女和眷属，全部都投拜在杨澄甫老师门下，以保障杨澄甫老师在上海生活上的安定"这一段文字中的"叶大密老师又通过濮秋丞先生为介绍"改写成为"叶大密介绍"，把"以保障杨澄甫老师在上海生活上的安定"改写成为既简单而又绝对的"保障澄甫公生活"，以至于出现了"靠叶大密介绍几名学生，岂能保障其生活"这种既脱离了实际，又用了颠顸无理的语句来责问，不知用意何在？谁都知道，旧社会的俗成惯例，无论谋求职业，学习技艺，投拜师傅都是要铺好红毡毯，点上红蜡烛，行过跪拜大礼的，然后呈上红帖子并送上红包"束修"的。红帖子上既要写上学生的姓名、年龄、籍贯，又要有介绍人、担保人的签名盖章（或用画押、指纹代替），介绍人在当时社会上有名望、有身价（有实业、有家产）的，则可以兼当担保人，惯例应该由家长负担的"束修"和逢年过节的"礼金"，则也可以由介绍人一手包揽下来。说得透彻些，杨澄甫老师毕竟是靠"薪入"来维持生活的，笔者早在 1995 年第 1 期《武魂》发表过的《太极名家叶大密》一文中，就曾写到过"1928 年，杨少侯、杨澄甫先后来到南京，叶老师又（赶到南京）从少侯、澄甫俩学习拳架、剑、刀和杆子……在叶老师向杨氏兄弟学习的同时，武汇川和褚桂亭等人也随杨澄甫老师在南京。由于中央国术馆安排不下，杨澄甫老师就托叶老师带武汇川、褚桂亭和武的学乍张玉来上海谋生。三人都住在叶家。武、褚二位先在武当太极拳社授课，后由叶老师分别介绍到几家公馆去教拳，半年后，武汇川在霞飞路（现在的淮海中路）和合坊成立了汇川太极拳社，后迁蒲石路、贝禘鏖路（现在的长乐路、成都南路）。褚桂亭除在叶老师介绍的几家公馆教拳外，也曾在汇川太极拳社授课，后被南京某军政机关聘为国术教官"这样一段文字可以说明。所以，杨澄甫老师在1929年来上海定居时，既然已辞去了中央国术馆的职务，当然是拿不到薪金的了。正如瞿先生写的那样，"濮秋丞、张叔和家道殷实，对澄甫公或有裨益"，已经是很不错的了，哪能去绝对保障。倒是瞿先生代老师黄景华先生写的自述中的那段文字，写得实在是太出人意料了。当年，瞿先生的老师黄景华先生通过濮秋丞老先生的介绍在杨家学艺，既没有像张钦霖、田兆麟两位先辈那样，以实在的劳动来作为报偿，为什么会"不付学费"？为什么能"在杨家免费用餐"？瞿先生不说这原由确实令人不解。

第七，瞿文写道："金先生说叶大密介绍黄景华医师向澄甫公学拳。其实景华师投拜杨门之时乃美专学生，尚未学医。"笔者在《正名》前言中这样写是根据了一般的通俗习惯，是以瞿先生的老师黄景华先生最后的也是最主要的职业职称来称呼的。应该说是尊称。恕我在这篇文章中遵照先生意见，全部都改用了通称。大概就是为了这些"钻进去出不来"的旁枝小节，才会使得瞿先生连老师黄景华先生的老师的称呼也想不起来了，不信且看：在《一家》全篇整整三页的文字里，总共16处提到了叶大密老师的名氏，哪有一处不是自书"叶大密"三字的，这难道就是最大的礼貌？

第八，瞿先生写道："金仁霖先生乃田兆麟师伯首徒叶大密之高足，除上述细节之外，对《太极拳体用全书》的评价相当公允，本人别无异议。"承蒙瞿先生对笔者《正名》正文的认可评价，谨先在这里表示感谢，尽管"首徒"这个名称是那么的新鲜动听，可叶大密老师不是田兆麟老师的开门弟子（第一个学生），请参看笔者《几个有关太极拳历史考证问题的科学探讨》第一题。

第九，瞿先生写道："健侯公以大、中、小三套架子授徒，北京汪永泉、上海田兆麟等师伯均学过中架，叶大密师承田兆麟，云手有一开一合、两开两合、三开三合之分。"据笔者所知，北京中医学院王友虞老中医师传授出来的"李式太极拳"，是由李瑞东（鼻子李）老师传下来的，分第一路一、二段，第二路四、五、六段。第三段中的云手仍称云手（四隅转肩腰如轴），第五段中的云手称下势云手（蹲膝双手转球进），第六段中的云手称上势云手（上势云手肩胯劲）。北京已故武协顾问汪永泉老师传授出来的称"老六路"，第三路中的云手是一合一开，第五路中的云手是两合两开，第六路中的云手是三合三开。以上两家传出来的实际上是属于同一类型的老架子。上海田兆麟老师传出的才是中架子，在第二段里的第一个云手和第三段里的第二、第三个云手，无论在早期蔡翼中《太极拳图解》中，中期陈炎林《太极拳刀、剑、杆合编》中还是晚年自编《太极拳、刀、剑手册》中，其练法都是一样的。唯独叶大密老师传授的是：在第二段中的第一个云手仍是云手；第三段中的第二个云手是折叠云手，第三段中的第三个云手是云捶。谨在此提出以为补漏正误。

第十，瞿文写道："其二是因材施教。例如提手用法有二，提上打，沉下打皆可。身材高大者，用'上提手'之后，即以松沉劲劈肩，武汇川师伯善用此法。20世纪50年代我在上海外滩公园观看推手，常见田兆麟师伯运用提上打法。但身材矮小者却难用此法。"笔者只是在武当太极拳社五周年纪念留念照片上看到过武汇川老师坐着拍的照片，印象不深。田兆麟老师则因有缘吧，直到他在1959年1月10日（星期六），是他最后一次去淮海公园的那天，他还是照常第一个先教好我推手，而后他再去教其他学员的拳，我则去赶71路公共汽车上班去了。因而可以在这里约略说上几句：他是中等身长、体态结实的人。因而瞿先生在文中写的"常见"中的"常"字，应该是"尝"字，曾经看见，印象不深而已。

第十一，瞿先生在文章最后写的"出手一丈八"，那是我家乡（古吴地）方言的谐音误写。"出手丈把"，完整的句子应该写成为"出手放人，动辄丈把"。"丈把"不能直译成"一丈八"，"把"字放在量词后面是个约数。所以丈把既包括了一丈八尺，也包括了一丈五尺、一丈二尺，甚至于比一丈还要少一点的"寻丈"；另外"出手"还是制衣行业的专用词，指的是袖子长度，如果你到我家乡去说"出手一丈八尺"，对方一定会惊讶起来。这也是瞿先生以后写文章必须要注意到的。恕我也赶时髦，用清代大学问家纪晓岚在《阅微草堂笔记》卷十五《姑妄听之一》的自题中说的"若怀挟恩怨，颠倒是非，如魏泰、陈善之所为，则自信无是矣"。愿与瞿先生共勉之！

《中国唐代三世七太极拳与剑术》辨伪①
——就书名内容和书中的玄理部分与编著者商榷

这里，我想先来简略地议论一下这本书的书名和内容是不是名实相符。且看该书第四章"唐代太极拳的三十七式目次和练习""二、唐代三十七式太极拳的目次"一节中的名目和民初袁世凯的幕客宋书铭传出、伪托其远祖宋远桥手记的《宋氏家传太极功源流支派考》中所开列的三十七式名目，除了个别名目编著者有所取舍外，其余名目可以说是完全相同。再看同章第三、四、五、六、七节五段所谓唐代三十七式太极拳，编著者示范演练的照片，一望便可认出是完全脱胎于近代的杨派架子，而且是大架子。

徐哲东教授，早在 1937 年 4 月南京正中书局出版的《太极拳谱理懂辨伪合编》下编"太极拳谱辨伪（六）辨许俞程殷之传"节后就说过："辨曰：右（原书系直行排印本）所录许俞程殷四家之传及拳谱，必

---

① 原载《上海武术》1995 年第 2、3 期。

出于宋书铭。观许禹生书有宋书铭自云，宋远桥后又为袁世凯幕客，则其人必略识文墨，故附会古籍，造作师承，伪撰歌谱，以自神其术也。观许宣平诸歌诀，多袭用王宗岳拳谱，并袭武禹襄语如开合鼓荡主宰定，此袭用武氏语，此作伪之迹甚明……予闻宋书铭之太极拳架颇近杨氏。周秀峰曾言之后问龚润田，其说亦同周君，中央国术馆六周年纪念特刊中，太极拳考证三，有云'此为太极拳第三考证，其谱亦为吴峻山所珍藏，一为唐朝许宣平所传授之宋远桥，初名卅七式，动作名称与今之杨氏太极十九相同。然则李先五太极拳第五章三十七式之名目，当即宋书铭所传为出于许宣平者，其名目几乎全同杨氏谱，只删去其重复之名目。然则宋书铭之太极，仍为杨氏之传，特讳其所自来，而伪以欺人耳'。"

再看该书后面第八章"三十七式太极剑（护身剑术要求快捷，定名追风）"序言，明明已经说清楚"这趟太极剑是在传统的太极剑套路上改编的，参考国家（体育）运动委员会运动司1962年资料，而进一步地明确剑术中的'蓄发'关系，并将各过渡动作也分列摄影以便初学"，却又偏偏要在该书开头总的序言中说什么"最后是武当护山剑之一，也练左右手剑的左右势，久练得防身剑术矣"。参考国家体委1962年资料而改编的追风护身剑，一下子变成了武当山的护山剑，这个飞跃可真不小，实在令人吃惊。但也由此而导致笔者的反感，认为拳伪剑伪的内容，实在是和书名太不相称了。

下面，必须详尽讨论的是该书第六章：唐代三十七式太极拳的应用研究"一、唐代三十七式太极拳医疗方面的应用研究"一节中，存在的连编著者自己也没有搞清楚的玄理。且看该书在104页中写的"'三十七'拳术，虽然架子有三十七个之多，而实际上只是在打出'八门劲'来，就是所说的'掤、攦、挤、按、採、挒、肘、靠'各式中，按八门劲别弄清楚了，并依法用心意来运劲走气，则遍体流行，这就是'密中之密'，'窍中之窍'奥秘"。接着又在106页中继续写道"以上是'八门手法'，尚有以下的'五行步法'，所谓'手抱八卦、脚踏五行'，是唐拳的一项主要原则"。当笔者细读了写在下面的所谓"密中之密，窍中之窍奥秘"的具体内容之后，不禁为之大吃一惊：这不是编著者除了把"下丹田"改指"涌泉穴"外，其余照搬了发表在1989年第6期《武术健身》杂志上，陈式太极拳学者冯志强撰写的《浅谈陈式太极拳基本功法及推手入门》一文中的部分有关内容么？而冯文中的这些内容，则又是抄袭了发表在1984年第2期《武魂》杂志上吴派太极拳学者王培生撰写的《阴阳、八卦、五行功法》一文中的"太极八法所属经络、脏腑、窍穴和八卦的对应关系"和"十天干和五步之间的因果关系"二节的有关内容而稍加发挥的。由于王的原文在这二节中犯了把祖国医学中藏象学说中的脏腑名称和经络学说中的经络名称混淆并等同起来的错误，照搬和抄袭王文的冯文势必也同样犯了这种错误。

我们不妨看看下面列举的具体内容和三家的对照。

一、关于掤、捋、挤、按、採、挒、肘、靠八种劲法

（一）掤劲

该书说："掤属坎，为正北方，属水，分布在人身的窍位是会阳（阴），属肾经。其姿势：手臂在身前由下向上掤势。练功时，以意行气，由下丹田起随手臂之上掤而上行至上丹田（眉间），古人称为'抽坎补离'，可使心肾二经之气相同（通），水火既济（注：下丹田指涌泉穴，唐拳下丹田不同于其他流派）。"

冯文是："掤属坎，（为）正北方，为水，人身窍位在会阴，属肾经穴。练功时用意引气，由下丹田（会阴）起，随气臂上掤而行至上升丹田（祖窍），此为'抽坎补离'，可使心肾二经之气相通，水火既济。"

王的原文是："掤，在八卦中是坎（☵）中满，方位正北，五行中属水，人体对应窍位是会阴穴，此穴属肾经"，八法中此字主掤劲。"

（二）捋劲

该书说："捋属离，为正南方，属火，分布在人身的窍位是祖窍穴，属心经。其姿势：两手臂前收而往回收，叫捋手。练功时，意守于祖窍而回吸，等（手）自然而捋回身前，可调整心经所属之脏腑机能。"

冯文是："捋属离，为正南方，为火，人身窍位在祖窍，属心经。两臂前伸回收叫掤手。意由祖窍而回收吸气，手自然掤回，能调整心经所属的脏腑功能。"

王的原文是："掤，在八卦中是离（☲）中虚，方位正南，五行中属火，人体对应窍位是祖窍穴，此穴属心经，八法中此字主掤劲。"

（三）挤劲

该书说："挤属震，为正东方，属木，在人身的窍位是夹脊，属肝经。其姿势：手臂（主要是右手）手心向里，手背朝外，另一手（附在此腕旁，左手）由怀前向外推出，当推出时前一臂成半圆形，为挤手。练功时，意移夹脊，用意引气，经双臂掌，向对方挤出，手自随之而挤出，可调整肝经所属之脏腑机能。"

冯文是："挤属震，为正东方，为木，人身窍位在夹脊，属肝经。右手心向里，手背向外，左手掌附于右手里腕旁，向外推为挤手。意由夹脊用意引气向前挤出，可调理肝脏的功能。"

王的原文是："挤，在八卦中是震（☳）仰盂，方位正东，五行中属木，人体对应窍位是夹脊穴，此穴属肝经。八法中此字主挤劲。"

（四）按劲

该书说："按属兑，为正西方，属金，分布在人身的窍位是膻中（两乳之间正中处），属肺经。其姿势：两手手心向下，由上而下向下按，如按手。练功时，'意移膻中，以意引气向下丹田（涌泉）沉降，手自随之而下按'，以肺经之气补肾经之气，以金生水。"

冯文是："按属兑，为正西方，属金，人体的窍位在膻中，属肺经。两手心下按，意由膻中引气向下丹田（会阴）沉降，以肺经之气补肾经之气，此为金生水也。"

王的原文是："按，在八卦中是兑（☱）上缺，方位正西，五行中属金，人体对应窍位是胆（膻）中，此穴属肺经，八法中此字主按劲。"

（五）採劲

该书说："採属乾，为西北方，属金，分布在人身的窍位是性宫与肺俞两处，属大肠经。其姿势：以手回抓为採（学者注意：只要你在拳术中使用手回抓就是採，採树叶一样用採劲，一顿而採之）。练功时，'意移性宫，以意引气由性宫向肺腑俞吸，并直下涌泉，手自随之而抓'。可调整大肠经而补肾经，以金生水。"

冯文是："採属乾，西北方位，属金，人身窍位在性宫（囟门）与肺俞两处，属大肠经。以手回抓为採，用意由性宫引气吸到肺俞穴直下涌泉穴，可调整大肠经而补肾经，以金生水。"

王的原文是："採，在八卦中是乾（☰）三连，方位隅西北，五行中属金，人体对应窍位是性宫和肺俞两穴，该（两）穴属大肠经，八法中此字主採劲。"

（六）挒劲

该书说："挒属坤，为西南方，属土，分布在人身的窍位是腹丹田，属脾。其姿势：抓住对方手臂手腕以后而'拧转'之为挒。练功时，'意守腹丹田，以意引气由丹田经两肋上达性宫'。可补肺经之气，以土生金也。"

冯文是："挒属坤，西南方位，属土，人身窍位在中丹田，属脾经。抓截对方反关节，用弹抖力为挒，用意由中丹田引气，经两肋上达性宫，可补肺经之气，以土生金也。"

王的原文是："挒，在八卦中是坤（☷）六断，方位隅西南，五行中属土，人体对应窍位是丹田穴，此穴属脾经，八法中此字主挒劲。"

（七）肘劲

该书说："肘属艮，为东北方向，属土，分布在人身的窍位是肩井，属胃经。其姿势：用肘向外靠顶，外射内气。练功时，'先蓄劲即意移上丹田，以意引气由肩井向涌泉沉气，当肘要外射时再以意引气，由涌泉上升经尾闾分（由）两肋上引（行）经肩井，耳后离骨处到泥丸宫为止，遂即外射'。可调整胃经机能，并降心经之火。"

冯文是："肘属艮，为东北方位，属土，人体对应窍位在肩井，属胃经。用肘向外靠击，以意引气，由涌泉穴上升经尾闾，分由两肋至肩井穴，可调胃部机能，降心中之火。"

王的原文是："肘，在八卦中是艮（☶）覆碗，方位隅东北，五行中属土，人体对应窍位是肩井穴，此穴属胃经。八法中此字主肘劲。"

（八）靠劲

该书说："靠属巽，为东南方向，属木，分布在人身的窍位是玉枕（头后枕骨两旁的穴位），属胆经。其姿势：以自己身体的有关部位，贴靠在对方之身，使之不能得力，无论为膀、肘、背、胯、膝等部位均可靠之。练功时，'以意行气，由涌泉上至尾闾，经过玉枕等小周天路线而转，其劲即由要向外靠之部位发出'。可调整肝胆经之机能。"

冯文是："靠属巽，为东南方位，为木，人身窍位是玉枕，属胆经。人体有关部位靠击对方之身为靠，用靠较多者，如肩肘膝胯等，用意引气由涌泉上至尾闾玉枕，可调理肝胆功能。"

王的原文是："靠，在八卦中是巽（☴）下断，方位隅东南，五行中属木，人体对应窍位是玉枕穴，此穴属胆经，八法中此字主靠劲。"

二、关于进、退、顾、盼、定五种步法

（一）进步

该书说："进是以气催身向前进，其窍位在会阴，肾经，属水。当迈步时，意守会阴，以气催身前进。"

冯文是："进则以气催身向前迈步，其窍位在会阴，肾经，属水，迈步时意相会阴，以气催身前进。"

王的原文是："前行，如欲前进，只要意想会阴穴，眼神朝前上方看，身体便会自然前进。"

（二）退步

该书说："退是气催退步，其窍位在祖窍，心经，属火。当退步时意达祖窍，引气催身后退。"

冯文是："退是向后退步，其窍位在祖窍，心经，属火。当退步时意由祖窍引气催身后退，神气要摄取对方。"

王的原文是："后退，如欲后退，只要意想祖窍穴，眼神向前下看，身体便会自然后退。"

（三）左顾、右盼

该书说："顾盼：顾是左顾，盼是右盼。这里说左顾右盼，不是用眼睛左右看，而是以意引气，分别着力于膻中或夹脊。在练功中假说（设）有人从右边扑来，身即向左转，转身时以意引行（气）着力于膻中，催身而转动；反之，如果假设有人从左边扑来，即向右转，转身时以意引气，着力于夹脊，催身而转动。"

冯文是："顾盼是左顾右盼，以意引气，着力于膻中、夹脊，设左右有人击来，以夹脊催身左右'闪转'。"

王的原文是："左顾，如欲旋转前进，只要意想夹脊穴往实脚之涌泉穴上落，身体便会自然地螺旋着前进；右盼，如欲旋转后退，只要右手抬之与乳平（即以拇指和膻中穴相平），同时左手抬起至肚脐与心窝之间，而左右两手心均朝下，意放膻中穴微收，眼神顺左手食指往下看，入地三尺，身体便会自然地螺旋后退，上述为左虚右实，反之亦然。"

（四）中定

该书说："定，定是中定，就是站立于一地不动（步不动，臂不一定不动，有时可能似暂时不动，其实仍有一小动而不易看出），其窍位在中丹田（腹丹田），脾经，属土。练功时重点意守腹丹田，并配合手臂动作而运气。"

冯文是："定是中定之意，要求动中能定，能静。中定则生根，脚步稳健。窍位在中丹田，脾经，属土，练功时可气沉中丹田。"

王的原文是："中定，如欲立稳重心，只要意想命门和肚脐，立时就会自稳如山岳。"

上面说的八种劲法和五种步法的八卦五行配位，显然也是完全依照《太极拳谱》中十三势（廉让堂本作太极拳释名）节中所谓"掤、捋、挤、按即坎、离、震、兑四正方也，採、挒、肘、靠即乾、坤、艮、巽四斜角也，此八卦也；进步、退步、左顾、右盼、中定即金、木、水、火、土也，此五行也。合而言之曰十三势"而得出来的。

　　上面已经说过，由于王的原文在"太极八法所属经络、脏腑、窍穴和八卦的对应关系"和"十天干和五步之间的因果关系"这二节中，把祖国医学中脏象学说中的脏腑名称和经络学说中的经络名称，混淆而等同起来了，因而才会出现这样错误的认识和理解：

　　"掤居坎位，坎属水，象肾（脏），因而其对应窍穴会阴穴，就属足少阴肾经了；撅居离位，离属火，象心（脏），因而其对应窍穴祖窍，就属手少阳心经了；挤居震位，震属木，象肝（脏），因而其对应窍穴夹脊，就属足厥阴肝经了；按居兑位，兑属金，象肺（脏），因而其对应窍穴膻中，就属手太阴肺经了。

　　"採居乾位，乾属庚金，与辛金肺（脏）相表里，属大肠（腑），所以对应窍穴性宫和肺俞，就属手阳明大肠经了；挒居坤位，坤属己土，与戊土胃（腑）相表里，属脾（脏），所以对应窍穴丹田，就属足太阴脾经了；肘居艮位，艮属戊土，与己土脾（脏）相表里，属胃（腑），所以对应窍穴肩井，就属足阳明胃经了；靠居巽位，巽属甲木，与乙木肝（脏）相表里，属胆（腑），所以对应窍穴玉枕，就属足少阳胆经了。"

　　实际上，在经络学说中，会阴穴在两阴之间，属任脉，不属足少阴肾经；祖窍穴在两眼之间入内一寸三分（同身寸法）部位，是修炼家所发明，拿经络学说来说是属于经外奇穴，不属手少阳心经；夹脊穴在督脉脊中穴之下，二十四节头尾之中，与肚脐相对，也属经外奇穴，不属足厥阴肝经；膻中穴在两乳之间，属任脉，不属于手太阴肺经；性宫（一说在祖窍穴，一说在两眉之间印堂穴内三寸部位的泥丸），也是属于经外奇穴，不属手阳明大肠经；肺俞有二，位于第三胸椎棘突下，督脉身柱穴二旁各一寸五分，属足太阳膀胱经，也不属手阳明大肠经；丹田即石门穴，在脐下二寸，属任脉，不属足太阴脾经；肩井穴有二，在肩上相当于督脉大椎穴与左右二肩峰连线中央处，属足少阳胆经，不属足阳明胃经；玉枕穴有二，在督脉脑户穴二旁各一寸三分，属足太阳膀胱经，不属足少阳胆经。

　　至于王的原文在"十天干与五步之间的因果关系"节中把左顾解释

成是"旋转前进"，右盼解释成是"旋转后退"，这当然又是和修炼家
"左阳升，右阴降"玄理的具体结合，根据这样的说法，十足是把太极拳
气功化了。

可不是么？该书中说的"分布在人身的窍位"，王的原文是"人身对
应窍位"。再据王的原文后面写的"太极拳属内家拳，因此八卦方位与人
体对应各有其窍，而每窍在人体经络脏腑中又各有其位。这样，在太极
拳运行中，以意行气，按窍运身，意到气到，气到劲到。这就是太极拳
内练要义的根本所在"这段文字，在 1989 年第 2 期《武魂》杂志上王培
生的学生张耀宗整理后发表的《养生技击合一的太极拳基本八法》之一
中，则把它改写成了："太极拳是内功拳，是气功的行功。太极拳八法和
八卦方位与人体对应各有其窍，而每窍在人体经络脏腑中又各有其位。
因此，练习本功法，必须以意引气，按窍运身，意到气到，气到劲到，
此为内功拳之要义。"把"内家拳"三字改成了"内功拳"，并且强调了
一句"是气功的行功"，因而张文在后面写道："总之，只要明确人体固
定部位所属方位及其所产劲别，在具体应用时用意念一想即是。"张在这
里所说的应用，当然是指在练这"气功的行功"时的应用，因而强调了
意念的作用，那倒也是实事求是而无可非议的。

否则，像王培生的原文在最后说的那样，"在体用中的具体意义，是
指太极拳运行中，每一瞬间每一点，都会因动而生法，有法即出劲"。那
么请问，这每一瞬间都在变动着的点，怎么就能用自己身体上固定不变
的所谓对应窍位（穴），实际上也就是一个固定的点来先平衡好自己，然
后再去平衡好对方的呢？这恐怕就是在太极拳推手时总是"气力奋发，
几同牛斗"，毫无一点"意思安闲"的关键所在。

下面，想就该书、冯文和王的原文中所叙述的太极八法五步所属经
络、脏腑、窍穴和八卦五行的对应关系，仍旧采用古代地形方位，上南、
下北、左东、右西，结合张耀宗文所谓"太极八法与八方相对应，非指
外界之方位，其方位就在人体本身。人体背部之夹脊处为东方，意想夹
脊往前脚上落则出挤劲；两乳当中之膻中穴为西方，意想膻中沿一侧之

肩、肘、腕转移至大拇指肚，按劲自会产生；两眼两眉当中之祖窍（玄关天目穴）为南方，意想往里吸出（擺）劲；腰部之命门穴为北方，意想命门找（合）环跳出掤劲；性宫与肺俞为西北，意想此处可出採劲；丹田为西南，意注丹田任意捋；肩井穴为东北，左右顶肋都可以；玉挖（枕）穴为东南，意想玉枕扛（合）大包（属足太阴脾经），左肩右肩都可靠"，那样地来画成一个"后天八卦五行和太极八法五步的经络、脏腑、窍穴配位图"，则差不多和八卦掌里的所谓"身体八卦之名"一样，把好端端一个人的身躯四肢的部位弄得上下颠倒，左右交叉，说不出成了个什么样子。

东南	玉枕（头）	属胆经	靠	甲木	☴巽
南	祖窍（头）	属心经	擺	丙丁火	☲离
西南	丹田（腹）	属脾经	捋	己土	☷坤
东	夹脊（背）	属肝经	挤	乙木	☳震
西	膻中（胸）	属肺经	按	辛金	☱兑
东北	肩井（肩）	属胃经	肘	戊土	☶艮
北	命门（腰背）	属肾经	掤	壬癸水	☵坎
西北	肺俞（背）性宫（头）	属大肠经	採	庚金	☰乾

后天八卦五行和太极八法五步的经络、脏腑窍穴配位图

总之，太极拳和气功一样，在它们已经走向世界的今天，无论在理论方面还是实践方面都不能像过去那样，可以用似是而非、极不科学的说教和做法，来自玄其说和自神其术的了。不然的话，到头来不是被人家赶了上来，便是连自己也传不下去，这实在是一种非常危险的现象。

《苌氏武技书》重校记①

徐震先生编订之《苌氏武技书》，于 1936 年 12 月，由南京正中书局初版；1973 年 10 月，台北中华武术出版社加撰提要后，由金氏印刷有限公司影印出版；1990 年 10 月，上海书店又据初版本影印出版。

是书编订者原有校订记一卷，附于书后。重校者于原书文字舛误处，因据其是者先为改定之。其尚有漏错或存疑者，复据其前后篇中文义及有关书籍，重为订正之。并作此重校记一卷，以备查核。如是，则全书文字，已大致通顺可读，而无轩轾枘凿之感矣。

卷一

中气论

"飞上飞下飞左飞右"。"飞"为"非"字之误植。

---

① 原载《上海武术》1996 年第 1 期。

阴阳乱点入扶说

"足太阳经止于足小指内之次指背，足少阳经止于足大指内之次指背"。据《灵枢经》经脉篇，应作"足太阳经止于足小指背，足少阳经止于足小指内之次指背"。

"三经皆循腿内"。据《灵枢经》逆顺肥瘦篇，应作"三经皆循腿内，而上走入腹"。

卷二

阴阳转结论

"复摧一气以足之"。"摧"应作"催"，下同。

三尖为气之纲领论

"为臂臑血气之道路"。据后文，应作"为臂臑往来血气之道路"。

三尖照论

"则中下一线"。应作"则上中下一线"。

十二节屈伸往来落气内外上下前后论

"手腕气‘木’于下"。"木"应作"扌"，下同。

"外侧脚脖伸蹈，外侧颠提"。"外侧颠提"应作"内侧颠提"。

遇气论

"合抱者，胸不开则气不得里于前"。"开"应作"合"，"里"应作"裹"。

刚柔相济论

"气无三仅不尽"。应作"气无三催不至"。

"如青蜓点水"。"青"应作"蜻"，下同。

面部五行论

"方得气相兼之妙"。据下文，"内气随外，外形合内，内外如一"，及卷三合炼中二十四势节，合炼之法，为炼形第五层功夫，乃形气合一，成功之法也，则此句应作"方得形气相兼之妙"。

"眼包收"。"包"应作"必"。

咽肉色变论

"以五行有五性五形五色之同也"。"之"后脱一"不"字。

聚精会神气力渊源论

"此炼形炼气之最紧者"。"紧"后脱一"要"字。

点气论

"此着人肌肤，坚硬莫敌，形而深入骨髓"。应作"此形着人肌肤，坚硬莫敌，而深入骨髓"。

"铩羽匀停"。"铩"应作"鍬"。

头手二手前后手论

"二手敕住还不打"。"还不打"应作"不还打"。

"或遇捷手退恍打"。"退恍打"应作"退步恍打"。

论足

"有盘石之稳"。"盘"应作"磐"。

"足有尖伸而下入者"。"足有尖"应作"有足尖"。

"蹬脚前仅"。"仅"应作"摧"。

"能摧宋一身之气"。"摧宋"应作"催束"。

论拳

"其搚法"。"搚"应作"揞"。

卷三

合炼中二十四势

"斜歪扭标"。"标"应作"缥"，下同。

"练引气"。应作"炼行气"。

"则三尖不照，落不稳当"。"落"后脱一"点"字。

养气论

"六府虽主气"。"府"应作"腑"，下同。

"四曰道之枢扭"。"扭"应作"纽"。

"即此是者也"。应作"即是此者也"。

"皆外状法，若内状"。"状"应作"壮"。

练气诀

"下却是阳充"。"充"应作"终"。

"乃一身枢纽"。"身"后脱一"之"字。

纳气

"右向左转一圈"。"右"前脱一"由"字。

论外形

"而命门乃一身之枢也"。"枢"后脱一"纽"字。

"落点一盡"。"盡"应作"儘"。

"怒力一簌"。"怒"应作"努"。

夺气

"拦其肘，谓二门"。"谓"后脱一"之"字。

"而纵横维我矣"。"维"应作"惟"。

"再用铁充充磁"。"磁"为"碪"字之误。

讲打法

"一、打字即如常山蛇势"。"字"应作"法"。

讲点气

"心动一如炮如火"。应作"心动一如炮燃火"。

卷四

论初学入手法

"三合者，脚手眼相合也"。"三"后应有"尖"字。

初学条目

"岂不蹉跎可笑矣"。"矣"应作"乎"。

"后脚坚立"。"坚"应作"竖"。

"自无坚之不破矣"。"坚"后脱一"硬"字。

"学拳停顿处宜沉着如力"。"如"应作"加"。

"反惹人心生嗔"。"心"后脱一"中"字。

"彼亦乐推戴我矣"。"乐"后脱一"于"字。

"凡人所不能者，我必能也"。依上句例，"也"应作"之"。

"扬扬自然"。"然"应作"得"。

卷五

二十四字论

"擎者如水立"。"水"应作"木"。

二十四字图说

第四势　仙人捧盘　停字八势

"单跨毛篮"。应作"单挎花篮"。

"往下一板"。"板"应作"扳"。

第五势　猿猴献杯

"两手抠如酒杯"。"如"后脱一"掇"字。

惊字八势

"酌金罍"。"罍"应作"罍"。

"食指上跳"。"跳"应作"挑"。

第六势　双飞燕子　沉字八势

"两手皆侧帖"。"帖"应作"贴"，下同。

第七势　白鹅亮翅　开字八势

"避相帘"。"相"应作"厢"。

第八势　美女钻洞　入字八势

"两拳分驼"。"驼"应作"驰"。

"宽厂地"。"厂"应作"敞"。

第十一势　飞雁投湖　创字八势

"丹凤修领"。"领"应作"翎"，下同。

第十九势　白虎靠山　闪字八势

"身跨虎登山势"。"身"前脱一"仰"字。

第二十一势　螃蟹合甲　勾字八势

"回稍鼻口"。"稍"应作"捎"。

"收人心坎"。"人"应作"入"。

第二十三势　蝴蝶对飞　进字八势

"上左步里耳"。"里"应作"裹"。

第二十四势　金猫捕鼠　退字八势

"两腿一纽"。"纽"应作"扭"。

二十四偏势

"阳　顺手推舟"。"手"应作"水"。

"粘　金钢扭锁"。"钢"应作"刚"。

"膝照他腿湾一栖"。应作"腿照他膝湾一踩"。

卷六

枪法

八大条目

"乱札"。"札"应作"扎"。

"吊开则远路"。"远路"应作"路远"。

"力微则不（将土）"。"（将土）"应作"埒"。

起伏

"无开路则门户不清"。"路"应作"合"。

崩打

"有消滞"。应作"无有稍滞"。

十二变通　挑撩

"撩则崩鲊"。"鲊"应作"迕"。

"应发时来"。应作"应时发来"。

"棣靠"。"棣"应作"撩"，"撩，他骨切，滑利也"。

"硝黄急火，连人皆板"。"黄"应作"磺"，"板"应作"扳"。

托枪式

"灵活催坚硬"。"催"应作"摧"。

降手

"刷敲科砍遍人还"。应作"刷敲抖斫遍人寰"。

"长板坡"。"板"应作"坂"。

"落上发气下攻"。应作"上发气下落攻"。

"低扫堂"。"堂"应作"蹚",下同。

猿猴棒

"扫秦横担"。"秦"应作"棒"。

双剑名目

美女退洞

"侧逼他干"。"干"应作"杆"。

侧蝶戏梅

"左手再面一扎"。"面"应作"回"。

青龙摆头

"两手要拦"。"要"应作"耍"。

杨氏《太极剑歌》及《太极刀名称歌》校读①

杨氏《太极剑歌》

我所见到最早的杨氏《太极剑歌》，是在叶大密老师的《柔克斋太极传心录》中。它是叶老师直接从杨澄甫老师那里抄录来的。全文是"剑法从来不易传，直来直去胜由言，若仍砍伐如刀者，笑坏三丰老剑仙"七言绝句二十八字。第二句中的"胜由言"三字，当是"甚幽玄"三字的谐音笔误。其次，是在1948年1月国光书局再版陈炎林编著的《太极拳刀剑杆散手合编》卷七太极剑篇的末后，名称也是《太极剑歌》，歌诀文字则略有不同，全文是："剑法从来不易传，如龙似虹最幽玄，倘若砍伐如刀式，笑死三丰老剑仙。"陈炎林的资料来源于田兆麟老师，田老师则得之于杨健侯老先生，所以转较杨澄甫传本为早，词句也比较通顺流畅。至于李雅轩老师传下来的《太极剑歌》全文是"剑法从来不易传，游来游去似龙旋，若将砍斫如刀用，笑死三丰老剑仙"，虽然同是杨澄甫老师所传，但较之叶老师本，文字上便显得逊色了。

读了清吴修龄《手臂录》四卷卷末附载的《后剑诀》七绝一首，全文是"剑术真传不易传，直行直用是幽元，若唯砍斫如刀法，笑杀渔阳老剑仙"，才清楚地知道，无论叶老师、李老师的杨澄甫传本也好，陈炎林的杨健侯传本也好，它们都是从吴修龄的《后剑诀》移植过来赞美太极剑法的。

杨氏《太极刀名称歌》

我所见到最早的杨氏《太极刀名称歌》，也是在叶大密老师的《柔克斋太极传心录》中。不过那是从武汇川老师那里转抄来的，歌诀全文是："七星跨虎交刀势，腾挪闪展意气扬，左顾右盼两分张，白鹤展翅五行掌，风卷荷花叶里藏，玉女穿梭八方势，三星开合自主张，二起脚来打虎势，披身斜挂鸳鸯脚，顺水推舟鞭作篙，下势三合自由招，左右分水龙门跳。卞和携石凤还巢，吾师留下四方赞，口传心授不妄教，斫、剁、划、截、刮、撩、腕。"计七言十六句，一百一十二字，歌后叶老师跋有"此歌自武汇川兄处抄来，大密"十二字。

应该说明的是，歌诀第二句中"闪展"中的"展"字为"赚"字的谐音笔误，第十四句中的"四方"两字为"此刀"两字之误抄，第十六句中的"刮"字为"割"字的谐音笔误，因为在实用刀法中没有"刮"字一法。

载于陈炎林编著的《太极拳刀剑杆散手合编》卷八"太极刀篇"中的，名称虽然也是《太极刀名称歌》，但歌诀颇有不同，全文是："七星跨虎意气扬，白鹤凉翅暗腿藏，风卷荷花隐叶底，推窗望月偏身长，左顾右盼两分张，玉女穿梭应八方，狮子盘球向前滚，开山巨蟒转身行，左右高低蝶恋花，转身撾、撩如风车，二起脚来打虎势，鸳鸯脚发半身斜，顺手推舟鞭作篙，翻身分手龙门跳，力劈华山抱刀势，六和携石凤回巢。"不过同样也是十六句一百一十二字，而其中第十四句中的"手"

字当为"水"字的谐音笔误，最后一句中"六和"的"六"字当是"卜"字的误植。

载于 1959 年 6 月人民体育出版社出版，傅钟文示范、蔡云龙编写的《太极刀》第四页中，名为《太极刀诀》的歌诀，全文只有十三句。它的次序和叶老师本第一句至第十三句完全相同，只是第五句"风卷荷花叶里藏"中的"里"字改写成了"内"字，第十三句"卜和携石凤回巢"中的"回"字改写成了"还"字。

见于李雅轩老师传下的《太极刀名称歌》的歌诀全文是："七星跨虎交刀式，腾挪闪展意气扬，吞吐含化龙形步（栗子宜本作'势'），左顾右盼两分章，白鹤亮翅五行掌，风卷荷花叶里藏，玉女穿梭八方势，三星开合自主张，二起脚兮打虎势，披身斜跨鸳鸯脚，顺水推舟鞭作篙，下势三合自由著，左右分水龙门跳，卜和携玉凤还巢，吾师留下此刀赞，口传心授不妄教。"同样也是十六句一百一十二字，不过第三句"吞吐含化龙形步"却是他人传本所没有见到过的；其余除了第二句中的"赚"作"展"，第四句中的"张"作"章"和第一句中的"挂"作"跨"，是谐音笔误外；其他如第一句中的"势"作"式"，第五句中的"展"作"亮"，第九句中的"来"作"兮"，第十二句中的"招"作"著"，最后一句中的"石"作"玉"，都只不过是文字上的不同修饰而已，没有多大实际意义。

李传的歌诀名称和叶本、傅本所载基本相同，所传习的刀法也基本相同，当然是同属于杨澄甫老师所传授的；陈炎林本的歌诀则是根据田兆麟老师由杨健侯老先生所传授的，不独十六句歌诀中有六句歌诀完全不同，所传习的刀法也大不相同。杨澄甫是杨澄甫的，杨健侯是杨健侯的，清清楚楚，毫不含糊。

倒是《太极刀名称歌》并不像《太极剑歌》那样，仅仅是抽象概括地来赞赏和称颂剑法的高明，恰恰像它的名称那样，是道道地地的刀法式势名称歌。

《阴符枪谱》作者辨误①

——山右王先生不是山右王宗岳

1990年，钱惕明君在第6期《中华武术》上发表了《阴符棍》一文之后，接着又在第8期《武林》上发表了《〈阴符经〉与武术——析阴符枪与阴符棍》一文。文中不仅把阴符枪的创造者直接指称为王宗岳，并且把佚名氏为山右王先生写的序文，说成是"介绍了王宗岳把《阴符经》原经，与自己精于枪术的实践，结合起来研究的过程"，还说："王宗岳为公之于后世，特著《阴符枪谱》。"因此，笔者认为有必要把50多年前，唐豪武断编写《阴符枪谱》的山右王先生就是撰写《太极拳论》的山右王宗岳这一错案，给以纠正的机会。

正好，1995年第9期《武魂》上，吴文翰先生发表了《王宗岳其人》一文，已就《阴符枪谱》佚名氏序文中所讲到的山右王先生的身世经历、编写枪谱的

---

① 原载《上海武术》1996年第2期。

意图和愿望，结合清末以来太极拳界的各种传闻稗说，从世情常态方面否定了唐豪的推断。下面，我想再就《阴符枪谱》的实际内容方面来做一番探讨，以为进一步的否定。

早在 1936 年 5 月，中国武术学会出版唐豪编著《王宗岳太极拳经阴符枪谱》的王宗岳考篇"阴符枪是王先生的"这一节中说："数年前（1930年），不佞在北平厂肆购得阴符枪谱与太极拳经（原作'论'，下同。）合抄本一册。枪谱之前有乾隆乙卯五十九年（应为六十年，1795 年）佚名氏叙一篇，叙中说：阴符枪是王先生发明的。其说如左（原书是直排本）：'山右王先生，自少时经史而外，黄帝、老子之书及兵家言，无书不读，而兼通击刺之术，枪法其尤精者也。盖先生深观于盈虚消息之机，熟悉于止齐步伐之节，简练揣摩，自成一家，名曰阴符枪。噫！非先生之深于阴符，而能如是乎？

'辛亥岁，先生在洛，即以示余。予但观其大略，而未得深悉其蕴，每以为憾！予应乡试居汴，而先生适馆于汴，退食之余，复出其稿示予，乃悉心观之。先生之枪，其潜也若藏于九泉之下，其发也若动于九天之上，变化无穷，刚柔相易，而总归于阴之一字，此诚所谓阴符枪者也。

'……先生尝（原抄本作"常"，依徐哲东改）谓予曰：予本不欲谱，但悉心于此中数十年，而始少有所得，不以公诸天下，亦乌知其于功之若是哉（原抄本此句文字有错乱）！于是将枪法集成为诀，而明其进退变化之法，嘱序于予，因志其大略而为之序云。'

"这山右王先生是谁呢？吾以为即是王宗岳。兹将山右王先生就是王宗岳的证据，述之于后。

"阴符枪总诀云：'身则高下，手则阴阳，步则左右，眼则八方。阳进阴退，阴出阳回，黏随不脱，疾若风云。以静观动，以退敌前，审机识势，不为物先。下则高之，高则下之，左则右之，右则左之。刚则柔之，柔则刚之，实则虚之，虚则实之。枪不离手，步不离拳，守中御外，必对三尖。'

"诀中高下、左右、刚柔、虚实、进退、动静、阴阳、黏随，一一与太极拳经理论吻合，这是山右王先生即王宗岳的一证。

"太极拳经上的王宗岳籍山右，阴符枪谱叙中的王先生也籍山右，这是山右王先生即王宗岳的又一证。

"有以上这些证据，证明了山右王先生，即是著太极拳经的王宗岳，在另外没有找到别的新证据可以修正此说之前，大概不算十分武断吧！

"这阴符枪谱与太极拳经之间，留有春秋刀残谱一种，其刀法现尚为陈沟传习，刀谱亦可在陈沟拳家之间抄得。据此以观，王宗岳得陈沟之传者，不单是太极拳一种，陈沟的春秋刀，王宗岳也兼得其传。"

对于唐豪提出的第一个论证，我们不妨翻开明代新都程宗猷（冲斗）著的《少林棍法阐宗》来看，在上卷总论中，什么奇正、虚实、众寡、强弱、劳逸、机势、前后、左右、高下、主客、长短、呼吸、动静、阴阳、刚柔、攻守、纵横、阖辟、卷舒、收放，等等，有关古代军事战略和战术上的许多辩证用词，差不多都被提到过了。而《阴符枪谱》一、阴符枪总诀六则（一）中的"手则阴阳"、（二）中的"阳进阴退，阴出阳回"句，很明显是俞大猷《剑经》总诀歌中的"阴阳要转"；程宗猷《长枪法选》长枪说中"然枪法亦不过二手持以阴阳，一仰一覆，运用而已"；《少林棍法阐宗》问答篇中"用法虽难形容，大要不外拳之阳仰阴覆而已"；吴修龄《手臂录》卷二革法篇按语"动手必要阴阳互转，转得圆熟，百巧皆从此出"的概括。（三）中的"以静观动"句，也是《剑经》总诀歌中"彼忙我静待"和"总是以静待动，以逸待劳，道理微乎道理微乎！"，戚继光《纪效新书》长兵短用说篇第十、长枪总说节中"又莫贵乎静也，静则心不妄动，而处之裕如，变幻莫测，神化无穷"，何良臣《阵记》卷二技用章中"使手能熟，心能静，心手与枪法混而化融，动则裕如，变不可测"的归纳。"审机识势"句，则是《剑经》三教师原来合一家节中"一俱是顺人之势，借人之力"，《少林棍法阐宗》上卷总论中"随机应变，使彼叵测"，下卷问答篇中"得机得势，因敌制胜""随时审势，可见而进"的提挈。（四）中的"下则高之，高则下之，左则右之，右则左之"句，则也是《手臂录》卷一枪法圆机说中"左则右之，伏机也；

右则左之，伏机也；上则下之，伏机也；下则上之，伏机也"的删节。（六）中的"守中御外，必对三尖"句，则又是《纪效新书》长兵短用说篇第十、枪有三件大病节中"一、立身法不正，二、当扎不扎，三、三尖不照。必上照鼻尖，中照枪尖，下照脚尖"，是《长枪法选》六合原论和《手臂录》卷四古论注篇枪有三件大病节中"身法不正是一大病，当扎不扎是二大病，三尖不照是三大病"注"上照鼻尖，中照枪尖，下照脚尖"的省略。

其他，如"二、上平势，青龙探爪，三、中平势，四、下平势，五、穿袖、挑手、穿指、搭外、搭里"等枪法的式势和名称，也俱见之于《纪效新书》长兵短用说篇第十和《手臂录》卷一、二中。

《阴符枪谱》五、（二）节中"所谓中平一点，难招架也"，也见之于《纪效新书》长兵短用篇第十、《长枪法选》六合原论以及《手臂录》卷四古论注篇中，所谓"中平枪，枪中王，高低远近都不妨。高不拦，低不拿，当中一点难招架"是也。

《阴符枪谱》六、阴符枪七绝四首的第二首，"心须望手手望枪，望手望枪总是真，炼到丹成九转后，心随枪手一齐迷"，当是袭取了《阵记》卷二技用章中所说"使手能熟，心能静，心手与枪法混而化融，动则裕如，变不可测"，以及《纪效新书》长兵短用说篇第十、长枪总说节中说的"其妙在于熟之而已，熟则心能忘手，手能忘枪，圆神而不滞"的思想内容，把它改写成了绝句，而原抄本的抄录者错误地把"忘"字抄写成了同音的"望"字，以至于意义全非。

枪谱的作叙者，尽管在叙文中批评了"每慨世之所谓善槊者，类言势而不言理。夫言势而不言理，是徒知有力而不知有巧也，非精于技者矣"。实际上，枪谱中除了一、阴符枪总诀六则，每则四言四句计九十六字；六、阴符枪七绝四首，其中第一、第三两首是纯粹的赞美诗，计五十六字，去掉不计，尚余第二、第四两首计五十六字，连同总诀九十六字总共一百五十二字是抽象概括言理的以外，其余所谓言理的，也都包括在：二、上平势七则；三、中平势十三则；四、下平势十一则；五、穿袖、挑手、穿指、搭外、搭里十七则，总共四十八则的具体言势之中。

综观《阴符枪谱》全书，其具体内容不及《剑经》《阵记》《纪效新书》《少林棍法阐宗》《长枪法选》以及《手臂录》的赅博而精要的地方，如《阵记》卷二技用章所载"圈串不宜甚大，尺余便好"；《纪效新书》长兵短用说篇第十、末后记述的唐荆川语："人身侧形只有七八寸，枪圈但拿开他枪一尺，即不及我身膊可矣。圈拿既大，彼枪开远，亦与我无益，而我之力尽矣"；《手臂录》卷一，一圈分形入用说："总用之则为一圈，剖此圈而分用之，或左或右，或上或下，或斜或正，或单或复，或取多分，或取少分，或取半分，以为行著诸巧法，而后枪道大备，则知枪之万变，不出于圈。"则反而没有道及。只是截取了《剑经》《阵记》《纪效新书》《少林棍法阐宗》《长枪法选》《手臂录》几本著作中的部分一般内容，给以概括、归纳、提挈、删节、省略，加工连缀而已，并没有新的发明。它的叙述方法，部分承袭了《少林棍法阐宗》上卷的破棍谱注，也是显而易见的。

因之，唐豪认为诀中"高下、左右、刚柔、虚实、进退、动静、阴阳、黏随"一一与（王宗岳）太极拳经理论吻合，这是山右王先生即王宗岳的证据，是不能成立的。

唐豪提出的第三个论证，原来在《王宗岳太极拳经阴符枪谱》王宗岳考篇，山右王先生就是王宗岳节中是这样写的："太极拳经与阴符枪谱合抄在一起，其理论与文采，两者又相合致，苟非一人的著作，没有这般巧合的事，这是山右王先生即王宗岳的又一证。"这个论证，自经徐哲东（震）在 1937 年 4 月，南京正中书局出版的《太极拳考信录》上卷本论，"厂本王宗岳太极拳经辨第九"中指出"今观厂本拳谱与杨本同，而杨氏谱中，显有武禹襄之手笔，则唐氏所得之合抄本，决非王宗岳所手定，亦不出于王氏嫡派学者之手，皆可证明，此册为后人所抄合，亦复显而易见。……而厂本枪刀拳谱，确为后人所抄合，则为王宗岳曾学刀法于陈沟，因以见王之太极拳法得之于陈沟，其说更无以自立"之后，唐豪在 1940 年 7 月，现代印书馆出版的《中国武艺图籍考》枪篇，《阴符枪谱》一卷的考释中，便把它改成为"与陈沟春秋刀谱连抄，此王先生即王宗岳之三证也"。

尽管这样，一直到 1964 年 3 月，人民体育出版社出版唐豪、顾留馨编著的《太极拳研究》，顾氏把唐豪的遗著《廉让堂本太极拳谱》考释发表，在该考释的《十三势说略》附识中，唐豪终于不得不承认了"曩予在厂肆得一抄本，篇名为《先师张三丰、王宗岳传留太极十三势论》，1931 年出版之《太极拳使用法》，篇名为《禄禅师原文》，皆杨门弟子所附会"。在后面《五字诀》的附识中，进一步明确承认"予于 1930 年，在北平厂肆得王宗岳（应该是山右王先生）《阴符枪谱》与杨氏《太极拳谱》合抄本。后一年，赴温县访求太极拳史料，除《打手歌》外，余皆不见于陈沟、赵堡镇。遂转而研究杨氏此谱来历"。而"这阴符枪谱与太极经之间，尚有春秋刀残谱一种"和"与陈沟春秋刀谱连抄，此王先生即王宗岳之三证也"，也就闭口不谈了。

在该考释的《五字诀》附识中，唐豪虽然也说过："求知虽难，而辟伪存真之愿，终得而偿，今取旧作短文，略加修订，以求正于研究此谱者。"但在所谓修订的短文中，丝毫没有修王旧说的痕迹可见，反而变本加厉地提出："苟予所断 1791 年（乾隆五十六年）及其后，宗岳居汴、洛时得太极拳之传，若别无他证推翻予说，则王传于陈更不足信矣。"这里的所谓"予所断"，也就是《廉让堂本太极拳谱》考释《打手歌》后的唐豪附识中说的："予推定王宗岳得长拳十三势打手之传，兼得《拳经总歌》及六句《打手歌》，其后即自撰《太极拳论》一篇，《太极拳释名》一篇，连同润改之《打手歌》一首，写成定谱，《拳经总歌》则存而不录。……由《太极拳释名》之长拳者：如长江大海，滔滔不绝，三句推断，宗岳兼得一百单八势长拳之传。"完全符合唐豪个人脑海里神话般想法的论证。什么都是推定、推断。从学术考证的角度来说，当所谓"厂本太极拳谱"被确证是道地的杨氏传抄本之后，则这些据此而推导出来的论证，当然就全都不能成立了。

这样，仅凭第二个论证，籍贯相同这一点，要来证明山右王先生就是撰写《太极拳论》的山右王宗岳，理由是不充分的。

影印本李剑秋编著的《形意拳术》校订记①

——把简化字还复为繁体字也有烦恼

　　1997 年 8 月，世界图书出版西安公司出版发行了陈正雷编著的《中国陈氏太极》一书，同年 9 月，又出版发行了赵增福编著的《中国赵堡太极》一书。

　　陈书是以沈家桢、顾留馨编著的《陈式太极拳》（1963 年 12 月人民体育出版社初版）和陈小旺编著的《世传陈式太极拳》（1985 年 11 月人民体育出版社初版）二书为基础，删去了第二路炮捶套路，增加了太极单剑、太极单刀而成。

　　赵书则是在赵增福、赵超编著，路迪民整理的《武当赵堡大架太极拳》（1995 年 8 月陕西科技出版社初版）的基础上，删掉了附录医药秘方一章，修正了部分文字内容而成。

　　两书同样采用了横排本繁体字印刷出版。把武术文化推向海外这本是件好事，可就是为了使用繁体

---

① 原载《上海武术》2001 年第 4 期。

字，以致使这两本书都在不同程度上出现了许多常识性的错误：

例如，陈书（338 ～340 页）在附录一陈氏太极拳论四、用武要言（陈长兴）中竟连续用上了五个"要诀雲"、两个"古人雲"、四个"战斗篇雲"。把文言文中"云""曰"的"云"字当作简化了的"雲雾"的"云"字，因而就把它还复成为繁体的"雲"字了。

同样，赵书在第一章赵堡太极拳综述一，"赵堡太极拳源流（一）赵堡太极拳之起源"节，第 3 页 16 ～17 行"是由蔣發於明萬曆年間傳到趙堡鎮的。蔣發於明萬曆二年（1574 年）"，这两句文字中的"萬曆"二字，是明神宗朱翊钧（定陵墓主）的年号，简化字可以写成"万历"，繁体字则必须写作"萬曆"。"曆"是"曆法""公曆""农曆"的"曆"不是"经歷""履歷""学歷"的"歷"。在同一节里的第 4 页第 10 ～11 行"山西太穀縣小王莊人"，这一句文字中的"太穀县"是"太谷县"的误复。太谷县的"谷"是"山谷"的"谷"，而不是"稻穀"的"穀"，所以把这个"谷"字还复成繁体"穀"字，也是错误的。

类似的错误在这两本书中还有好多处。由于陈书连序言有 340 页，赵书连序言也有 312 页，因而不能详尽地把它们一一列举出来。

2001 年 5 月，山西科技出版社在古拳谱丛书第二辑中，把李剑秋编著的《形意拳术》一书（原书为 1920 年商务印书馆初版）也影印出版了。这本书写得很简短，内容包括"发刊形意拳初步宣言"4 页，"形意拳叙一、叙二"4 页，"自序"3 页，"形意拳术（正编）七章"21 页，附"岳武穆形意拳术要论十章"30 页，全书总共为 69 页。而且，在李书中所附，附会为岳武穆形意拳要论十章的内容，既是陈书附录一陈氏太极拳编中附会为陈长兴作的"三、太极拳十大要论"和"四、用武要言"两篇古典武术理论文字的蓝本，也是赵书第六章赵堡太极拳古典秘诀选登编中，认为是赵堡流传秘诀中的"五、太极拳十大要论""六、太极拳注解""七、论法""八、捷要论""九、天远机论"五篇古典武术理论文字的蓝本。可以这样说，《形意拳术》《中国陈氏太极》《中国赵堡太极》这三本书，在部分古典武术理论文字的内容上，是相互牵扯的。

因而，把影印本李剑秋编著的《形意拳术》全面地校订一遍，包括这本书原来的文字、语句中存在的错漏，以及因为把简化字还复为繁体字而造成的错误（当然，这本来是影印本所不应该有的），对于李书来说，今后如要再版而须重新作一番校勘时，固然是一种方便，而对于陈、赵二书来说，则也未尝不可以就把它拿来作为一种借鉴。

封底和里封

方案介绍本书说："'北京风尘三侠'李存义和张占魁的高足李剑秋，一生致力于形意拳和八卦掌的传播……"然据李书自序中说："余叔祖文豹、父云山，皆从学于李存义、周明泰二先生，余因得家传。"上海大东书局 1929 年出版发行，凌善清编著的《形意五行拳图说》第 3 页上编总论"形意拳之源流"节中说"李存义复传傅诸尚云祥、李文豹、李云山、郝恩光，及其子彬堂……李云山复传诸其子剑秋……"因而凌书第 6 页上编形意拳传流表中：

$$李存义（民国）\begin{cases} 李文豹 \\ 李云山——剑秋（子） \\ 尚云祥——靳云亭 \\ 郝恩光 \\ 彬堂（子） \end{cases}$$

这样的排列是不错的，李剑秋形意拳之传，应得自其父亲李云山为是。

发刊形意拳初步宣言

第 1 页第 8 行至第 2 页第 1 行"均马精神与肉体应同时锻炼，所为平均发育"，此二句文字中的"为"字，都是"谓"字的谐音误植。

第 2 页第 4 行至第 5 行"多推鲁不文"，此句文字中的"推"字，是"椎"字的误植。"椎鲁"是粗鲁的意思。

第 3 页第 8 行"古人雲"，此句文字中的"雲"字，是文言文中

"云""曰"的"云"字，这里却错把它当成了"雲雾"的"雲"字简化字，因而把它还复成繁体字"雲"了。

第3页第9行"穹则独善其身"，此句文字中的"穹"字，是繁体"窮"字的误植。

第4页第3行至第4行"常应清华学校之请任教授"，此句文字中的"常"字，是繁体"嘗（尝）"字的误植。

第4页第9行"黄警顾"署名中的"顾"字，根据宣言执笔者在第2页第2行至第3行的自述"顽躯孱弱多病，友人劝学习拳，不久而渐觉转健"，以及参与宣言的另一位代表吴志青1945年秋在昆明致文印刷铸字所出版发行的尚武楼丛书第二种《太极正宗源流　国术论丛》《国术理论体系　历世纪》合刊本在《历世纪》第11至12页中有"民国七年（1918年），连任江苏体育研究会副会长，乃延续青年会体专之半工半读生活。是年冬，余以民族性萎顿，欲图振作、舍复兴古代武侠之风不为功，乃集唐新雨、戈公振、黄警顽诸同志，筹组中华武侠会于上海望平街'时报馆'楼上"则可知署名"黄警顾"的应该是"黄警顽"。

形意拳术叙一

第1页第3行"致习者多推鲁无文之人"，此句文字中的"推"字也是"椎"字的误植，见前二宣言篇。

第1页第7行"夫失肢体之动作"，此句文字中的"失"字，是"人"字的误植。

形意拳术叙二

第2页第1行"敝人等则身戎行"，此句文字中的"则"字，是繁体"厠"字的误植。

自序

第3页第6行"因不揣谫陋"此句文字中的"谫"字，已是简化字，繁体字应作"譾","譾陋"是浅薄的意思。

形意拳术初步凡例

第 1 页第 4 行"余皆自五行拳变化而出",此句文字中的"余"是古人自称用词,"其余"的"余"的繁体字应作"餘"。

第 2 页第 8 行"然后偏习他种",此句文字中的"偏"字是繁体"徧"(简体为"遍")字的误植。

第 3 页第 9 行"其余未经笔述者甚多",同上,繁体字应作"餘"。

形意拳术总论

第 1 页第 5 行"攛取功名",此句文字中的"攛"字,应为繁体字"攟"的误植。

第一章   拳术之功用

第 3 页第 7 行至第 8 行"必欲尽其类而皆习之,以偏获其益",后一句中的"偏"字,也是繁体"徧"字的误植。

第三章   形意拳术之基本五行拳

第一节   劈拳

第 7 页第 1 行至第 2 行"其用力始终依前所雲",此句文字最后的"雲"字,也是文言文中"云""曰"的"云"字,繁体字的错误还复。

第 7 页第 7 行"余从略",同上,繁体字应作"餘"。

第二节   崩拳

第 8 页第 4 行"腿势必微弯,以步过小",后一句末尾似脱"故也"二字,否则必须颠倒前后二句,文理才为通顺。

第五章   形意玄义

第 11 页第 7 行"应以妙手,上难矣哉",后句中的"上"字,应是繁体"誠"字的谐音误植。

第 12 页第 3 行"形意拳之功用，册仅限于强身自卫哉"，后一句中的"册"字，也应是繁体"豈"字的谐音误植。

第七章　形意拳术之特长处

第 20 页第 6 行"好及，亦不能竟压我拳"，前一句中的"好"字，应该是"如"字的形似而误植。

附岳武穆形意拳术要论

一、要论

第 24 页"是岂无所自而云然乎"，此句文字中的"云"字，也是文言文中"云""曰"的"云"的另一种意义。这里是作"如此""如是"来解释的。

二、要论

第 26 页第 7 行至第 8 行"何谓所清浊，升而上者为所清，降而下者为浊"，第三句中的"浊"字前脱一"所"字，应作"降而下者为所浊"。

三、要论

第 29 页第 5 行"又何三节中之各有三节雲乎哉"，此句文字中的"雲"字，也是"云"字繁体字的误植。

四、要论

第 30 页第 3 行"夫梢者身之余绪也"，此句文字中的"余"，繁体字应作"餘"。

第 30 页第 6 行至第 7 行"四梢为何，发其一也，夫发之所系"，后二句中的两个"發"字都是繁体字"頭髮"的"髮"字的错误还复。简化字"头发"的"发"和"出发"的"发"可以通用，繁体字则不能通用。又第三句的最后一个字"系"也是简化字，繁体字应作"係"字。

第 30 页第 7 行至第 8 行"然发为血之梢，血为气之海、纵不必本诸发以论气"，第一句、第三句中的两个"发"字，也都是繁体字"髮"字的误复。

第 31 页第 1 行"不离乎血，即得不兼及乎发，发欲冲冠"，后二句中的"发"字，同样都是"髪"字的误复。又第二句"即"字下夺一"不"字，此句应作"即不得不兼及乎发"。

五、要论

第 33 页第 7 行"两发则为肺"中的"发"字，也是繁体"髪"字的误复。另从祖国医学的脏腑学说来说，这个繁体"髪"字，应写成"鬓"字，鬓发是耳际的头发。

六、要论

第 36 页第 5 行"右之与左以然"中的"以"字，也是"亦"字的谐音误植。

第 36 页第 7 行至第 8 行"总之一运而无不动"中的"运"字是"动"字的误植。

七、要论

第 37 页第 6 行至第 7 行"步不进而意则堂然无能为矣"中的"堂"字，据曹志清编著的《形意拳理论研究》（人民体育出版社 1993 年 6 月第二版）326 页，作"瞠"较妥。

八、要论

第 40 页第 3 行至第 4 行"顾其后而以不觉其为后，侧顾左右，而左右以不觉其为左右矣"，第一句和第三句中的"以"字，都是"亦"字的谐音误植。

九、要论

第 41 页第 5 行"而所以为手之转移者，以在步"，后一句中的"以"字，也是"亦"字的谐音误植。

第 41 页第 8 行"何其非步之司令欤"，此句中"司令"的"令"字，凌善清本作"命"，刘会峙本、王海洲本、赵增福本均与之相同，当以作"命"字较为妥当。

第 42 页第 1 行"身欲动而步以为之周旋，手将动而步以早为之催逼"二句，同页第 3 行"然而无定位者以为步"一句，同页第 5 行"则前后以自然无定位矣"一句，以及同页第 6 行二句"以在于步"中的"以"字，也都是"亦"字的谐音误植。

第 43 页第 3 行"响如雷崩"，此句文字中的"崩"字，凌善清本、刘会峙本均作"鸣"字，当以作"鸣"字较为妥当。

第 43 页第 3 行至第 4 行"出没遇象园，如生鸟入群笼之状"，王海洲本作"出没遇众围，若如生鸟入笼之状"，绞为通顺。

第 43 页第 4 行"单敌似巨炮推簿之势"，王海洲本、赵增福本均作"逢单敌，似巨炮推薄壁之势"，较为妥当。

第 43 页第 5 行至第 6 行"见孔不打，见横打，见孔不立见横立"，第一句和第三句中的"孔"字，王海洲本均作"空"字，较为妥当。

第 43 页第 9 行至第 44 页第 1 行"静以待动有法，动以处静"，此二句文字有脱误，凌善清本、刘会峙本均作"静以待动有上法，动以处静有借法"，较为妥当。

第 44 页第 2 行至第 3 行"起如箭攒落如风，限催烹绝手搂手，皆合暗迷中，由路如闪电"，此四句文字，凌善清本作"起如箭攒落如风，手搂手分向前攻，举动暗中自合，疾如闪电在天"，较为通顺可读。

第 44 页第 4 行"好似鹰下鸡场"，此句文字有脱误，刘会峙本、王海洲本、赵增福本均作"好似鹰鹃下鸡场"，较为妥当。

第 44 页第 7 行"鹃之钻林麻著翅"，此句文字中的"之"字是"子"字的误植；"麻"字，凌善清本作"莫"，为是。

第 45 页第 2 行至第 3 行"弦向鸟落见神奇"，此句文字中的"向"字，刘会峙本、王海洲本、赵增福本均作"响"，繁体字应作"響"，为是。

第 45 页第 6 行"足起快向心火作"中的"向"字，凌善清本、刘会峙本均作"时"，较为妥当。

十、交手法

第 48 页第 1 行"人之来势，以当审察，脚踢头歪，拳打膊体"此四句文字，凌善清本作"人之来势，亦当审察，脚踢头撞，拳打膊作"，较为妥当。

第 48 页第 3 行至第 4 行"跪敲指不胜屈，灵机自揣摩，手急打手慢，俗言即是其真，的确"，凌善清本作"诡计指不胜屈，灵机自揣摩，手急打手慢，俗言不可轻，的确有识见"，较为妥当。

第 48 页第 6 行至第 7 行"鸡摸鹅，摸塌地"，赵增福本作"鸡扑鹅，狮搏兔"，较为妥当。

第 48 页第 7 行至第 8 行"双手双心打"，凌善清本、刘会峙本、赵增福本均作"双手护心旁"，为是。

第 48 页第 9 行"拳打踢膀，头歪把势，审人能叫一思进"，王海洲本、赵增福本均作"拳打膀乍，足踢头歪，把势审人，能叫一思进"四句，为是。

第 49 页第 7 行"肾动速如风"中的"肾"字是"臂"字的误植。

太极拳架中同一式势的异样名称
和同一式势名称的异样写法举例_①

一、金刚捣碓，金刚捣臼，护心拳，护心捶；

二、懒扎衣，拦扎衣，懒擦衣，懒插衣；

三、揽雀尾，拦雀尾，蓝鹊尾，懒雀尾；

四、单鞭，担鞭，丹变；

五、白鹅亮翅，白鹅掠翅，白鹤亮翅，白鹤晾翅；

六、搂膝拗步，搂膝跃步，搂膝腰步；

七、手挥琵琶，收回琵琶；

八、掩手肱捶，掩手肱拳，演手，演手红拳，演手肱拳，演手捶，研手捶；

九、披身捶，披身，庇身打一捶，庇身，庇身捶，别身捶，撇身锤，撇身捶；

十、搬拦捶，搬揽捶，搬揽垂，拔拦捶；

十一、六封四闭，如风似闭，如封似闭；

―――――――――

① 原载《上海武术》1997 年第 3 期。

十二、背折靠，七寸靠，青龙出水，袖里一点红；

十三、抱虎归山，豹虎归山，抱头推山，抱虎推山，豹虎推山；

十四、肘底捶，肘底看捶，肘底看拳，肘底藏拳；

十五、倒卷肘，倒拳肱，倒卷红，倒碾红，倒碾肱，倒捻肘，倒转红，真珠倒卷帘，真珠倒转帘，倒捻猴，倒撵猴，倒辇猴，倒撵后；

十六、海底针，海底珍，前闪通背；

十七、闪通背，通背，闪铜牌，闪通碑，闪通臂，扇通臂，扇通背，山通背，三甬背，三通背；

十八、云手，纭手，运手；

十九、左右擦脚，左右插脚，左右翅脚；

二十、二起跟子，二起根子；

二十一、二起脚，二起，二起插脚；

二十二、踢二起，踢二气；

二十三、兽头势，打虎式，披身伏虎（护心拳，护心捶）；

二十四、击地捶，栽一捶，下演手捶，践步打垂，践步打捶，搂膝栽捶，进步栽捶；

二十五、小擒拿，小擒打；

二十六、双风贯耳，双峰贯耳，双分贯耳；

二十七、黄龙转身，黄龙滚身；

二十八、摆脚，二郎担山，担山；

二十九、一堂蛇，跌叉，跌岔，跌岔下势；

三十、前后招，刚后照，前后昭；

三十一、回头看画，回头看花，回头探花；

三十二、指裆锤，指当捶，指当，指因（阴）捶，指低捶；

三十三、黄龙绞水，黄龙出水，双龙绞水，双龙出水；

三十四、铺地锦，铺地鸡，雀地龙，切地龙；

三十五、玉女穿梭，玉女蹿梭，玉女攒梭；

三十六、单鞭下势，云手下势，纭手下势，蛇身下势，抽身下势；

三十七、金鸡独立，更鸡独立；

三十八、十字脚，十字靠；

三十九、转身十字脚，转身十字蹬脚，鹊雀蹬枝；

四十、砸七星，扎七星，弓头蛇，七星下式，七星下势，挽七星，挽刺行；

四十一、上步七星，七星；

四十二、退步跨虎，挎虎，下步挎虎，下步跨虎，卸步挎弧，卸步跨虎；

四十三、转身摆莲，转身摆莲脚，转脚摆莲，转角摆莲；

四十四、当头炮，弯弓射虎，挽弓射虎，搬弓射虎。

需要说明的是：有的式势名称，前者是后者的前身，但形式和内容已不尽相同，如"懒扎衣"和"揽雀尾"；有的式势，后者是前者的部分，如"砸七星"和"上步七星"，则都把它们分列了；有的式势，本身就可以一分为二，如"摆脚跌叉"，也就把它分列了。

有的式势，异样名称有重复的，则把它用括号括了起来；有的式势，异样名称不符合技击意义的，如"踢二起"又名"双擦脚"，"擦脚"就是"插脚"，又称"刺脚"或"翅脚"和"踢脚"不同，故索性舍去不取。

至于式势名称中原来的用词前后有窜误的，如"真珠倒卷帘"或作"真珠倒转帘"，应该是"倒卷真珠帘"或"倒转真珠帘"的传抄沿误，这里就不作纠正了。

咬文嚼字说「沾」「粘」①

　　对于"黏""粘"二字，旧工具书从《康熙字典》《新字典》，一直到《辞源》、旧《辞海》，都只有"尼占切""尼炎切"等的读音，以及"相著也""沾染也""俗作粘"等的字义解释。①

　　其实，在北方民间，尤其是在武术界的内功拳术语中，"粘"字早就有读"沾（zhān）"字音的了。

　　1966 年 6 月，《汉字正字小字汇》，把"粘读zhān"列入了正字范围，字义举例是："粘在一起，粘贴。"1971 年 6 月，按汉语拼音字母音序排列的修订版《新华字典》，在"zhān部"收入了"粘"字，正音读 zhān，字义解释为："粘（niān）的东西互相连接或附着在别的东西上。"1979 年版《辞海》米部五画"粘'黏'（zhān）"，字义解释："粘贴、胶合。"

―――――――――

　　① 原载《上海武术》1999 年第 3 期。

　　查勘了太极拳经典著作，李亦畬（经纶，1832—1892 年）在 1881 年赠给学生郝为真（和，1849—1922 年）的《太极拳谱》手抄本；李福荫（集五，1892—1943 年）据已经残缺的、伯祖父李亦畬赠给他祖父李启轩（承纶）的《太极拳谱》手抄本，以及伯祖父李亦畬自己留存的《太极拳谱》手抄本，重新编排成七章计二十一节，由堂弟李槐荫（子固，1903—1956 年）、李棠荫（化南，1910—1948 年）二人写了刊印缘起后，在山西铅印刊行《廉让堂太极拳谱》。关于山右王宗岳《太极拳论》中的"我顺人背谓之粘""粘即是走，走即是粘"，《打手歌》中"粘连黏随不丢顶"中的"粘"字，均刊印作"粘"而不作"黏"。

　　因而进一步又查勘了田兆麟（1891—1959 年）老师所藏杨健侯（1839—1917 年）老三先生授赠的杨家老谱《太极拳谱解》，在《沾连粘随》节中的"沾者，提上拔高之谓也"；《打手歌》第六句"沾连粘随不丢顶"中的"沾"字，均写作"沾"而不作"粘"。才悟晓出，武、李传谱中所写刊成为"粘"字的，不仅它的读音和"沾（zhān）"相同，就连它的字义解释，也是和"沾"相同的。

　　对于"沾"字，旧工具书只有《字源》解释过"沾染也"，和《汉字正字小字汇》"沾"字的字义举例作"沾染"相同。

　　诸家太极拳著作中，对于老谱《沾粘连随》节"沾者，提上拔高之谓也"的具体技击解释很多，有代表性的如：

　　许禹生（1878—1945 年）在 1921 年 12 月出版的《太极拳势图解》第六章太极拳经（论）详注，在"动之则分，静之则合"一句的注释中说："若作运劲解，则太极拳之阳变阴合，即为物理力学分力合力之理也。太极拳术遇敌欲制我时，则当分截其劲为二，使敌力不能直达我身（背劲），所谓动之则分是也。若将敌粘起用提劲，阳之变也；及起，须静以定之，使不得动，或敌劲落空，稍静即发，利用合劲，阴之合也。"

　　吴公藻在 1935 年 6 月出版的《太极拳讲义》上编，"五行要义详解"（一）中说"粘者，如两物互交，粘之使起，在太极拳（术）语中谓之劲。此劲非直接粘起，实间接而生，含有劲意（念）双兼两义。如推手或交手时，对方体质强大，力气充实，桩步稳固，似难使其掀动，或移其重心。然以粘劲，能使其自动失中，用意探之，使其气腾，全神上注，则其（上）体重而足轻，其根自断，此即彼反动（作用）力所致，吾则顺势撒手，而以不丢不顶之劲，引彼悬空，是为粘劲。"

张问元在 1960 年 10 月《太极拳常识问答》修订本"五七、什么叫做沾粘连随？在练习推手的时候，容易发生什么毛病？怎样才算懂劲？"一问中说："沾就是提高拔上的意思。当和对方搭手时，要凭个人推手技术，向上引起对方的（身躯和）手臂，以使对方足跟离地，目的是将对方发出。"

沈寿在 1986 年 12 月出版的《太极拳推手问答》第二部分太极拳推手要领"五九、什么是推手的'四要'？"一问中说"沾（zhān 毡），是提上拔高的意思，也是形容顺势提手，就像沾了水一样的湿而不脱，以及形容其动作的轻巧灵活。"李亦畲《撒放密诀》说"'擎起彼劲借彼力'，此处'擎'字，即指'沾'字而言。"

沈寿又在 1997 年 10 月出版的《太极拳论谭》"第一章太极拳古典拳论浅释：清代李亦畲《撒放密诀》浅释与研究：四、《撒放密诀》浅释（一）"中说："（原文）擎：擎起彼身借彼力（中有灵字）。（浅释）擎的本身是'化'，也即'沾化'。杨澄甫（1883—1636 年）家藏本《沾粘连随解》说：'提上拔高谓之沾。'说明作为术语字，'擎'与'沾'的含义是略同的。"

1957 年 2 月，董虎岭（董英杰的长子）在香港再版的《太极拳使用法》"打手歌详解"中，对"粘连黏随不丢顶"这一句里"粘"字的解释是："粘者，提上拔高之谓，使对方脚跟离地，马步浮动也。"

1962 年开始，在河北任县跟董英杰的三儿子董俊彪学太极拳的孙晖在 1991 年 9 月出版的《太极拳图说导引》第五章太极拳技击问题"三、太极拳基本劲力解"节，对"粘"字的具体技击解释是："粘——对方向我出手进攻，我用手（粘接）绕转向上敷于敌腕，用力（松沉的整体劲）按之，当敌产生抗力时，则我随势提带之曰粘。"

所以，我在 1979 年编写的讲义《谈谈杨式太极拳的推手》"二、沾连粘随和粘连绵随"节（一）"沾"字中说的"沾者，提上拔高之谓也。是说在推手时，我用松沉的整体劲（不仅仅是上肢局部的自重）来探引对方，使对方产生向上的反抗力，然后我趁势用提拿技法而让对方的反抗力落空；这时，对方势必腾起脚跟而失去平稳，因而受制于我。沾，也就是《撒放密诀》中'擎起彼身借彼劲'的'擎'字，旁边小注'中有灵字'四个字，说明'擎'字必须用得轻灵"，以及该节小结中说的"但在实际运用时，一用'沾'法，内劲和动作就会断掉（因而产生停顿），以至于双方两手互相脱离开（不适宜于初学推手的人习练）。所以孙禄堂、陈微明在《打手歌》中，就把'沾连粘随'四个字，改成了'粘连绵随'。这样，在推手时才能真正做到不丢不顶"，并没有错。

恰恰是把《打手歌》中"沾连粘随不丢顶"这一句中的"沾"字，用陈鑫（1849—1927 年）《太极拳图画讲义》初集拳谱下卷卷一之二，《撷手十六目》中"沾"字的小注"沾是手与手沾住，如'沾衣欲湿杏花雨'之'沾'"来解释。也就是 1980 年 8 月出版的《新华字典》收入的"沾"字的字义解释"稍微碰上或挨上"；1980 年 5 月第九版修订本《新华字典》刚收入的"沾"字的字义解释"稍微碰上或接触上"。那就不免要和后面的一个"粘"字，有意义重复之嫌。无怪乎郑曼青要在杨澄甫 1934 年 2 月出版的《太极拳体用全书》第一集中，把《打手歌》第六句中的第三个字"粘"改成"贴"字了。

事实上，无论是南宋僧志南在咏七言《绝句》中的名句"沾衣欲湿杏花雨"，还是另一位宋僧惠洪（彭觉范）在咏七律《秋千》颈联中的名句"花板润沾红杏雨"，其中的"杏花雨"和"红杏雨"，都是在虚描春晚杏花凋谢期间花瓣飘落如雨的情景，而不是在实写南方杏花开放时下的毛毛雨。

杨家老谱，文字简朴典雅，语句圈点恰当，尤其是以田兆麟老师的藏本为最。现在举《太极平正腰顶解》一节为例，以见其一斑：

"顶如准，故云顶头悬也。二手即平左右之盘也，腰即平之根株也。

若平准稍有分毫之轻重浮沉，则偏显然矣。故习太极者，须立身中正，有如平准，使顶悬腰松，尾闾中正，上下如一线贯串，转变全凭二平，分毫尺寸，须自己细辨，默识揣摩，容（融）会于心，迨至精熟，自能随感斯应，无往不宜也。

"车轮二，命门一，纛摇又转，心令气旗，使自然随我便。满身轻利者，金刚罗汉练（炼），对待有往来，是早或是晚，合则发放去，有如凌霄箭，滋养有多少，一气哈而远，口授须秘传，开门见中天。"

最后一段的"车轮二，命门一，纛摇又转，心令气旗，使自然随我便"长短句歌诀，通行本都把它圈点成五言古诗："车轮二命门，一纛摇又转，心令气旗使，自然随我便。"致使歌诀一开始就令人费解，不符合祖国医学脏腑命门学说理论。

古典太极拳理论著作中的三个同音同义异写字①

——「劤」「精」「劲」

"劤"字，仅见于李亦畬（经纶）在清光绪七年（辛巳，1881 年）亲手写的三本《太极拳谱》与弟李启轩（承纶）一本，学生郝为真（和）一本，自己留存的一本通称"老三本"。在这三本拳谱里，凡是遇到用"劲"字的都被写成了"劤"字。可就是这个"劤"字，自民初至今，所有出版的工具书中都没有收入。只有在《康熙字典》子集下力部四画中，收载有这个字："劤《唐韵》《集韵》并音居焮切斤去声。"字义解释从《埤苍》："多力也。"又力部七画"劲《唐韵》居正切，《正韵》居庆切并音颈去声。"字义解释依《说文》："强也，从力坙声，《广韵》健也，《增韵》坚也，道也。"

1935 年，李福荫（集五，1892—1943 年），重新把"老三本"中祖父李启轩留传下来已残缺的一本和

伯祖父李亦畬留传下来的自留本，整理编排成七章二十一节，由堂弟李槐荫（子固，1903—1956 年）用《李氏太极拳谱》的名称，在山西太原铅印出版；1936 年，李福荫又恢复了 1933 年在省立永年第十三中学用油印刊印时用过的《廉让堂太极拳谱》的名称，在永年用石印刊印行世。在这两种太极拳谱里，都把"劤"字改成为"劲"字。

　　至于"精"字，虽然是陈鑫（品三）早期著作里的习惯用字，但从 1933 年 4 月，开封开明印书局出版、陈鑫编著的《陈氏太极拳图说》一书来看，书里已经把"精"和"劲"字作为意义相同而互相通用的了。如卷首 36 页（1986 年 1 月上海书局影印本 66 页）太极拳内精圆图，右旁有"太极拳仿河图作缠丝圆劲图"，下面还有"此图专主缠丝劲说，因拳中股肱宜用，故推及之"；卷首 39 页上（影印本 72 页）人身缠丝正面图有"浑身俱是缠劲，大约里缠外缠皆是随动而发，有左手前右手后，右手前左手后而以一顺合者，亦有用反背劲而往背面合者，各因其势之如何而以自然者运之。其劲皆发于心，内入于骨缝，外达于肌肤，是一股非有几股劲，即气之发于心者，得其中正则为中气，养之即为浩然之气"一段文字。

　　卷首 39 页下（影印本 73 页）人身缠丝背面图有"背面头顶为顶劲"一段文字。

　　卷首 40 页上（影印本 74 页）太极拳缠丝精论有"太极拳缠丝法也。进缠、退缠、左右缠、上下缠、里外缠、大小缠、顺逆缠，而要莫非即引即缠、即进即缠，不能各是各着，若各是各着，非阴阳互为其根也"一段文字。

　　这里，也说明了"精"字和"劲"字除音义可以互相通用外，有时还可以用作方法来解释。

　　至于 1935 年 10 月，南京仁声印书局出版、陈绩甫（照丕，1893—1973 年）编著的《陈氏太极拳汇宗》中，所辑入陈鑫的早期作品《太极拳图画讲义初集》四卷，全集文字中凡是要用"劲"字的地方，的确全部都是用的"精"字。

但根据卷一（46 页）太极拳缠丝精圆图有"洛书以五居中，为生数之末，五属土能生水火木金。故生数以五殿乎一二三四之后，至于六七八九皆成数也。太极拳运动以缠丝起数，自一至九无五则气断，气断则理不通，惟以五补于其中，则理通而气（气，是气数之气）顺而数自无窒碍矣。故四之下六之上补之以五，使上下相通而缠丝之精（去声）行矣"一段文字。

卷二（61 页）太极拳首势金刚捣碓节解有"计腰精（去声）下去"一段文字。

卷二（68 页）二势揽擦衣引蒙有"故合精（去声）要得中气由心发，顺其自然者为精，否则为横气、为逆气、为邪气，与中气相反（不偏之谓中）"一段文字。

"精"字读去声，这也是民国初年一直到新中国成立至今，所有出版过的工具书中所没有收入的。

《康熙字典》未集上米部八画"精"字的最后，载有"《广韵》子姓切，《集韵》子正切并音婧"，字义解释："强也。"

又《康熙字典》丑集下女部八画，"婧《集韵》子正切音精去声"，字义解释一曰"婧婧健貌"。

加上《陈氏太极拳汇宗》中，在陈鑫《太极拳图画讲义初集拳谱》的前面，有陈绩甫编写的《太极拳学入门七十四势运动总解》1 ～ 35 页。统计一下，在全篇的文字中，共动用了 14 个"劲"字，计：腰劲 6 个，合住劲 1 个，裆劲 3 个，全体劲 1 个，缩劲 2 个，右足跟用劲 1 个。惟独一个也没有用上"精"字。

因而可以认为：李氏、陈氏的后人，把"劤"字、"精"（去声）字都改写成为统一的"劲"字，是有它的积极意义的，是合乎文字改革通俗、简化、统一的时代需要的。

四家杨式太极拳著作中关于散手接劲论述的评解①

太极拳散手中的接劲，和其他拳种散打中的接手不同。它必须先要进身或闪身迎上，伸手轻轻黏住对方的来手或臂身，听准确对方劲力将要出来的动向，然后顺对方之动势，或进或退以假借对方劲力，而后再给以制裁的。所以，在太极拳术语中，把它称之为"接劲"而不称为"接手"。

陈微明在 1929 年上海中华书局出版的《太极答问》"太极拳之散手"篇中说："太极拳散手之变化，均由听劲而来，能听劲则散手方能用之而适当。若不黏住敌人，不知听劲，则用散手亦犹外家（功）拳之格打，未必着着适当也。"

又说，"太极拳之散手，与他种拳术之散手不同。太极拳之散手，是由黏住听劲而出；他种拳术之散手，是离开而各施其手脚，远则彼此不相及，

---

① 原载《上海武术》1998 年第 3 期，《太极》双月刊 1999 年第 2 期。

近身则互相抱扭，仍有力者胜焉。""太极听劲，全是知彼功夫，能黏住敌人，彼不动我不动，彼微动我先动，彼不会听劲，一动即跌出矣。若太极拳听劲功夫尚不能到（家），不能黏住敌人，则不必与人动手可也。"

在"太极拳之劲"篇则有"问：何为黏劲？答：黏住敌人之臂，或轻黏或重（沉）黏，不使之丢脱，是谓黏劲"。

这里，《答问》中不仅清楚地告诉了我们，太极拳之散手接劲，和其他拳种的散打接手不同；同时还郑重地告诫了我们，如果黏接不住对方的来手或臂身，则表明自己的功夫远远不及对方，就应该有自知之明，不必再和对方动手下去了，否则必败无疑。

在《答问》"太极拳之劲"篇中，还有"问：何为借劲？答：敌若前推，则借其前推之力而採之；敌若后扯，则借其后扯之力而放之。左右上下皆然，是谓借劲。""问：何为截劲？答：敌若用拳来击，不及变化，则用截黏，截劲者即碰劲也。一碰即跌出，此非功夫深者不能也。""问：用截劲有定时否？答：用截劲最要时之恰当，差之秒忽，则机会错过，大抵彼劲将发未发、将展未展之时，用截劲最好。"

读到这"黏"，可以知道，在《答问》一书中，是把黏劲、借劲、截劲分别给以解释和说明的。

1936年，上海民光印务所出版的国术统一月刊社丛书——改革号上，有黄元秀（文叔1884—1964年）写的《杨家太极拳各艺要义》《武术偶谈》二文。在《武术偶谈》"练劲篇·太极拳劲之种类，二、刚劲"节中则说："刚劲有名断劲，又称挒（烈）劲，其名不同，其法则一，其性激烈，发时如炮弹爆炸。谱上云'运劲如百炼钢，无坚不摧''静如山岳，动如江河''蓄劲如开弓，发劲如放箭''曲中求直，蓄而后发''发劲须沉着松净，专主一方'等语，皆指刚劲之法，其效用是将敌人扫荡无余。练此劲时，注意在猛而长，若发劲短促，虽刚烈亦无多效用也。"

在"三、接劲"一节中说："接劲又名借劲，其劲中包含听劲、化劲、刚劲、柔劲诸法。此劲最难练，是为最后功夫，敌劲到我劲亦到，谱上云'彼微动，我先动'；换言之，敌劲之到我身，我即化其劲而发之。总之，我接敌之劲，借敌之劲而发之。其方法是在一圆圈，敌劲到身时，起一极小圆圈而发之，此圆圈非目力所能见，非初学者所能知，非到微妙程途（度）不能领会。语云'可以意会，不可以言传也'，谱云'得机得势'，又云'将物掀起，加以挫之，其根自断'，歌曰'引进落空合即出，牵动四两拨千斤''妙处全凭能借力，无穷变化询非夸'等，省言接劲要领，此中方法须面受（授），又须熟练，非笔墨所能尽也。"

从上面这些文字论述里可以知道，黄氏是以截劲为刚劲、为断劲，而以接劲为借劲了。

陈炎林在 1949 年上海国光书局线装合订出版的《太极拳刀剑杆散手合编》卷二（论劲）篇"借劲"节中则说："借劲为太极拳中奥妙而上乘之劲，非艺高者不能应用。因借劲之发人，无引无拿，其间仅含有少些化劲耳。随到随发，不假思虑，其速犹如风驰电掣，乘人之势，借人之力，高来高往，低临低去，无须觅其焦点背势，能使敌不知不觉而出。

"其尤奇者，敌来亦去，敌不来亦往，来势愈大，则被击之劲愈猛，打手歌中所谓'牵动四两拨千斤'者，即借劲之谓也。

"能借劲则力小可挫力大，弱者可攻强者。倘更能善于此道，则人之任何部分皆可借之，而己之任何部分咸可发之。惟发人时必须腰腿一致，沉肩垂肘，含胸拔背，尾闾中正，以意气发出。尤须顾及时间，不可或早或迟，早则敌劲未出，何由假借；迟则己身已中，无能为矣。最恰当之时间为敌劲将出犹未全出，或将到而未全到之际，在斯一刹那间发之，方为有效。犹如人之入室，一足正将踏入而门忽闭，人即无从进入而反被门叩出；又若人之说话，正待开口发音时即掩之，口被掩扪，气阻音塞，无言矣。由此可知借劲之学习，实非易事，倘能运用自如，是谓太极拳之上乘者。"

在"截劲"节中则说："截劲一名刚劲，用之于手、臂、肘、肩、腰、胯、膝、腿、足。其运用全在引人落空，将知而（知其将）不能变化之际，随即对其中心发之。故其势速而促，被击之人，跌势甚猛。发时应虚灵顶劲，含胸拔背，沉肩垂肘，尾闾中正，敛气凝神，用腰腿劲加以意气，眼神注视对方，即对方已倒亦然。此劲发出，有弧线形及直线形两种，随势应用，初学者欲用之得法，固非易事。"

读到这里可以知道，《合编》编著者又是以截劲为借劲，而以发劲、放劲为截劲了。惟其用闭门及掩口二例来比喻截劲，倒也非常恰当，因其间固然有时间、空间差同时存在也。

郑曼青的《郑子太极拳十三篇》（以下简称《十三篇》）卷下"散手"节中说："能接劲，便是懂劲之极致，功候至此，余劲皆可勿论矣。

"接劲者，若如对方以球击我，稍一顶撞或截碰，皆弹出矣，此皆撞劲非接劲也。球体轻易于撞出，譬如球体重数百斤，亦能一撞而弹出乎？所以撞劲非法，必须球来似能吸住而复掷出，乃接劲。缓速轻重皆能如法，则黏、提、听、放已在其中，含吞、吐之意于霎那间，其劲正在分寸之际，庶乎阶及神明矣，散手又复何论。我故曰太极拳之所以过人者，无他，惟有一接劲而已。"

读到这里，也就可以知道，《十三篇》中说的"接劲"，实质上就是"截劲"了。"球来似能吸住而复掷出""含吞、吐之意于霎那间，其劲正在分寸之际"，也就是要恰到好处地来个时空差的缓冲，以假借对方过来的劲力。

人体固然不是刚体，而撞劲也就是碰劲，所以《答问》中说的"截劲者即碰劲也"并没有说错。恰恰是接劲不一定都可以应用截劲，对方虚晃一手，你不进身去黏接听劲，而却主观地直接用截劲去碰接，岂不正中对方的圈套？

所以太极拳散手的接劲，还是要黏接好后听准确对方劲力出来的动向，顺势借力而为，不能想当然地、事先主观地想定好用什么劲别就能给你用上什么劲别的。

综合上面所列举的四家杨式太极拳著作中，关于太极拳散手接劲的论述来看，讲得既系统而又全面的，还要推陈微明先生在《太极答问》中说的为最了。无愧为当时有"杨门四轩"[①]之一的称号。

---

① 20世纪30年代，宁、沪、杭、甬地区，对于太极拳家牛春明（字静轩，后作镜轩）、陈微明（字慎轩，后作慎先）、田兆麟（字绍轩，后作绍先）、李雅轩（名椿年），四位杨氏弟子称之为"杨门四轩"。

拳人史话

关于杨氏太极长拳①

　　杨氏太极长拳，也称藏拳，以其藏而不露，所以补太极拳架之不足也。①

　　陈微明先生早在 1928 年上海中华书局出版的《太极剑》第 18 页后（汇编 142 页）载有太极长拳。他在序言中写道："澄甫先生传余太极长拳，其中有数式为太极拳内所无者，其余大概相同，惟转换之处，前后略变易耳。所以表示太极拳无定法，亦无定形。太极拳及长拳，掤、捋、挤、按、採、挒、肘七种劲均含在内，惟缺一靠劲。余欲以大捋之靠劲加入拳内，思索数年，不得其连贯转接之法。今于无意中忽然得之，相连之处竟如天衣无缝，窃自欣喜。又以太极拳之有左式而无右式者，有右式而无左式者，均为加入。又见河南陈家所传太极名为旧派者，其倒辇猴如搂膝拗步左右退行转身极为轻灵，亦加入，名为

────────────
　　① 原载《上海武术》1998 年第 4 期。

退步搂膝，共约 108 式，取澄甫先生所传长拳而扩大之，不敢言有所发明，然于太极之意有增多而无减少，有变换而无雷同，或者可为学者研究之一助焉。"

经查核，杨澄甫先生所传太极长拳连起势共 6 式，而陈微明先生增加之太极长拳，名目虽取整数约 108 式，然如将其重复之左右式势，如左右搂膝、左右野马分鬃、左右蹬脚、左右金鸡独立等，再细而分别列出，则式势名目，又何止 108。1997 年 9 月，人民体育出版社出版，林炳尧先生编著的《杨式太极拳详解》，在附录（太极长拳细目）中，就把它分成了五节 106 式。

可正是因为这个 108 式，却引起了被人誉称为"博雅"的武术考证家唐豪（1897—1959 年）的兴趣，就在这个 108 式上，大做其扶陈抑杨的所谓考证文章。

1936 年，山西省洪洞县荣仪堂（书局），石印了樊一魁编著的《忠义拳图稿本》，在该书的卷一，有逐势绘图的 108 式《通背拳图谱》。樊一魁在序言中说，"此拳乃河南郭永福所传""郭在少林寺曾受艺""郭在乾隆年间保镖来洪，在洪羁留多年，传艺于贺家庄贺怀璧，后留传南北"。20 世纪 50 年代时，洪洞县高公村一带，还有人会练这套 108 式的通背拳。从《中华武术》1992 年第 9、10、11 期（总第 104、105、106 期）上张从俭提供的《洪洞通背拳》的内容来勘核，可以证明这确属事实。

由于陈家沟在三省堂本《拳械谱》中的《长拳歌》，两仪堂本《拳械丛集》中的《拳势总歌》，文修堂本《拳械谱》中的《拳势总歌一百单八势》以及陈子明编印《拳械汇编》中的《长拳歌》等歌诀，和《通背新图谱》中的 108 式通背拳歌诀，在文字上除了个别词句稍有出入以外，其余的大致相同。因而，唐豪就下了个陈家沟在"陈长兴、陈有本时已经不传的 108 式，在乾隆年间由河南镖师郭永福传入山西洪洞县贺家庄，改名为通背拳"，并且陈家沟陈氏（至少是陈长兴、陈有本前一代的）某人于"1791 年及其后"传与王宗岳，而陈家沟陈氏自家却不传，这样荒诞无稽，不能自圆其说的所谓考证论断。把太极拳的发展历史，从 20 世纪 30 年代开始，搞混长达半个多世纪。

1994 年 10 月，北京体育大学出版社出版了孙南馨先生（1925—1996
年）编著的《杨式太极长拳》，孙在前言中写道："笔者是在 20 世纪 60
年代经喻润川先生指教学得此拳的，喻润川先生是在 20 世纪 30 年代，
受杨澄甫先生的高足崔毅士先生（1890—1970 年）亲授。"

经查核，孙书介绍的杨氏太极长拳，连预备式在内，名目有 123 式
之多。除了在起势后一开始就把陈书所增加的 56 式、98 式两个"如封似
闭"之后的"进步双按"，提前置放在起势后的第 3 式，并把许多左右重
复式势名目，都分列开来之外，凡陈书在序言中自称是陈所增加的，如
"退步搂膝"，孙书虽然仍把它放置在"金鸡独立"之后的 39 式，却把名
称改成了"翻身左右搂膝拗步"。又陈书在四个"野马分鬃"之后增加的
76 式、79 式、82 式、85 式四个式势的"进步肩靠气"孙书也都在 90 式、
93 式、96 式、99 式中，同样把它们加了进云。

1997 年 10 月 22 日，新加坡永年太极拳学会理事兼联络主任谢正力
（京华）先生，伴同拳友王黎曼先生、林春河中医师，三位一起来舍访问。
当他们返回龙门宾馆后，谢、王二位特为各寄赠给我 1997 年 8 月人民体
育出版社刚出版发行、张楚全先生著的《杨式秘传 129 式太极长拳》一
书。张在前言中写道："129 式太极长拳，是一代宗师杨澄甫先生创编的，
杨授予其拜门弟子陈月坡。30 年代，陈月波到上海传其师弟赵桂恒；我
是从赵桂恒先生学的。"

经浏览此书一过，书中介绍的太极长拳式势名目，比孙书的 123 式
又多出了 6 个。在起势之后多了一个"二、太极旋转"，在 33 式的"右
金鸡独立"后把 34 式改成为"左手采、右手捯、左脚踩蹬"的"泰山升
气左式"；在 77 式的"左金鸡独立"后，把 78 式改成为"右手采、左手
捯、右脚踩蹬"的"泰山升气右式"，以求得这两个式势在整套拳架中的
前后衔接统一和左右平衡协调。而在 61 式"进步双捶"后的 62 式仍保
留了陈书增加的南北西东四个"退步搂膝"，且在 96 式和 102 式的两个
左右"野马分鬃"后，也还保留着陈书所增加的 97 式和 103 式两个左右

"进步肩靠"中衔接 98 式和 104 式的两个左右"玉女穿梭"。

　　从而可以肯定，无论是孙书的 123 式或张书的 129 式，都是在陈微明先生增加过后约数为 108 式的、原来致柔拳社三年毕业课程中列为第二年教学课程内容的增加太极长拳的基础上，再给以增加改动而修订成的。并不是在原来杨澄甫所传授的、连起势仅 60 式的太极长拳基础上，增加改动而修订成的，更不是什么杨澄甫当年确未传过他人的秘传。

　　下面把杨澄甫先生所授太极长拳式势名目和陈微明先生增加后的太极长拳式势名目，抄录于后，以供研究参考。

　　杨澄甫先生所授太极长拳式势名目：一、起势　二、揽雀尾　三、云手　四、搂膝拗步　五、琵琶式　六、进步搬拦锤　七、簸箕式　八、十字手　九、抱虎归山　十、单鞭　十一、提手　十二、肘下锤　十三、搂膝打锤　十四、转身蹬脚　十五、进步指挡锤　十六、野马分鬃　十七、进步揽雀尾　十八、单鞭　十九、玉女穿梭　二十、揽雀尾　二十一、转身野马分鬃　二十二、转身单鞭下势　二十三、金鸡独立　二十四、倒辇猴头　二十五、斜飞式　二十六、提手　二十七、白鹤晾翅　二十八、搂膝拗步　二十九、海底珍珠　三十、扇通臂　三十一、撇身锤　三十二、上步搬拦锤　三十三、进步揽雀尾　三十四、单鞭　三十五、云手　三十六、单鞭　三十七、高探马　三十八、左右蹬脚　三十九、转身蹬脚　四十、左右搂膝　四十一、双叉手　四十二、转身踢脚　四十三、左打虎式　四十四、双风贯耳　四十五、左蹬脚　四十六、转身蹬脚　四十七、上步搬拦锤　四十八、上步揽雀尾　四十九、高探马　五十、十字腿　五十一、上步揽雀尾　五十二、单鞭上势　五十三、上步七星　五十四、上步跨虎　五十五、转身摆莲　五十六、弯弓射雁　五十七、上步搬拦锤　五十八、簸箕式　五十九、十字手　六十、合太极

　　陈微明先生增加后的太极长拳式势名目：一、太极起势　二、动步揽雀尾　三、云手　四、搂膝拗步　五、左琵琶　六、换步搂膝　七、左琵琶　八、换步搂膝　九、右琵琶　十、进步搬拦锤　十一、簸箕

式　十二、双托掌　十三、十字手　十四、抱虎归山　十五、肘下通臂锤　十六、左归山　十七、肘下锤　十八、猴顶云　十九、搂膝打锤二十、转身蹬脚　二十一、进步指挡锤　二十二、野马分鬃　二十三、动步揽雀尾　二十四、单鞭　二十五、玉女穿梭　二十六、转身野马分鬃　二十七、转身单鞭下势　二十八、金鸡独立　二十九、退步搂膝三十、斜飞式　三十一、提手　三十二、白鹤晾翅　三十三、搂膝拗步三十四、海底珍珠　三十五、扇通臂　三十六、撇身锤　三十七、上步搬拦锤　三十八、动步揽雀尾　三十九、单鞭　四十、云手　四十一、单鞭　四十二、高探马　四十三、左右蹬脚　四十四、转身蹬脚四十五、换步搂膝　四十六、换步载锤　四十七、双叉手　四十八、翻身二起脚　四十九、披身伏虎式　五十、回身蹬脚　五十一、双风贯耳五十二、右蹬脚　五十三、转身左蹬脚　五十四、换步搬拦锤　五十五、如封似闭　五十六、进步双按　五十七、右单鞭　五十八、右云手五十九、右单鞭下势　六十、金鸡独立　六十一、倒辇猴　六十二、左斜飞　六十三、左提手　六十四、左晾翅　六十五、左搂膝　六十六、海底针　六十七、右通臂　六十八、撇身锤　六十九、进步搬拦锤七十、簸箕式　七十一、双托掌　七十二、十字手　七十三、左抱虎归山　七十四、右单鞭　七十五、野马分鬃　七十六、进步肩靠　七十七、玉女穿梭　七十八、野马分鬃　七十九、进步肩靠　八十、玉女穿梭八十一、野马分鬃　八十二、进步肩靠　八十三、玉女穿梭　八十四、野马分鬃　八十五、进步肩靠　八十六、玉女穿梭　八十七、左右风轮八十八、动步揽雀尾　八十九、单鞭　九十、云手　九十一、高探马九十二、十字腿　九十三、左右搂膝打锤　九十四、左琵琶　九十五、弯弓射雁　九十六、进步搬拦锤　九十七、如封似闭　九十八、进步双按　九十九、左单鞭下势　一〇〇、七星脚　一〇一、退步踢脚　一〇二、转身摆莲　一〇三、弯弓射虎　一〇四、上步搬拦锤　一〇五、簸箕式一〇六、双托掌　一〇七、十字手　一〇八、合太极

太极拳在上海 ①

太极拳在上海的传入和发展，只不过是 20 世纪 20 年代的事。

孙式太极拳

1918—1919 年间，孙禄堂（1861—1932 年）的小儿子孙务滋在太仓中学担任国术教师时，课余时间还应孟德兰路（今江阴路）陈夔龙 ② 的聘请，兼做了陈家教内功拳 ③ 的家庭教师。那时，正好北山西路界路（今山西北路天目山东路）埭隆里成立了一个上海

---

① 原载《中国太极拳》1996 年第 4 期。
② 陈夔龙：字筱石。清光绪丙戌（1886 年）进士，历任河南巡抚、江苏巡抚、直隶总督及北洋大臣等职。著有《梦蕉亭杂记》。这样一位逊清遗老，晚年能坚守民族大义：清帝复辟及伪满成立，曾屡有"征招"，均托病不赴，隐居上海以明志，吟诗写字以自遣。所以在抗战胜利后的上海，每出席公众场合，都能受到尊敬。1948 年 8 月 17 日逝于上海，享年 92 岁。
③ 内功拳：指太极拳、形意拳、八卦掌一类。

武技研究会①。孙务滋来去陈家和学校时，经常弯到该会歇息，因而该会的教师和学员等，有机会向孙务滋学得孙式太极拳。

1919—1920 年间，孙禄堂的次子孙存周（1893—1963 年），在应杭州友人施承志②的聘请去杭州教授内功拳时，每月必来上海耽搁半个月，住在成都路白克路（今成都北路凤阳路）三多里。和师兄吴得波研究太极拳，并代其父亲教授沪宁铁路职工③内功拳。这是孙式太极拳传入上海的时间，也是各流派太极拳传入上海的开始。

新中国成立以后，孙式太极

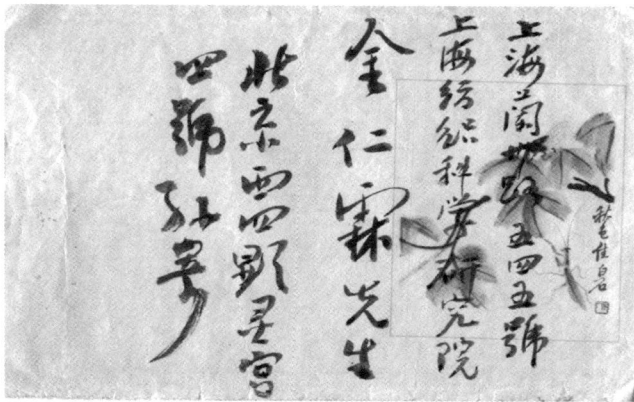

孙存周寄给金仁霖的信件

拳只有在复兴公园孙禄堂的再传弟子王禧奎处有所传授。20 世纪 60 年代初期，上海体育宫曾设想开办孙式太极拳学习班，终因师资问题不能解决而作罢。

杨式太极拳

1925 年 5 月，陈微明从杭州来到上海，和陈志进二人在七浦路北江西路（今江西北路）周紫珊家后门，创办了致柔拳社，后迁北西藏路（今西藏北路）宁波同乡会。教授内容以杨式大架太极拳、剑、杆和推手为主，另外也兼教孙式内功拳中的八卦掌和形意拳。是为杨式大架太极拳

---

① 上海武技研究会：由张其煌、周紫珊创办，教师有刘景阁、萧格清、褚桂亭、高振东等，教授内容以形意拳为主，兼及八卦掌、孙式太极拳。
② 施承志：当时是浙江北伐军第二十五军第二师第八团团长。
③ 沪宁铁路职工：有章乃器、支燮堂、周锡琛等。

在上海公开教授的开始。

1926 年 11 月，叶大密老师在萨布赛路望志路（今淡水路兴业路）205 弄南永吉里 19 号寓所，创办了武当太极拳社（当时属法租界），和致柔拳社（当时属英租界）一南一北，遥相呼应，教的是统一的杨式大架太极拳。而"太极拳社"这个专业性明确的武术团体名称，也是从武当太极拳社开始的。

1928 年，杨少侯、杨澄甫兄弟先后来到南京。叶大密老师就赶到南京，向杨氏兄弟学习太极拳、刀、剑、杆和推手。当时，武汇川、褚桂亭等人也随从杨澄甫老师在南京。由于中央国术馆安置不下这么多人，杨澄甫老师就托叶老师把武汇川、褚桂亭以及武汇川的学生张玉三人，带到上海来另行谋生。先是三人都住在叶老师家，武、褚二人帮助叶老师在武当太极拳社授课。然后再由叶老师分别介绍到几家公馆里去教太极拳。半年以后，武汇川在霞飞路（今淮海中路）和合坊创办了汇川太极拳社，后迁蒲石路贝禘鏖路（今长乐路成都南路）。褚桂亭则除了在几家公馆教拳以外，也曾在汇川太极拳社协助武老师授课，后来被南京总统府聘去为国术教官。

1929 年，杨澄甫带了学生董英杰从南京来到上海，起初住在圣母院路巨籁达路（今瑞金一路巨鹿路）的圣达里，后来才迁居到福煦路（今延安中路）的安乐村。他们师徒俩虽然没有公开设馆教拳，但私人前来延聘受教的人数极多。

1940 年 7 月，陈微明的学生陈铎明在法国花园（今复兴公园）建造了一个凹字形长亭，成立了诚社，在园内教授太极拳。1944 年 10 月，傅钟文在武昌路鲁关路 31 弄 14 号寓所，成立了永年太极拳社，吸收社员教授太极拳。因之，杨式大架太极拳得以广泛地流行于上海。

至于田兆麟老师，虽然早在 1917 年就从北京来到江南，由于他长时间居住在杭州，故直到 1938 年抗日战争全面爆发，才率领全家迁居上海。先住在巨籁达路（今巨鹿路）庐山公寓，1947 年才迁居巨鹿路 221 号寓所。

田老师来上海后，最早在白克路（今凤阳路）登贤里教董柏臣、金明渊、龚锡源等人太极拳。随后，在宁波路钱江会馆教沈容培等、在申新九厂教王金声等、在新闻报馆教吴荫章等，以及在南市珠宝公所设馆教授太极拳。

新中国成立初期，田老师除了在工商经济研究会教滕克勤等人太极拳外，并在外滩公园开班教授太极拳。淮海公园改建工程完成开放后，田老师就专门在外滩（星期一、三、五）、淮海（星期二、四、六）两公园开班教授太极拳，直到1959年2月6日去世。因此，杨式中架太极拳在上海的开展情况，远不及杨式大架来得普遍广泛。

"文革"中，唯一未受影响的是濮冰如大姊。她一贯坚持业余义务教授太极拳。1973年从学校退休后，先后在杨浦体育场、杨浦公园、同济大学、龙华飞机场、上海跳水池、徐汇区财政局、徐汇区体委等处，举办太极拳训练班，义务教授太极拳。1979年，去南宁参加全国武术观摩交流大会，获得一等奖。回到上海后，正忙于做出国访问准备工作，终因劳累过度患了脑血栓，致使左手右脚失去运动功能。即使这样，她还不忘其宿好，仍陆续为徐汇区武协出谋献笈，为促进太极拳事业的蓬勃发展，做了不少好事。

"文革"结束后不久，傅钟文也重新开始在工人体育场、同济大学、化工学院、体育宫、闸北公园等处教授太极拳。改革开放以来，他又被请回到上海武术队任顾问。他不顾年迈，还先后应邀到徐州、常州、无锡、杭州、宁波、泉州、开封、郑州、西安等地讲课和教拳。还被邀请到日本、意大利、澳大利亚等国传艺，鞠躬尽瘁，直到1994年9月24日逝世。

1988年5月，"致柔拳社"复社，推选出名誉社长顾留馨、社长林炳尧、常务副社长刘文清、副社长朱光炽、何炳泉等。

1992年10月，华东师范大学出版社重新出版了陈微明编著的《太极拳术》，由于原来的铜版照片已模糊不清，由现任社长林炳尧重新拍摄了全部拳照，并在书后写了《跟随陈微明先生学拳》和《初学太极拳十三字诀》两篇文章，对正在学习太极拳和爱好太极拳的人来说，无疑是很有帮助的。

吴式太极拳

1925 年，吴鉴泉（1870—1942 年）的大女儿吴英华，由北京达仁堂乐家的介绍，来上海北四川路施高塔路（今四川北路山阴路）德商西门子洋行华人经理管子菁家，教授管子菁及其家族太极拳，但时间不长，半年左右就回了北京。

1927 年，徐致一（1892—1968 年）从北京回到上海，在水泥公司工作。是年 9 月，文华图书印刷公司出版了由他撰著的《太极拳浅说》。入冬，应北四川路（今四川北路）横浜桥精武体育会的聘请，担任该会的太极拳教师，业余教授太极拳。受薪仅 3 个月，即却酬改为义务教授。1930 年，徐致一离开水泥公司。之后，他一直在工商界工作，没有再当过太极拳教师。

新中国成立以后，徐致一在上海市轻工业局工作，直到退休。1958 年 7 月，人民体育出版社出版了由他编著的《太极拳（吴鉴泉式）》，至 1946 年 8 月第五次印刷时，经他自己重新修改和补充后改名为《吴式太极拳》。

1928 年，吴鉴泉应时任上海九福公司经理的黄楚九[①]聘请，带了学生金玉琦、葛馨吾等，从北京来到上海。除了担任上海市国术馆的武当门主任和精武体育会的太极拳教师外，其他私人来聘请受教的人也很多。九福公司当时还特地为吴鉴泉出版了《健康指南》一书，刊载了吴鉴泉的全套太极拳照。

1929 年，马岳梁从北京来上海红十字总医院工作，业余时间协助其岳父吴鉴泉在市国术馆教授太极拳，并于 1931 年在威海卫路（今威海

---

① 黄楚九：字蹉玖，1921 年开设上海最早一家游乐场——楼外楼。1915 年和英国洋行中国营业公司买办、大地皮（地产）掮客经润三合伙创办了"新世界"。1917 年初，在法国领事甘司东支持下，破土动工"大世界"，七月开幕。1931 年一·二八事变发生，他因所开设的日夜银行破产倒闭而自杀。

路）中社，创办了鉴泉太极拳社。1935 年春，该社迁到福煦路（今延安中路）慈惠南里。抗日战争爆发后，又迁到八仙桥青年会十楼。

1935 年，吴鉴泉的外甥赵寿邨从苏州来到上海，专门从事太极拳的教授工作。

1942 年，吴鉴泉师母收的学生张达泉，因马岳梁的介绍来到上海新星制药厂工作，业余也教授太极拳。

从此，吴式太极拳也就逐渐流行于上海。

1980 年 11 月，鉴泉太极拳社复社，吴英华任社长，马岳梁任副社长。

1986 年，马岳梁应邀前往西德、荷兰、新西兰等国访问。现今，联邦德国办有鉴泉太极拳学校，由马岳梁任校长，其子马江豹任教练。

新中国成立前，马岳梁和其师兄陈振民编著了《吴鉴泉氏的太极拳》。由百宋铸字印刷局出版；新中国成立后，马岳梁和吴英华撰有《吴式太极拳评解》《吴氏精简太极拳》《吴式推手》等著作。

陈式太极拳

1930 年春，河南温县陈家沟陈旭初（'㤙之）之子陈子明，应江子诚的聘请来上海担任了两年上海太极拳学社 ① 的教师，教授陈式太极拳，陈式太极拳也就开始传入上海。此后数十年间，陈式太极拳的公开教授，几乎濒临无人以继。

20 世纪 60 年代初，顾留馨（1908—1990 年）任上海市体育宫主任，极力主张恢复太极拳的本来面目，开办了各式太极拳学习班。1961 年，顾留馨请来了陈发科（1888—1957 年）的小儿子陈照奎（1928—1981 年），担任体育宫陈式太极拳学习班的教师，教授陈式太极拳。

顾留馨和沈家桢（1891—1972 年）合编了《陈式太极拳》一书，1963 年 12 月由人民体育出版社出版。理论上吸取了王宗岳、武禹襄、李

---

① 上海太极拳学社：1930 年由江子诚、黄金荣创办。两周年后停办。

亦畲、杨澄甫、孙禄堂诸家可以借鉴部分的内容；练架子的方法和推手的内容，也逐渐向杨、吴两家靠拢。陈式太极拳在上海，又重新得以兴旺发达起来。

1983 年 7 月 11 日，上海陈式太极拳协会成立，会长由万文德担任，副会长有：潘锦生、吴本宏、金永法、冯逸民、刘福浩等。

武式太极拳

1932 年秋，郝为真（1849—1920 年）的次子郝月如（1877—1935 年），因徐哲东（1898—1967 年）、张士一的介绍来新亚制药厂教授经理许冠群及其家属、职工等太极拳，未及半年就回南京。

1933 年春，郝月如的儿子郝少如（1908—1983 年）由吴上千介绍来上海，教授当时私立上海中学师生太极拳，并代替其父在新亚制药厂继续教拳。之后，郝少如成为新亚制药厂职工，授拳便成为他的业余生涯。

1948 年，徐哲东来上海任常州旅沪中学校长，执教于沪光大学、震旦大学。课余，也竭力提倡太极拳。

1961 年 4 月 24 日，郝少如开始在体育宫武式太极拳学习班授课。1963 年 6 月，人民体育出版社出版了郝少如编著的《武式太极拳》。武式太极拳也就在上海得以流行并发展。

1983 年 1 月 5 日，郝少如老师去世。他的弟子们在 1989 年 6 月成立了武式太极拳研究会，推选出名誉会长顾留馨，会长浦公达，副会长黄士亨、卞锦祺、屠彭年等。会员刘积顺、王慕吟等不但把武式太极拳介入到上海精武体育会，还陆续向欧洲传播。

1994 年 8 月至 11 月，王慕吟应瑞典太极拳爱好者的邀请，前往斯德哥尔摩等城市授艺，近来又继续应邀赴欧。

我所知道的《太极拳使用法》和《太极拳体用全书》的编写经过①

——为《太极拳体用全书》正名

1929 年，杨澄甫老师带了眷属和学生董英杰老师（1888—1961 年），从南京来到上海。那时，杨澄甫老师还住在圣母院路、巨籁达路（今瑞金一路、巨鹿路）的圣达里。

一天，杨澄甫老师拿了《太极拳使用法》里的拳架、推手、大攦、使用法、对杆等照片和部分初稿，以及家传《老谱》（即三十二目，实有四十目）等资料，来到望志路、萨布赛路（今兴业路、淡水路）南永吉里 19 号武当太极拳社，交给社长叶大密老师，要叶老师为他整理订正好《使用法》草稿、图照等，准备出版。

由于当时叶老师白天忙于医疗业务，晚上又要在社里教授太极拳，因而耽搁了一段时间没有动笔。同年不久，杨澄甫老师又受聘于杭州国术馆任教务长。

① 原载《上海武术》2000 年第 2 期，台湾《太极学报》（季刊）2000 年 7 月 31 日第 22 期。

在他未去杭州之前，叶老师就推荐当时正担任爱国女中校长的社员季融五老先生，和杨澄甫老师同去杭州，一边聆教，一边详加修改，希望这本书能够留传于后世，不得不郑重其事。

可惜杨澄甫老师出版之心甚急，未蒙采纳，匆匆将照片、原稿等资料，交董英杰老师整理一遍后，送文光印务馆排印出版。1931 年 1 月，由神州国光社发行出售。由于书中文言、白话、俚言、俗语混杂，很不协调，图解说明错漏又多，出书不久，杨澄甫老师即命印务馆将原版毁去，发行社将存书收回。

1936 年 5 月，上海武术学会出版唐豪编著的《王宗岳太极拳经·阴符枪谱》，在 40 页《关于太极拳经》篇六，"十三势名目的说明与研究"节中，有这样的一段文字记载："杨澄甫《太极拳使用法》出版后，交神州国光社发行。因为内容太质而不文，例如：书中（147 页）'有说一力强十会'之下注'有礼'二字；（148 页）'我说一巧破千斤'之下注'不错'二字。这都是江湖套语，号称能文章的杨氏弟子，看见了觉得面子上有些那个，反对将该书出售。所以，不久即行收回，现已不易购得。"

所以，在《使用法》这件事情发生之后的一段时间里，杨澄甫老师心里总是对叶老师抱有歉疚不安之意。1932 年 2 月 10 日，正是农历壬申年大年初五，杨澄甫老师趁去叶老师家回拜之便，就带送给叶老师一张署有上下款的署名照片。杨澄甫老师送人照片，大多数是不署名的。

接着，杨澄甫老师又把《太极拳体用全书第一集》的编写定稿任务交给了郑曼青先生。

原来，郑曼青先生在 1926 年患开放性肺结核，是由濮冰如（1907—1997 年）大姐的父亲濮秋丞（文波）老先生的介绍，到叶大密老师诊所，用婆罗门导引推拿法治疗，并结合参加武当太极拳社习练太极拳而得以治愈的。当时，先后被叶老师治愈晚期肺结核病的，还有致柔拳社第三届毕业学员周孝芬女士。周孝芬女士在病愈后即向叶大密老师学习武当对剑，因而和濮冰如大姐齐名于上海。

在杨澄甫老师来到上海定居后，叶大密老师又通过濮秋丞老先生的介绍，先后把濮冰如大姐和其弟弟、郑曼青先生、黄景华医师，以及张园主人张叔和的子女和眷属，全部都投拜在杨澄甫老师门下，以保障杨澄甫老师在上海生活上的安定。

因而，郑曼青先生在 1932 年开始向杨澄甫老师学太极拳时，实际上已经在武当太极拳社学了六七年的太极拳了。《太极拳体用全书》的校订人黄景华医师也是一样。

由于郑曼青先生有了《使用法》的前车之鉴，所以他在改定《体用全书》的稿子时，真是小心翼翼，惟恐有失。因而拳架动作、用法说明等，基本上是依照了《使用法》里的文字，纠正了一些错漏，理顺了一些语句和内容，并没有做任意的变动。

下面想就 1999 年第 5 期（总第 18 期）《太极》上，陈龙骧先生披露的《李雅轩先生对〈太极拳体用全书〉的眉批》一文中值得斟酌的部分问题，和太极拳爱好者共同研讨，以正《太极拳体用全书》之名。

例言部分

原文：一、太极拳要点，凡十有三，曰沉肩垂肘、含胸拔背、气沉丹田、虚灵顶劲、松腰胯、分虚实、上下相随、同（用）意不用力、内外相合、意气相连、动中求静、动静合一、式式均匀，此十三点，凡一动作，皆要注意，不可无一式中而无此十三（要）点之观念，缺一不可，学者希留意参合也。

眉批：老论中无含胸拔背之说，只有虚灵顶劲，气沉丹田。亦无松肩垂肘之说，盖气沉丹田则一身松舒，含胸拔背、松肩垂肘自然有之。若单注意去做含胸拔背、松肩垂肘恐与身心舒适有碍，学者不可不慎。尤不可专注意此十三点。只需注意一身松舒、虚灵顶劲、气沉丹田，则十三点自然有之，而且来得自然，否则必致勉强做出，与自然大有妨碍也。

笔者认为：眉批这样的写法，显得作批者有点过于自信，而且缺少调查研究了。这里暂且假设它为：还是在 20 世纪 50 年代初，得书不久的事。不应该的却是在 1986 年 8 月，重庆出版社出版，张义敬先生编著的《太极拳理传真》第 21 页《拳理传真》篇雅轩老师书信摘录节中刊载的，摘自 1964 年 11 月 20 日信中写的那段文字"含胸拔背这句话，老论上没有。这是形意拳、八卦掌上的规矩。因为陈微明早先跟孙禄堂练过一段时间的形意拳，后来才跟杨老师学太极拳。陈著的太极拳书上，有太极拳十要，把老论上的一些话，反正地说了一些，又添了这句含胸拔背。以后练太极拳的人，以为这句话与太极拳也无妨碍，作书的也就将这句话沿用了，从此就成了练太极拳的规矩了。其实，不是那回事，所以我今告诉你们，对这句话不要过分强调，如强调了，就脱离了自然。"很明显，这是针对陈微明老师的著作而说的了，而那时陈微明老师已经去世 6 周年了。其实陈微明老师在 1925 年上海中华书局初版、1933 年再版的《太极拳术》第 5 页，《太极拳术十要》篇的篇名下，就是清清楚楚地写着杨澄甫口授、陈微明笔述的。何况，《十要》里的"二、含胸拔背""五、松肩垂肘"这两个要点，在《使用法》17 页的身法节里，同样也都开列着，只是把"沉肩"写成"松肩"罢了。

如果一定再要寻根追源，那就得一直追溯到清光绪七年（辛巳，1881），李亦畬（经纶，1832—1892 年）亲笔抄写的三本《太极拳谱》：赠给其弟李启轩（承纶）一本，赠给学生郝为真（和）一本，自己留一本，通称为"老三本"的《太极拳谱》了。

1935 年，李福荫（集五）根据已经残缺的、祖父李启轩留传下来的一本，和伯祖父李亦畬留传下来的一本，这两本《太极拳谱》重新整理编排，共成七章，计二十一节。由堂弟李槐荫（子固，1903—1956 年）、李棠荫（化南，1910—1948 年）二人，写好了刊印缘起后，由李槐荫以《李氏太极拳谱》的名称，在山西太原铅印出版。1936 年，李福荫又重新取用了 1933 年在省立十三中学油印刊行的《廉让堂太极拳谱》的名称，用石印版刊印行世。

1937 年 4 月，南京正中书局出版了徐哲东（震）先生编著的《太极拳考信录》，在 46 ～61 页卷下文征篇里，也以《李亦畬手写武氏太极拳谱》的名称，全文刊载了李亦畬亲笔抄写、赠给郝为真的郝氏传藏本。

所不同的是，《李氏廉让堂谱》中的第二章十三势架第一节身法八条里有"松肩、沉肘"，而无"腾挪、闪战"；《考信录》文徵篇里刊载的郝氏传藏本谱中不分章次，在身法节的八条里有"腾挪、闪战"，而无"松肩、沉肘"。所以，后来有的武氏太极拳学者，索性把两种传本的身法节里所不同的两条都写了进去。这样，身法就有十条了。如 1999 年 2 月，山西科技出版社出版，姚继祖老师（1917—1998 年）编著的《武氏太极拳全书》173 页第八编古典拳论身法节里就是这样。

所以，含胸、拔背、松肩、沉肘，在王宗岳《太极拳论》里，虽然没有，而在武、李两家留传下来的《太极拳谱》"身法"这一节里是有的。不过，后来在杨、吴两家传本的辗转传抄过程中，都把"松肩"写成了"沉肩"，"沉肘"写成了"垂肘"罢了。

正文部分

第六节　单鞭（《太极拳体用全书》第 6 页）

原文：由前势，设敌人从身后来击，我即将重心移在左脚，右脚尖翘起，向左侧转动坐实，左右手平肩提起，手心向下，一致随腰，左右往复荡动，以称转动之势，两手荡至左方时，乃将右手五指合拢，下垂作吊手式，此时左掌暂驻腰间，与吊手相抱，手心朝上右足就原位，向左后转动翻身向后，左足提起，偏左踏出，屈膝坐实，右腿伸直，同时转腰，左手向里，由面前经过，往左伸出一掌，手心朝外，松腰胯，向敌之胸部逼去，沉肩、垂肘、坐腕，眼神随之前往，俱要同一时动作，则敌人未有不应手而倒。

眉批：此势不说往左虚带对方之来手，亦不说钩手之往右钩挂之作用，不知何意？以上不合理之动作，皆出郑曼青弟之自造，未随时请教吾师之故也。

对照《太极拳使用法》20 页练演法第五节单鞭用法"说明"：由前势，设敌人从我身后来击，我将右手五指合拢，下垂作吊手式，以称左手之势，右足就原地向左转动，左足提起往前偏左落下，屈膝坐实，右腿伸直，右脚虚，身由右往左进转，同时左手（心）向里，由面前经过往左伸，伸至手心朝外时，向彼之胸部臂（劈）去，则敌人必仰身而倒，然松肩、垂肘、坐腕，眼神随往前看，俱要同时合作，自得之。

第七节　提手上式（《太极拳体用全书》第7页）

原文：由前势，设敌人自右侧来击，我即将身由左向右侧回转，左足随向右侧移转，右足提起向前进步，脚跟点地，脚尖虚悬，全身坐在左腿上，含胸拔背，松腰眼前视，同时将两手互相往里提合，是为一合劲。右手在前，左手在后，两手心左右相向，两腕提至与敌人之肘腕相衔接时，须含蓄其势，以待敌人之变，或即时将右手心翻向上，用左手掌合于我右腕上挤出亦可，身法步法，与挤亦有相通之处。

眉批：此势只说挤之作用，未说提手之提的作用。又本为左脚实，右脚虚，是一虚回含化之意思，亦未说及。若曰合劲之作用，不当两脚一虚一实也。此皆是曼青学拳未久，不懂拳意，自己想造而来。

对照《使用法》21页练演法第六节提手上式用法"说明"：由前势，设敌人自右侧来击，我即将身由左向右侧回转，左足随向右移转，右足提（起）向前进步，移至左足前脚跟着地，脚掌虚悬，全身坐在后（左腿）上，胸含背拔、松腰、眼前视。同时将两手互相往里提合，两手心侧对，右手在前、左手在后，两手矩（距）离约七八寸许，提至两腕与敌之肘腕相合时，须含蓄其势，以待敌人之变动，或即时将右手心翻向上，用左手掌合于我右腕上挤出亦可。其身法、步法各动作，与前挤法略同。

笔者认为：此节眉批中提出的"若曰合劲之作用，不当两脚一虚一实也"，则合劲自然不可能两脚皆虚，必定是两脚俱实的了。这个合劲的概念，值得爱好者商榷。

第十节　手挥琵琶式（《太极拳体用全书》第10页）

原文：由前势，设敌人用右手来击我胸部，我即含胸，屈右膝坐实。左脚随稍往后提，脚跟着地，收蓄其气势，右手同时往后收合，缘彼腕下绕遇，即以我之腕黏贴彼之腕，随用右手拢合其腕内部，往右侧下採捋之，左手亦同时由左前上收合，以我之掌腕，黏贴彼之肘部做抱琵琶状，此时能立定重心，左列（挒）右採，蓄我之势，以观其变，谓之手挥琵琶也。

眉批：此势明明是往后虚挂以空彼之来劲的作用。今说捋、说挒，显见我手又抓又提，太不老实，与太极拳之虚灵玄妙不合，此皆曼青之弄错耳。

对照《使用法》22页练演法第九节手挥琵琶式用法"说明"：由前势，设敌人用右手来击或按我胸部，（我即）含胸、屈（右）膝坐实，左脚随往后稍提，脚跟着地，脚掌虚悬，右手同时往后合收，缘彼腕下绕过，即以我之腕黏贴彼之腕，随用（右）手拢合其腕内部，往右侧下採捋之，左手亦同时由左往前往上合收，以我掌腕中（间）黏贴彼之肘部，往右分错之，或两手心前后侧相映如抱琵琶状，蓄我之势，以观其变。

大攦式图解

第三节　採式

原文：甲（杨澄甫老师）左採而变为闪，右仍为切截，乙（杨振铭老师，1910—1985年）以左肘折住。

眉批：闪字不对，应改为扇字，盖此势老师曾说过名扇面掌也。扇、闪同音，定是曼青弄错也。

对照《使用法》73页推手法图解大攦用法单式图解图照（三）的文字说明："第三节甲（杨澄甫老师）为採闪之图，甲左手为採（应作截）为切，右手为闪为慌（应作晃）。"则可以知道，《太极拳体用全书》里杨澄甫老师用的是左手採后变为闪掌的左闪掌，而在《使用法》里，杨澄甫老师用的是右手採后变为闪掌的右闪掌。

《使用法》74页推手法图解四隅推手法（即大攦）的动作说明里有"甲左臂欲上挑，乙即随甲之挑劲，左手作掌向甲面部扑击，右手按甲之左肩（臂）斜向下捋"，75页又有"甲右臂欲上挑，乙即随甲之挑劲，右手作掌向甲面部扑击，左手按甲之右肩（臂）斜向下捋"。

《太极拳术》50 页大（撮）的第二图照，在 51 页的动作说明里有"乙（许禹生老师，1879—1945 年）见甲（杨澄甫老师）的右靠至，即以左膊往下一沉，甲即不能靠入，以右手向甲面一闪，一闪即捋意，甲若不变即被乙捋，或被乙左膊挤出，故甲速以右腕接乙右腕，右足收至左足处，翻身"。

结合对《太极拳体用全书》66 页大（撮）式图解里的第三节图照，《使用法》73 页推手法图解大（撮）用法单式图解里的第三节图照（三），以及《太极拳术》50 页大（撮）里的第二图图照，做个较为细致的对比观察，就可以确认：《太极拳体用全书》里所说的"伺击状"，就是《使用法》里所说的"扑击"，也就是《太极拳术》里所说的"一闪"。

从而也可以确定，"闪掌"就是"扑面掌"，或称"闪面掌"。是在习练走大撮时，当我化解掉对方的进步插裆靠后，撤放掉我原来采拿着对方的那一只手，提将起来，从我身躯的前侧方，较为平直地探伸出去，用正竖掌扑向对方面部正前方向的扑击（正捋）动作，而不是用侧掌向对方面部的一侧面颊横捅过去的扇击（侧捋）动作。因而当对方接下去要再提起靠过我一侧的手臂来接住我的扑击掌时，尽可以竖直身躯端正着头来迎接，根本无须仰着身躯偏着头，做出一副惟恐吃着耳光的尴尬相来接。

无独有偶，20 世纪 50 年代，在上海复兴公园对穿前后门的马路上，就有那么一位自以为是杨家第三代传人的再传弟子，教的杨家大（撮），也就是当我化解掉对方的进步插裆靠后，我原来采拿着对方的那只手，一撤掉还过去的就是掴击对方一侧面颊部的一记扇击掌，并且在对方再提臂接着我手掌时，还得要"噼啪"出声。这样，往往就是因为一失手掴着了对方的面颊而弄得吵起架来。

无怪乎当时在隔壁场子里专教通背拳，早先曾跟杨家杨健侯（1839—1917 年）、杨澄甫父子俩学过多年太极拳的田作霖（《使用法》作林）见了就要说"这哪像是杨家的玩意"了。

从最长的杨式太极拳套路说起①

——《张师钦霖小传》《杨式太极名家张钦霖》《万籁声二谈国考前后之武术历程》三文正误

一、概述

杨氏太极拳传世的传统套路（架子），综合起来计有：

（一）北平体育研究社许禹生（1879—1945 年）的 73 式，西安王新午（山西汾阳籍）的 74 式；

（二）上海致柔拳社陈微明（1881—1958 年）的 79 式（陈著《太极拳术》目录 1～2 页太汲拳式，包括起式实为 80 式）；

（三）杨澄甫（1883—1936 年）的 78 式，杨振基的 91 式，杨振铎的 105 式；

（四）田兆麟（1891—1959 年）的 90 式，蔡翼中的 91 式，陈炎林的 105 式；

（五）吴志青（1887—1949 年）、牛春明（1881—

———————

① 原载《上海武术》2001 年第 1 期。

1961 年）、董英杰（1888—1961 年）、孙晖的 81 式；

（六）上海永年太极拳社傅钟文（1908—1994 年）20 世纪 60 年代前的 91 式，傅钟文 60 年代后、赵斌、赵幼斌、路迪明、顾留馨（1907—1990 年）的 85 式；

（七）李雅轩（1894—1976 年）、栗子宜、陈龙骧、李敏弟的 115 式，何明、何新蓉、刘耀麟的 118 式；

（八）王友虞一路、二路各三段的 141 式，汪永泉（1904—1989 年）老六路的 89 式；

（九）杨澄甫太极长拳的 60 式；

（十）陈微明增加太极长拳的 108 式；

（十一）孙南馨（1925—1996 年）太极长拳的 123 式；

（十二）张楚全太极长拳的 129 式。

在以上诸家的著述中，把拳架子中的左右式子和重复式子，分得一清二楚并一一开列出来的，要算 1989 年 7 月，北京中国展望出版社出版的"中国拳术与气功丛书"，王友虞老先生编著的《太极保健秘旨》一书中介绍的李瑞东（1851—1917 年）传出的李式太极拳了。这套架子所分的第一路上半套第一段至第三段 1 至 83 计 83 式，第二路下半套第四段至第六段 84 至 141 计 58 式，总共 141 式，实际上也就是杨氏传出的老六路架子。

然而，台北市太极拳协会名誉理事长、杨家秘传太极拳国际联盟总会会长王延年，在台湾圆山公园创办了圆山太极拳总社，教授的杨家秘传太极拳，现在不仅遍及台南、台北，而且已远传到欧洲的瑞士等国了。

根据台南专艺印刷广告事业有限公司，1972 年 10 月初版，1980 年 3 月再版，王延年编著的《杨家秘传太极拳图解》一书，这套杨家秘传太极拳架子大致分为三段：第一段自"一、预备式"至"十八、抱虎归山式"；第二段自"十九、左、右跨虎登山"至"六十二、抱虎归山"；第三段自"六十三、左右跨虎登山"至"一二七、合太极收势"。全套共计 127 式。

但经笔者实地比画了《图解》太极拳练法中的整套架子 1044 张图照，参照王著《秘旨》，把左右和重复式子分别开列出来的做法，重新整理并统计了一遍，竟发现：第一段原书名目为 1 至 18 式计 18 式的，重新整理后为 1 至 35 式计 35 式，比原来多出了 17 式；第二段原书名目为 19 至 62 式计 44 式的，重新整理后为 36 至 107 式计 72 式，比原来多出了 28 式；第三段原书名目为 63 至 127 式计 65 式的，重新整理后为 108 至 222 式，比原来多出了 50 式。重新整理后比原书名目总共多出了 95 式，实际式势名目应为 222 式。

这样就可以肯定，这套杨家秘传太极拳，的确是杨家所有传出套路中，式势名目最多、最长的套路了。

为了便于给后来的太极拳爱好者研究、查考，特将重新整理统计后的杨家秘传太极拳的式势名目，开列于后：

杨家秘传太极拳

第一段（原书 1 ~ 18 式）

一、预备式　二、起式　三、右采手　四、左采手　五、左推手　六、左单通臂　七、插手　八、右转身掤手　九、右揽雀尾　十、右如封似闭　十一、左转身掤手　十二、左揽雀尾　十三、左如封似闭　十四、右上步采手　十五、左单鞭　十六、右采肘靠　十七、左采肘靠　十八、右进步扑心掌　十九、退步左白鹤亮翅　二〇、左搂膝拗步　二十一、左手挥琵琶　二十二、右转身采手　二十三、右搂膝拗步　二十四、右手挥琵琶　二十五、左转身采手　二十六、左搂膝拗步　二十七、左手挥琵琶　二十八、右转身采手　二十九、右进步扳拦锤　三十、右如封似闭　三十一、左转身采手　三十二、左进步扳拦锤　三十三、左如封似闭　三十四、十字手　三十五、抱虎归山

第二段（原书 19 ~ 62 式）

三十六、右跨虎登山　三十七、左跨虎登山　三十八、右转身三掌　三十九、右揽雀尾　四十、右如封似闭　四十一、左转身三掌　四十二、左揽雀尾　四十三、左如封似闭　四十四、右上步采手　四十五、左

单鞭　四十六、左推山入海　四十七、右推山入海　四十八、左横肘　四十九、右横肘　五十、左肘底锤　五十一、右肘底锤　五十二、左倒撵猴　五十三、右倒撵猴　五十四、左进步撩臂扑心掌　五十五、右进步撩臂扑心掌　五十六、右推手　五十七、左单通臂　五十八、右肘靠　五十九、左採肘靠　六十、右进步扑心掌　六十一、退步左白鹤亮翅　六十二、左搂膝拗步　六十三、右挑帘式　六十四、右海底探针　六十五、右青龙出水　六十六、右转身撇身锤　六十七、右掤手　六十八、右揽雀尾　六十九、右如封似闭　七十、左掤手　七十一、左揽雀尾　七十二、左如封似闭　七十三、右上步採手　七十四、左单鞭　七十五、第一趟云手　七十六、左单鞭　七十七、进步右高探马　七十八、右推手　七十九、左採手下势　八十、右分脚　八十一、退步左高探马　八十二、左推手　八十三、右採手下势　八十四、左分脚　八十五、左转身蹬脚　八十六、左搂膝拗步　八十七、进步右搂膝指裆锤　八十八、进步左搂膝指裆锤　八十九、转身下势右扳手　九十、上步左扳手　九十一、右肘底锤　九十二、右蹬脚　九十三、回身右探马　九十四、下势左打虎　九十五、转身右打虎　九十六、搬手右蹬脚　九十七、右双风贯耳　九十八、左双风贯耳　九十九、搬手转身左蹬脚　一〇〇、右转身伏虎势　一〇一、进步阴阳腿　一〇二、右掤连锤　一〇三、如封似闭　一〇四、左掤连锤　一〇五、如封似闭　一〇六、十字手　一〇七、抱虎归山

第三段（原书 63 ～127 式）

一〇八、左跨虎登山　一〇九、右跨虎登山　一一〇、左转身三掌　一一一、右掤手　一一二、右揽雀尾　一一三、右如封似闭　一一四、左转身三掌　一一五、左揽雀尾　一一六、左如封似闭　一一七、右转身採手　一一八、左斜单鞭　一一九、右野马分鬃　一二〇、左野马分鬃　一二一、右野马分鬃　一二二、右回身掌　一二三、左转身掤手　一二四、左揽雀尾　一二五、左如封似闭　一二六、左回身掌　一二七、右转身掤手　一二八、右揽雀尾　一二九、右如封似闭

一三〇、左转身右斜单鞭　一三一、右玉女穿梭　一三二、左玉女穿梭　一三三、右掤手　一三四、右揽雀尾　一三五、右如封似闭　一三六、左掤手　一三七、左揽雀尾　一三八、左如封似闭　一三九、右上步採手　一四〇、左单鞭　一四一、第二趟云手　一四二、左单鞭　一四三、左下势　一四四、进步金鸡独立　一四五、退步金鸡独立　一四六、左蹬腿　一四七、右倒撵猴　一四八、左倒撵猴　一四九、右採手　一五〇、右分掌　一五一、左採手　一五二、左分掌　一五三、左单通臂　一五四、左肘靠　一五五、右採肘靠　一五六、左进步扑心掌　一五七、退步右白鹤亮翅　一五八、右搂膝拗步　一五九、左挑帘式　一六〇、左海底探针　一六一、左青龙出水　一六二、左转身撇身锤　一六三、左肘底锤　一六四、左蹬脚　一六五、回身左探马　一六六、右掤手　一六七、右揽雀尾　一六八、右如封似闭　一六九、左掤手　一七〇、左揽雀尾　一七一、左如封似闭　一七二、右上步採手　一七三、左单鞭　一七四、第三趟云手　一七五、左单鞭　一七六、进步右高探马　一七七、进步左白蛇吐信　一七八、退步右单鞭　一七九、进步左高探马　一八〇、进步右白蛇吐信　一八一、左回身掌　一八二、转身右十字腿　一八三、右探身栽锤　一八四、起身左十字腿　一八五、左探身栽锤　一八六、右龙探爪　一八七、右蟒翻身　一八八、右白猿献果　一八九、左龙探爪　一九〇、左蟒翻身　一九一、左白猿献果　一九二、右龙探爪　一九三、右回身掌　一九四、左转身掤手　一九五、左揽雀尾　一九六、左如封似闭　一九七、进步右掤手　一九八、右揽雀尾　一九九、右如封似闭　二〇〇、转身右单鞭　二〇一、右下势　二〇二、起身左高探马　二〇三、上步右七星锤　二〇四、转身左单鞭　二〇五、左下势　二〇六、起身右高探马　二〇七、上步左七星锤　二〇八、退步右白鹤亮翅　二〇九、左转身百练腿　二一〇、右转身百练腿　二一一、退步左跨虎　二一二、退步右跨虎　二一三、左弯弓射虎　二一四、右弯弓射虎　二一五、右下势进步掤连锤　二一六、右如封似闭　二一七、左下势进步掤连锤　二一八、左如封似闭　二一九、十字

手　二二〇、抱虎归山　二二一、合太极　二二二、收势

二、特点

经笔者不成熟的研究，这套杨家秘传太极拳的突出点大致有：

（一）左右式势基本匀称，使习练者没有偏左颇右的顾虑，不必再去翻练反架子；

（二）动作柔韧有节奏感，结合拳势呼吸，可以比较自然地引导内气周行而练出内劲来；

（三）弓步腿在成式时：要么后腿跟上，提起脚跟，脚前掌趾踮地；要么弓步腿自身提起脚跟，脚前掌趾踮地，这样既便利于放劲，又可以借此来调稳自己的重心。

三、秘传的来由

这套太极拳架子为什么要说杨家秘传？根据《杨家秘传太极拳图解》三、传略中，王延年自己撰写的《张师钦霖小传》说："张师钦霖河北邢台县人，生于民国前24年，父母早亡，家境贫寒，因喜爱武术，14岁即至杨师健侯家中为佣工，清扫庭院。偶有余闲，乃从杨师澄甫（健侯之子）学习太极拳法，间或与诸师兄弟相互较量，借收切磋观摩之效（师兄弟有田兆麟、杨兆鹏、武振海、董英杰、褚桂亭、陈微明等），自是技艺大进。后又得理教友人之推介，得识金丹派左师一峰先生，学习内功，练习吐纳之术，因其能与太极拳贯通运用，自是拳术更精，左师一峰且赐以道号无畏。

"民国三年，有湖北名拳师万某，由两湖北上遍访名师问艺。至杨师家中，指名与澄甫师相较。杨师因不明对方来意，未便率尔与之动手，众弟子亦茫然无所适从。时张师随侍在侧，因爱师心切，不愿由示弱，毅然出而相对。万某见非澄甫师亲临，颇含轻视之意；且坚欲会见杨师。张师乃谓：'如能胜我，吾师自会出迎。'万知欲会见杨师，非有所展露不可，即出拳遽击，张师举拳相迎，甫一接手，万即抱拳为礼，连呼

'高明'而去。盖两拳相接时，万之手腕已为张师所挫矣！

"健侯师（太极拳名家杨露禅之子）见张师年少气勇，机智沉着，甫一接手，即使对方知难而退，并解除僵局，使杨家英名得保持不坠，且知其爱师之诚，认系可造之材。于深夜即唤之密室中，乃以祖传太极拳之秘式绝招全部授予。"

又据 1997 年 2 月第 1 期《太极》创刊号 11~12 页，内蒙古张章气功师写的《杨式太极名家张钦霖》一文中也说："张钦霖老师（1887—1963年），名无畏，道号阳省，河北省邢台（顺德府）县石头庄人。早年曾习练过三皇炮锤，后因父母双亡，家况贫困，经好心人介绍，于 1901 年来到北京端王府杨式太极拳名家杨健侯家中做侍童，清扫庭院和演武场地。耳濡目染，又天性聪明，加上幼年的武功基础，逐渐便能和师门弟子一块儿操练拳路，推推化化。随着年龄的增长，三五年光景，变成体魄魁伟、刚强好斗、膀臂过人的硬汉子，深得健侯的欢心。健侯认为张钦霖将来必是栋梁之材，便唤来三子杨澄甫，吩咐正规传授钦霖杨式太极拳法，并收为杨门弟子。"

"1914 年 5 月，南方武师万彪沿江北上，以拳会友，寻访名拳高手。一日来到北京杨府，欲与杨健侯切磋拳艺，比试高低。张钦霖挺身而出，愿替师爷出头阵，一经搭手，只几个回合，将万彪挫败，损其手腕，令万彪心服口服外更加佩服杨门太极功夫。至此，杨健侯极为器重张钦霖之忠厚杨门、勇敢不屈强者、敢于冲锋陷阵、学以致用杨门功夫的品质。便以长辈师爷的身份，口传身授了许多杨家太极奥秘给他，尤其是一趟杨家秘传小架子太极拳法，连杨家后人杨振基都没有继承下来。"

《小传》和《名家》中的这两段文字，可以说，就是在叙述当年张钦霖老师之所以能得到杨家秘传太极拳的原因。

四、《张师钦霖小传》《杨氏太极名家张钦霖》《万籁声二谈国考前后之武术历程》三文正误

2000 年第 11 期《武当》（总第 123 期）37 ~ 39 页上，发表了慕选供

稿、万籁声 1977 年写成的《万籁声二谈国考前后之武术历程》一文，一方面恰好给我作为辨正《小传》《名家》两段文字中的存疑处的资料；反过来也让我以《小传》《名家》两段文字中的资料来辨正《二谈》文字中的讹误处。

（一）《小传》中说的"湖北名拳师万某"，《名家》中说的"南方武师万彪"，根据《二谈》，实际就是万籁声。

（二）《小传》中说"民国三年"，《名家》中说"1914 年 5 月"，根据《二谈》应该是 1926 年（民国十五年），万年 24 岁。民国三年万只 12 岁，还没有到北京读书。

（三）《小传》中说"至杨师家中"，《名家》中说"一日来到杨府"，根据《二谈》，应该是在当时北平中央公园里的健行会。

（四）《小传》中说"指名与澄甫师相较"，《名家》中说"欲与杨健侯切磋拳艺，比试高低"。根据《二谈》，"太极名气一盛，就有人要求会中也加这一门的，所以也请杨澄甫来兼课，报名学哪一门的听便。"则应该指的是杨澄甫（1883—1936 年），因为那时杨健侯（1839—1917 年）已经去世 9 年了。

（五）《小传》中说："杨师因不明对方来意，未便率尔与之动手，众弟子亦茫然无所适从。时张师随侍在侧，因爱师心切，不愿由示弱，毅然出而相对。"《名家》中也说"张钦霖挺身而出"，二文说法一致，则当时接待万籁声的应该是后来客居山西的张钦霖，而不是杨澄甫自己。

（六）《二谈》中说，"杨体重有 300 余斤，……似我体格，仅 130 多斤，差他一半。……我的身长仅平其胸，……我向他一伸手，他就用推四手的擺法，我就用转环捶法。再向前一伸手，他向后一退，我抢前一步，用左脚捆他的右腿，一个筋斗，如风车一般转到后边大树下，没有倒。此时惊动了练习的群众，一哄而到。只见杨某一咬牙，相去约有两丈余的距离，一个箭步，来一个进步搬拦捶，向我胸部打来。我即用下切掌，跟着右脚一个捆腿，正捆在他两脚面的脚腕上，他立足不住，一个筋斗栽在石栏杆上，肚子顶住栏杆，四肢翘起来了。说时迟，那时快，甫一回首，其四位高足已在我的身旁。其中一个猛向我背后腰间一拳，我一闪开，右手钩住其右腕，向后一带，底下一脚，一个筋斗跌出一丈多远。"三个筋斗，杨澄甫老师就被踢翻了两个，表演杂技也不过如此，牛头不对马嘴，亏他写得出来。

（七）《二谈》中接下去还说，"跟着一位向我面部扑来，我不躲，伸右手抓住他的右手，向后一夺，他的五指骨节都响了。我一蹲，正想打他下部，他抱手回身就走。"看来这大概就是《小传》中说的"盖两拳相接时，万之手腕已为张师所挫矣！"《名家》中说"一经搭手，只几个回合，将万彪挫败，损其手腕"的自我写照，事实上，骨节作响，听得清楚的，的确还是自己。

（八）《二谈》中说，"老杨自这次失败后，知道在北平站不住脚。他有两位曾在北平同他学过太极的上海人，回沪创办太极拳社，他遂去了上海。"

1928 年杨澄甫老师受聘于中央国术馆任教太极拳。在未去南京之前，杨澄甫老师因北平应聘任教时期未满，中央国术馆教授太极拳的工作曾由 1917 年就到杭州传授太极拳的田兆麟老师特为赶去南京代理过一段时间。杨澄甫老师是 1928 年下半年才去南京，1929 年才来上海的。

（九）供稿人慕选在《二谈》前言中说，"万杨旧事，我倒是从先师叔万籁平那里听到他老人家对此事的亲历叙说，后来又从师兄洪正福处听到他对此事所闻的绘形绘声的描述。尤其对事隔两年后，也就是 1928 年，杨在沪间对万去南京途经上海筹谋对策时，拿了一个见不得人的主意，致使刘伯川大师拍案而起，旋单身赴宁找杜心五比武一节，谈之甚详。"

1928 年，杨澄甫老师还没有到上海。所谓见不得人的主意，实际上是张钦霖老师早在北京时就向万籁声提出"文比不行，武比不行，那就只好请你公开登报向杨老师道歉了"的要求，万没有兑现。所以万自此以后，就总是回避着杨老师及其子弟们。

（十）在这件事情发生以后，杨少侯（1862—1930 年）和杨澄甫兄弟俩，的确传授过张钦霖老师一套既长而又别致的太极拳架子，那就是前面一、二、三节中所介绍的杨家秘传太极拳架子了。

（十一）《名家》中说："光绪末年进士濮秩臣，有一爱女叫濮冰如（名玉），甚喜作画习武。当年与其画友同学郑曼青，先后到他姨妈家画画。直到其父出任南京知府大人时，让爱女和曼青与田兆麟弟子叶大密交往，学习武当剑法，逐渐习练杨式太极拳。后来杨澄甫到上海致柔拳社教拳时，叶大密又带其弟子、朋友濮冰如、郑曼青一起与杨澄甫学习大、中、小拳架，剑、刀和杆子。"

濮冰如，名玉，冰如是她的字，安徽芜湖人，她的父亲濮秋丞（不是濮秩臣）字文波，光绪三十年（1904）甲辰科进士。

濮冰如大姐和她的画友郑曼青先生（1901—1975 年），当时是一起到郑曼青先生的姨妈张红薇女画家家里去学画画的。

杨澄甫老师 1929 年到上海，先是住在三马路福建路（今汉口路福建中路）的惠中旅馆，然后才去圣达里居住的。当时并没有到英租界的致柔拳社或法租界的武当太极拳社里去教拳。

尊重历史　缅怀前贤①

——减少纪念文章中内容不实而造成的负面影响

1999 年第 4 期（总第 130 期）《武魂》31 页的"书斋"栏中，求实先生撰写了一篇《写史与全面、科学、公正——读〈中华武林著名人物传〉札记》，文章中写道：

"最近出版的《中华武林著名人物传》100 多万字，收录了当代 120 位拳家。在'武林人物'这一历来既敏感又相对缺少确切史料的领域里，做出这样一番工作，实在是不容易。

"通观该书，就大多数传主的记述而言，可以明显地感受到编者所追求的'四性'，即材料的真实性、故事的趣味性、人物的可读性、评价的科学性……

"但由于有关史料的先天不足，以及种种人为因素的后天影响，长期以来使人们在近代武术史中，人物的评价和事件的记述上，存在着许多矛盾和混乱，

---

① 原载《上海武术》2002 年第 3 期。

该书不可避免地也要受到这一大背景的影响。如谁是 1928 年首届国考第一？这个问题，1928 年 10 月的《申报》《大公报》及 1934 年 10 月 20 日出版的《中央国术馆国术国考专刊》上均有确切的报道和记载。此次国术国考的名次共分三个等次，其中'最优等'有 15 人，'优等'有 37 人，'中等'有 82 人。资料表明，万籁声先生获得的是'中等'。但是在该书《万籁声传》却写道：'大家纷纷同意，这次冠军非万籁声莫属，遂一致向大会推荐万籁声为冠军。从此，万籁声不决而胜成了全国闻名的武状元……'这段文字显然是不真实的。"

1999 年第 8 期（总第 134 期）《武魂》40 页"考证"栏下，编者以黑底白字醒目的标题《万籁声 1928 年第一届国考到底得第几？》披露了自称为"万老先生的门人"胜刚给编辑部的来信，要求"求实先生所列举的几家 1928 年所出刊物中关于 1928 年比武一事的章节，可否复印一下以证其言，否则难于使人信服"。信后编者加了按语，"编者：本刊特约求实先生提供了《第一届国术国考考试人员录》的复印件，并原文录出发排。编者对原文明显的印刷错误做了纠正，其余皆从原文。"在重新录出排印的原文之后，编者还加了附注，"注：此文为《中央国术馆第二届国术国考专刊》第 12 ～ 13 页复印件，万籁声先生的名字在第 13 页，求实先生以花边特别标出。"

《中央国术馆第二届国术国考专刊》《附第一届国术国考考试人员录》中等 82 人中第 29 名奚诚甫（35 岁，湖北鄂县）之后、第 31 名王琴南（19 岁，江苏镇江）之前，第 30 名是万籁声（26 岁，湖北鄂县）。连前最优等 15 名、优等 37 名在内，总名次恰好也正是第 82 名。

那么，"冠军""武状元"的说法究竟从何处而来？

原来，1984 年 10 月，河北石家庄花山文艺出版社出版，冯大彪、陈长智编著的《武林英豪》这本书中，有《武坛宿将万籁声》一文，在第 106 ～ 108 页"率队'国考'南京赛武无敌手"这一则中写道：

"……比赛开始了，双方虎视眈眈，东西而立，裁判员手举红旗立于中间。裁判员的红旗刷地往下一落，万籁声就以自然门的闪电般的手法，一个箭步进至姓倪的跟前，倪忙用龙拳招架。岂料这自然门用起来是没有固定招式的，刚一接触，万籁声随即变招，这拳却改变方向，正冲面门打来，姓倪的猝不及防，着实地挨了一拳。但他晃了两下，没有倒，同时又向万籁声回敬一拳，但万籁声没有躲，略一侧身，对方拳头就落了空。紧接着，万籁声又还了他面门一拳，这一拳又刁又重，快如旋风，姓倪的一仰头还未及完全躲开，拳头早扫在了他的嘴角上，那姓倪的腾地仰面倒了下去，半天也没有挣扎起来。

"这场比赛结束后，晚间万籁声突然患感冒，无法继续参加比赛，当然也就不会拿到第一名了。

"可是没过几天，突然有20余人蜂拥来到他（万）的房间，他们把他（万）高高举起，高兴地大叫大嚷，手舞足蹈，弄得万籁声莫名其妙。为首的一位姓朱的告诉他（万）：'万先生祝贺你！刚才张馆长向我们训话说："你们什么第一？打打摔摔，不成样子！真正的第一是河北总代表万籁声！人家那才是真功夫……"所以我们特来报喜，您应是这届"国考"的真正第一！'……此后，人们无不称赞万籁声是这次'国考'的没得第一名的第一名。"

这虽然是一种充满传奇色彩的游戏文字，实质上恰也正是在给好大喜功者的一种尖锐讽刺！

无独有偶，2002年第8期（总第251期）《武林》55页，陈龙骧在《李雅轩先生拳照赏析》一文中写道："1929年在杭州举行的全国大比武上，先师与董英杰（1888—1961年）师叔代表太极拳上擂台比武，先师共战三场，前两场一胜一和。第三场，先师登台以手挥琵琶式开手，架式一亮，眼神威严朝对方一看，对方即被先师气势所慑，顿时心神慌乱，拱手一揖，弃权认输。"

核查了1999年第6期（总第132期）《武魂》48～50页以范克平先生供稿的南京中央国术馆写真（四）《70年前的战报——浙江省国术游艺比赛大会战况实录》为主，结合1986年第5期（总第11期）《武魂》2～5页凌耀华先生汇辑的《千古一会——1929年国术大竞技》（下）为补充，给以追踪：

《战报》："预试第四组比赛情况：……另此次国术比赛中，有18人因故没有参加预试，经大会'评判委员会'研究决定，对此18人给予'补试'。"《千古一会》："23日（1929年11月23日），由前两天四组比赛中迟到及未参加者先比。"

《战报》："比赛结果为：……第三对郝家俊（河北）与赵璧城（湖北大冶），郝家俊胜。"《千古一会》："……打到赵璧城与郝家俊一对时，又成为大会之另一类典型。赵、郝二人始则各取守势，自立门户，互相盘旋，且言且笑。赵自退郝胜。"

《战报》："……第六对嵇家钰（安徽）与李椿年（河北文河），李椿年胜。"

《战报》："……第七对王旭东（山东齐东）与王建东（江苏镇江），胜负未定。"《千古一会》："……而王建东与王旭东对打，二人均取对方下路，尽平生本领，打成平手。"

《战报》："大决赛之淘汰赛：……第四对章殿卿与李椿年，章殿卿胜；……第十九对郝家俊与韩庆堂，韩庆堂胜。"

最后据《浙江国术游艺大会汇刊》"优胜等级奖品"栏，在大决赛之淘汰赛中第四对获得胜利的章殿卿（籍贯河北保定。保送机关为李芳宸即李景林个人），在大决赛之总决赛中获得最优等第三名，奖金1000元；大决赛之淘汰赛中第十九对获得胜利的韩庆堂（籍贯山东即墨，保送机关为中央国术馆），在大决赛之总决赛中获得最优等第七名，奖金350元。

在这次比赛报名中，说明曾习练过太极拳的，只有郝家俊（籍贯河北。保送机关为褚桂亭个人）被录取在中等第28名，奖励手表一只。王旭东和李椿年都没有获得名次，而董英杰则根本没有参加比赛。

我所知道的太极拳家田兆麟①

　　田兆麟老师，名绍先（一作"轩"），北京籍满族人。13 岁在旗营学当吹鼓手时，因喜爱太极拳而投身杨家做童仆，服侍大先生杨少侯，并跟从大先生学习太极拳。但因大先生脾气急躁，课训生徒又极为严厉，田老师往往动辄被鞭打。老三先生杨健侯见而怜悯之，遂收为贴身书童并教以太极拳。所以，田老师的基础拳架是中架子而不是大架子。①

　　田老师在杨家三年学徒期满后，每逢杨家有客登门切磋武艺等事发生，老三先生总是叫田老师出面去应酬。而田老师在许多次的接待过程中，确也从未有过失误，所以，很得老三先生的喜爱，每每在谈笑之间试喂给各种太极劲技。由于田老师天资聪颖，都能悉心领悟，因而在未出杨家师门时，已名噪于豫北和冀南。

----

　　① 原载《中国太极拳》1996 年第 5、6 期合刊，《上海武术》1995年第 1 期。

1917 年，老三先生杨健侯接受了杭州浙江公立（后改省立）工业学校校长许炳堃的聘请，本应于是年秋季开学前赶去该校教授师生太极拳的，不久，因病卧床不起，弥留时犹不忘自己的允诺，再三嘱咐家人，要由田老师代为前去应聘。所以，田老师就在 1917 年秋季开学前赶赴杭州，除了在浙江工业学校教授太极拳外，并在浙江省警官学校、浙江北伐军第二十五军第二师第八团团部、浙江师范学校等多处教授太极拳。私人聘请的更多，如前温州医学院附属医院院长林镜平、前浙江省政协委员黄元秀、大华饭店董家等。田老师每天早上还在湖滨设点教授太极拳。

1938 年抗日战争爆发，田老师才率领全家迁居上海。先是住在巨籁达路（今巨鹿路）庐山公寓，1947 年方才迁到巨鹿路 221 号寓所居住，直到去世。

田老师来上海后，最初在白克路（今凤阳路）登贤里七八号教董柏臣、金明渊、龚锡源等太极拳，嗣后在宁波路钱江会馆教沈容培等、在申新九厂教王金声等、在新闻报馆教吴荫章等，并在南市珠宝公所开馆教授太极拳。

新中国成立初期，田老师先在工商经济研究会教授腾克勤等，后在外滩公园设班（前期组织者陈炳麟）教拳。淮海公园开放后，田老师就专门在外滩（后期组织者王成杰，星期一、三、五）、淮海（组织者徐秀凤，星期二、四、六）两公园设班教授太极拳。

我虽然早在 1949 年就认识了田老师，但正式向田老师学太极拳却一直挨到 1958 年 11 月份，地点是淮海公园。那时，一则由于叶大密老师（上海武当太极拳社社长）的催促，他说："陈微明老师病了（中风），现在能听到杨家二代三人（指老三先生杨健侯、大先生杨少侯、三先生杨澄甫）东西（指劲技）的人，只有田老师了。你可以去听听他的东西了。"二则正好我的工作单位还在天山支路，离军工路自己家里太远而住宿在太仓路父母亲处，因而才有机缘在早上上班前顺路（正好是后门进，前门出）到淮海公园里去的。

　　刚开始我也和其他学员一样，每次来时都是先跟田老师练好一遍十二段锦，然后再跟着练拳架子，推手则一直要等到拳架子练好再学。而我则差不多每次还没有练好十二段锦就匆匆告辞去赶 71 路公共汽车了。不多几次，田老师发觉后，就在 1958 年 11 月 20 日那天，一见我到场便主动走过来，先给了我一本《太极拳刀剑名称手册》，接着就亲切地向我提出："× 先生，您没有时间就这样吧，今天我先教给你一个老三先生教我的起式，拳架子您自己去看看这本小册子就行了。以后您每次来，我就先和您打打手后，您就去赶车子吧！"这实在是我心里早就想着而巴不得的事。田老师那天教我的起式，也就和叶大密老师教过的行功式中的"转太极"很相像，不过"转太极"是向里滚转，而这个起式是向外穿转的。

　　就这样，从 1958 年 11 月 22 日开始，我每次去淮海公园场地，田老师总是先和我推过手，然后再去教别的学员。每次和他推手时，他总要打（发放）我几个劲，并且

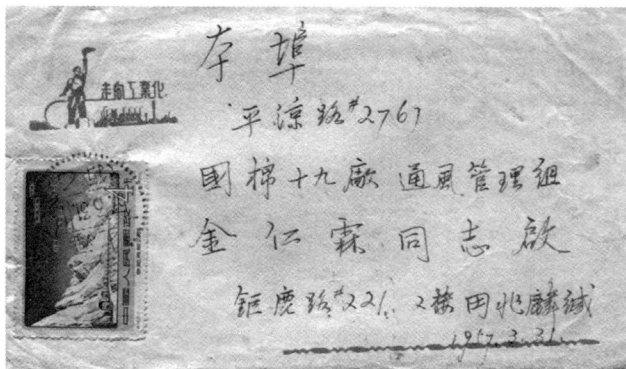

田兆麟寄给金仁霖的信件，1957 年

在打过后还不厌其烦地重复对我说："老三先生和我打手时，时常对我说：'打手时打人，要打得对方两脚噔噔作响弹跳出去，脚跟觉得疼而身上（被打处）不觉得疼才对。'"这倒很像是和打篮球拍球运行时的情况差不多，不拍中重心球就会运行得不好，而自己也会感觉到不适意。有人把这样发放出去的劲，认之为"断劲"，那当然是彻头彻尾的一种误解。

　　晚年的田老师，太极拳功夫已达到了炉火纯青的境界。有一次阵雨过后，他在外滩公园场地演练拳架子给学员们看，当练到转身蹬脚时，

竟把沾黏在皮鞋底跟上的烂泥，"啪"的一声蹾到离他三四米远的一棵梧桐树身上去了。学员们齐声称好，他自己也笑了。

可惜的是，自从两年前田师母故世后，田老师悲痛之余，心情变得非常消极。加上二位师兄和一位师弟都各自成了家，没有和他住在一起，陪伴他的只是住在他隔壁后房间的一位耳朵极度重听的小舅子。每当田老师在下半夜睡不着时，就拿出根白蜡杆来抖个不停以消磨时间，早上五点多钟又要赶去公园教拳。寒冬腊月，大清早戴个大口罩，对于一个患有严重气管炎的人来说，是起不了什么大作用的。记得在一个星期六，我陪他在公园茶室里共进早餐时，他突然开玩笑似的对我说："×先生，您知不知道（评书）《三国演义》里的张飞，最怕的是什么？"我被他问得一愣，他却很快地就接着道："不是怕庞士元手心里写的'病'字么？"原来，田老师把他自己和《三国》里的莽张飞作比，恰也名副其实，但也由此可见他当时对自己身患严重气管炎的担忧程度了。

在1958年12月2日星期二、12月13日星期六那两天，由于田老师气管炎发作得很厉害而没有来淮海公园上课。后来他老人家居然还是想尽办法来给学员们补课。像在12月19日和12月25日，那两天都是星期五，照例他是只去外滩公园的，但他却老早赶到淮海公园，然后再赶去外滩公园。就这样地劳劳累累，他终于在1959年1月10日（农历戊戌年十二月初二）星期六，最后一次来淮海公园，从此就再不能来了。

当我在1959年春节，2月9日大年初二那天，赶到外滩公园场地去打听消息时，正好碰到公园的两个组织者。噩耗传来，田老师在小年夜，1959年2月6日早晨，因气管炎发作，呼吸道阻塞而造成窒息，因发觉太迟，送广慈医院抢救无效而去世了。一位最早把太极拳带到南方来，并毕生为太极拳事业而辛勤劳苦的播耕者，就这样悄悄地离开了人间。

田老师的哲嗣：大师兄田宏，原在上棉七厂搞教育；二师兄颖嘉，曾在崇明电机厂搞机电；都有专业工作。直到二师兄、三师弟颖锐退休后，由他们和王成杰师兄等，发挥余热，继承并重新整理田老师的中架套路及刀、剑、杆、散手等，留传于世。田老师早年的学生，浙江瑞安人蔡冀中，曾经编著了《太极拳图解》一书，1933 年 10 月由上海吴承记书局出版。书中有前温州医学院附属医院院长林镜平写的一篇代序，是研究太极拳结合现代医学、生理学最早的瑰丽篇章。

至于原来由国光书局分册出版、1949 年 1 月再版时才合订为两册线装本出版、陈炎林（公）编著的《太极拳刀剑杆散手合编》，内容则完全是田老师壮年时期传授的太极行功、拳架、刀、剑和杆子，理论部分也大部分来自老三先生杨健侯授赠给田老师珍藏的《太极拳谱解》（即所谓"杨家老谱"），以及一部分田老师的口述。图例则是依照编著者的师兄弟石焕堂等拍摄的照片勾描出来的，所以形象来得逼真。有趣的是，按照书中的讲法，蛮像是编著者自己直接到杨家去学来的。武术界这种剽窃人家的物事占为己有又不肯认账的不高尚行为，不仅在陈公之前有，陈公之后也未尝没有！

太极拳研究家徐哲东先生略传①

徐哲东先生（1898—1967年），名震，江苏常州人，1923年就从古典文学家刘脊生先生（1882—1923年）学习经史诸子之学，故先生擅长古文辞、骈体文、诗、赋。①

1949年前，先生曾任常州旅沪中学校长，南京中央大学、武汉大学、安徽大学、上海沪江大学、震旦大学等中文系教授。

1957年暑期，为了响应党和国家支援大西北文教建设的号召，先生毅然放弃上海较为优越的生活和研究条件，奔赴甘肃省兰州市西北民族学院语文系任教授兼汉语组组长。未发表稿有《雅确文编》。

先生爱好武术。自1919年始，先后向马金标学查拳，向周秀峰学形意拳和太极拳（许禹生《太极拳势图解》中的七十三式）。1929年，在南京向杨少侯

---

① 原载《上海武术》1997年第7期。

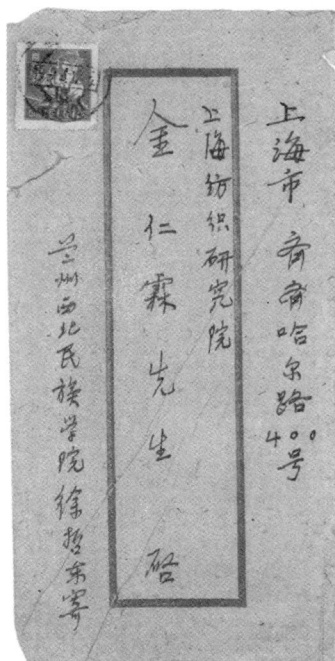

徐哲东寄给金仁霖的信件，1962 年

徐哲东

老师学杨氏短架太极拳。1932 年，由中央大学英语教授张士一介绍，正式拜于郝月如老师门下，终能尽得武氏太极拳之精髓。1939 年，先生避难至四川，又向友人李雅轩老师学杨氏大架太极拳。

　　20 世纪 50 年代初期，先生在上海，又向曾经从杨健侯老先生学过太极拳的田作霖老师学通臂拳和推手。在兰州，先生还担任了市武术协会第一副主席。

　　对于武术历史的考证，先生反对不鉴别史料的是否可信（一定要所谓"信史"）而滥用，反对"以为只要有材料就该认为可据"；对于太极拳的研究，认为"对太极拳本身的技术方面，实未下过功夫，对这方面的体会是很浅的，往往从形式上看问题"。正是在这种正确思想的主导下，先生在武术著述方面，获得了丰硕的成果。先后有《国技论略》《苌氏武技书》《太极拳谱理懂辩伪合编》《太极拳考信录》等著作出版。未发表稿有《太极拳发微》《太极拳泛说》《太极拳渊源简述》等。

　　"文革"中，先生遭受迫害，用毕生心血收集的珍贵武术资料、已写成的学术专著手稿，以及珍藏多年的古玉器、古兵器全部散失，荡然无存。

　　1967 年 3 月，先生终因身心不堪负担而患了脑溢血，导致偏瘫。同年 5 月，病情略见稳定，先生决定返回常州故里，由其学生马国瑶护送而回。延至 1967 年 9 月，病情急剧恶化，一代太极拳研究家就此与世长辞。

随笔

孙禄堂于民国十六年（1927年）来上海，住七浦路周紫珊家，即陈微明住处。

孙禄堂在先施公司电梯遭人暗算点穴，时间为民国十七年（1928年），住月宫饭店。

孙存周之眼，系在杭州浙江第二师第八团俱乐部打弹子球时，为李家鼐（筱和）用弹子棒戏伤。

杨澄甫于民国十八年来上海，初住圣母院路巨籁达路（现在的瑞金一路巨鹿路）圣达里（约是4号），后迁福煦路（现在的延安中路）安乐村14号。

田兆麟先生于民国二十七年（1938年戊寅）来上海，住巨籁达路（今巨鹿路）庐山公寓，最初在白克路（今凤阳路）登贤里78号教董柏臣、金明渊、龚锡源等太极拳，后又在宁波路钱江会馆教沈容培等、

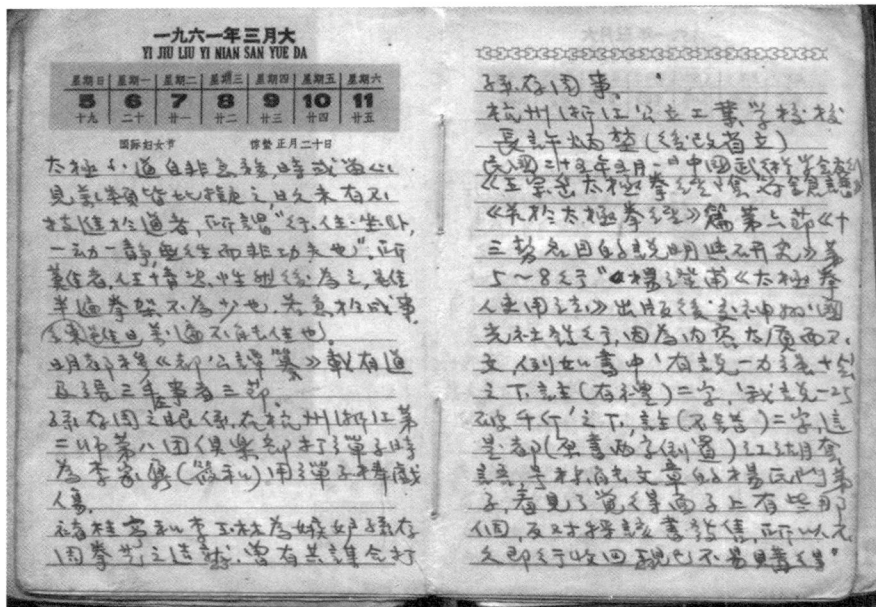

1961 年 3 月金仁霖随笔一页

申新九厂王金声等、新闻报馆吴荫章等。民国三十六年（1947 年丁亥）始迁 221 号寓所，新中国成立后又在工商经济研究会教滕克勤等太极拳，并在外滩、淮海两公园授拳。外滩公园前期组织人陈炳麟，后期为王成杰。淮海公园组织负责人徐秀凤。

田宏住成都北路 33 弄 32 号，国棉七厂厂校工作，电话：532130-17（分机）。

武汇川于民国十七年来上海，初住叶师家，后迁霞飞路（现在的淮海中路）和合坊，最后定居于蒲石路（今长乐路）由义坊隔壁，约 194 号。

褚桂亭住延安东路 809 弄 8 号，洪长兴隔壁弄堂。

陈铎明，以字行，浙江鄞县人，生于清光绪十九年（1893 年癸巳），少从徐文虎学外家拳，1925 年陈微明来上海后，乃改从陈微明学太极拳。1940 年 7 月创立"诚社"于法国花园，公开教授太极拳。卒于 1962 年。

郝少如在体育宫教授太极拳自 1961 年 4 月 24 日开始。

全佑，字保亭，旗人。太极拳初学于杨露禅，后从露禅命复拜班侯为师。为人和蔼，生平不轻与人较技，即较亦必让人三招。盖天性使然也。生于道光十四年（1834 年甲午），卒于光绪二十八年（1902 年壬寅），享年 69 岁。

张达泉早从纪子修学岳氏散手，1942 年来上海，在武夷路（今悼信路）新星制药厂工作。1945 年被吴鉴泉夫人收为师弟。纪德，字予修，与凌山友善，初从雄县刘士君学岳氏散手，继从杨露禅学太极拳。

许炳堃，杭州浙江公立工业学校（后改省立）校长，现住襄阳南路388 弄 13 号。

黄文叔，生于清光绪十年甲申（1884），卒于 1964 年甲辰 3 月 6 日（农历二月廿三日），享年八十有一。

宋史元，字文光，山东牟平人，住塘沽路鲁关路 31 弄 14 号。

刘景阁于民国十二年（1923 年）逝世，武术研究社后为罗云长等实际教授。

陈夔龙，字小石，一字庸庵。孙务滋在太仓中学担任武术教师时，即至其家教授内家拳术。

龚鉴堂，天津人，与吴得波等为孙禄堂先生门人。

杨敞（1885—1965年），字季子，北京人，祖籍湖南湘潭。光绪十一年乙酉生，时年其父杨瑞生任卢台总兵。自幼聪颖好学，受家庭影响喜练武术，并受名师指点。"鼎革之际兵戈起，成均辍学归田里"，曾回湘潭，从学邬家拳艺，得其大要。父命难违，未尽其极而返回北京。壮年卒业于京师译学馆（北大前身）法文班。宣统三年与同窗好友许禹生集资创办北平京师体育研究社。期间从纪子修（名德，长白人，擅岳氏散手）、刘凤春（字森卿，绰号翠花刘，涿县人，以八卦掌著称）学岳氏散手和八卦掌。后又从王志群、吴鉴泉学太极拳。故《拳家杂咏》中有"往昔谁知太极拳，谭（延闿）出疗疾始流传，八拳王（志群）氏初从学，自我因缘拜（吴）鉴泉""功令推行太极拳，于今武术莫能光。谁知豫北陈家沟，却赖冀南杨（露禅）氏传"。杨季子洁身自好，烟酒不沾，1965年秋耄耋染病，仅10日于北京逝世，享年81岁，子女六人。

精武体育会最初会址在横浜桥德福里，系1910年霍元甲门人刘振声所创办。

"通臂"一词见诸清颍川刘体仁公勇撰《七颂堂识小录》："与之枣栗，伺其引手，接则引远，猿必引臂及之，左长则右缩，信通臂也。"

明都穆《都公谭纂》载道及张三丰事者三节。

《郑子太极拳自修新法》绪论中说："且三丰别号张七针，不可作三峰及三丰也。三峰三丰者，皆另有其人。"此说纯属杜撰，由于"三丰"两字，刚好合上七笔，又都是直笔而无转折的，从而发明出七针的别号来。毫无实际意义。

陈微明1946年为《郑子太极拳十三篇》作序，郑曼青"至蜀，复遇奇士与究，道益进"，同书东武李寿篯为郑作序谓："中日战兴，予避寇巴山，得识郑君曼青。居处近，过从亦密，相与研究太极拳推手及玄功，最合契合。"陈序中的"奇士"应该就是李寿钱。李曾在南京创办业余太极拳社，写著过《武当嫡派太极拳术》，1944 年 9 月由南京大东书局出版。

杨式《太极剑歌》："剑法从来不易传，直来直去胜由言，若仍砍伐如刀者，笑坏三丰老剑仙。"此诀从吴修龄著《手臂录》卷四末所附载的《后剑诀》中化出。全文为："剑术真传不易传，直行直用是幽元，若唯砍斫如刀法，笑杀渔阳老剑仙。"

唐豪（1897—1957 年），字范生，号棣华。幼年家境贫困，十余岁即失学。在艰辛自学之暇，犹喜爱武术。曾从德州刘震南老师学六合拳艺，故在他担任上海尚公小学校长期间，即以所学六合拳技教授在校学生，因而当时上海京剧界武生，也多乐于来校观赏学生们武术表演。1927 年去日本学习政法，课余也兼习日本柔道、劈刺等武技。回国后受聘担任中央国术馆编审处处长。1930 年率领朱国福、杨松山、杨法武、郭世铨、张长海等人，去日本考察武术。回国后开始从事武术史的研究、编写、出版工作。1932 年改业律师，但仍继续搜集武术资料，从事编著。1941 年，他仍在上海当律师，因遭受日伪方面的缉捕，被迫出走安徽黄山一带。新中国成立后，他回上海担任华东政法委员、上海体育筹备会常委。

1955 年 1 月，他被调任到国家体委，专门研究中国体育史，主编了《中国体育史参考资料》（八辑）。在此期闰，他和顾留馨（1908—1990 年）同学太极拳于陈发科（福生，1887—1957 年），陈发科于 1957 年去世，不久唐氏也于 1959 年初去世，故唐氏实际学习太极拳的拳龄不长。不过唐氏和徐震先生（哲东，1898—1967 年）一样，是中国武术史和体育史的先驱者、开拓者。其功绩自不可没，值得崇敬！但由于当时社会历史条件的限制，加上唐氏个人经历和性格上的影响，也不免遗留了些历史考证工作中不应该有的后遗症，值得读者正视。

一、1936 年 5 月，上海武术学会出版发行唐豪编写的《王宗岳太极拳经阴符枪谱》一书，把《先师张三丰王宗岳传留太极十三势论》等篇名改掉，致使（琉璃）厂肆本太极拳谱是杨氏太极拳学者传抄本的结论，直到唐氏去世 5 年后，《太极拳研究》出版，在该书第四章后所附唐氏考释的《廉让堂本〈太极拳谱〉》中《十三势说略》和《五字诀》篇后的附识中，才得以澄清。

　　二、在《中国体育史参考资料》第二辑中，辑入的元无名氏《丸经》，原作者在集叙末尾写的"述为《丸经》二卷，增注简谅，好事者从而咏歌之，因书以为叙"，唐氏在注释中说："津逮本增注简后没有'中'字，依《郑堂读书记》校补。"这样，不独使原作者在末后四句中的第二、第三句意味变了样，也把古文中的"简谅"一词拆开来用了。核对了周中孚《郑堂读书记》卷四十九子部八下《丸经》二卷节中，周氏记述道："津逮秘书本提要中有，据其自序称'述为丸经，增注简中'知正文及注，皆其一手所撰。"则周氏并没有完全引用原叙的文字，这十分明显。随即查对了许多工具书，都查不到这个古人习惯用词。还是在 1936 年 6 月上海世界书局再版粹芬阁铜板电刻《康熙字典》酉集上第 18 页言部八画"谅"字下注，《礼·内则》：请肆简谅！言语信实也。这样看来，《丸经》原作者所用的"简谅"一词，并没有用错。把二字拆开，"简"后加一"中"字，"谅"字置于下句之首，则是错误的。

　　三、附于《太极拳研究》第四章后，唐豪考释的《廉让堂本〈太极拳谱〉》，把 1936 年廉让堂石印本中的章节名目次序都删掉（见刊载于1993 年永年国际太极拳联谊会组委会办公室印行《从古城走向世界——永年太极拳史料集成》一书，古谱选萃编中《廉让堂太极拳谱》），致使原本第七章河北永年李启轩先生著述的《敷字诀解》，变成了存疑。

谈谈杨式太极拳的推手①

推手是太极拳运动中对练的一种方法。它和其他拳种的对练格打完全不同，一定要双方的两手（臂）或一手（臂）相互碰着，术语叫作"黏着"，然后使用太极拳套路中的掤、捋、挤、按、采、挒（闪）、肘、靠、撅（截、切）、搓等各种技法，实验式地进行对抗性设想练习。因此，它又有打手、札手、靠手、挤手、擖手、对练等许多不同的名称。

从运动生理方面说，它是训练中枢神经系统，使通过与对方接触部分的皮肤和深层肌肉等的感受器，因对方运动动作的力量、方向、速度、时间等的变化而产生的刺激，迅速地通过肢体神经系统的传递，反映到中枢神经系统（大脑皮层）便能及时地调节好全身各有关部分的功能，以达到适应对方变化情况的需要。因此，它也是增进人体健康的一种重要手段。

---

① 原载《中国太极拳》1996 年第 5、6 期。

推手有它一定的训练方法，熟练后可以进入艺术境界，提高情绪，增加锻炼兴趣。正因这样，所以它的训练，一定要按部就班地循序渐进，才不至于错误地进入积重难返的地步。

推手的训练原则

推手的训练原则是什么？总的来说，只有三句话，那就是：以柔克刚、以静制动、以小敌大。

以柔克刚

这是太极拳推手必须遵循的主要原则。理由很简单，太极拳既然是柔性拳术的一种，那么无论练拳架子也好，练推手也好，就应该始终向柔的方向发展，能不能一柔到底，那是自己的造诣深浅，也就是功夫问题。否则，你要是刚柔相济，一朝遇到了刚性拳种专门练刚的手，那你刚柔相济的刚将会得到什么样的结果，就可想而知了。

以静制动

是说我要在极其安稳平静的状态下，耐心地等待和观察对方或攻或守的变化动态，就比较容易发现对方的弱点，从而给以牵制，或顺势借力地给以打击。这里也包含了"后人发、先人至""不主动搏人"的意思。

以小敌大

这是一般人难以理解的，只有做到了"以柔克刚""以静制动"这两个方面，才有可能以小敌大。说得明确些，一般可以不计体重、身材和力量，当然这本来是我国武术的一个普遍特点，也就是弱能敌强的意思。

沾、黏、连、随和黏、连、绵、随

"沾""黏""连""随"这四个字，在太极拳有关资料中最早是出现在《打手歌》中的最后一句歌诀，原文是"沾、黏、连、随不丢顶"。按照杨氏学者在《太极拳谱解》"沾、黏、连、随"节中的叙述，把它们通俗地解释如下：

推手时触点成面

沾

"沾者，提上拔高之谓也"，是说在推手时我用松沉的整体劲来探引对方，使对方产生向上的反抗力，然后我趁势用提拿手法而让对方的反抗力落空。这时，对方势必腾起脚跟而失去平衡，因而受制于我。"沾"也就是《撒放密诀》中"擎起彼身借彼力"的"擎"字，旁有小注"中有灵字"，说明"擎"字必须用得轻灵。

黏

"黏者，留恋缱绻之谓也"，是说在推手时，我手要粘贴住对方的手，不使相互脱离。并且又要有《敷字诀解》中"敷者包获周匝，人不知我、我独知人"手轻不能重的意思。

连

"连者，舍己无离之谓也"，是说推手时动作要连绵不断，不能中途有突然停顿的意思。

随

"随者，彼动此应之谓也"，是说推手时我手始终要跟随着对方，始终要轻贴住对方的意思。

但实际运用时，一用"沾"法，内劲和动作就会断掉，以至于双方两手相互脱离开。所以孙禄堂在《打手歌》中就把"沾""黏""连""随"四个字改成了"黏""连""绵""随"，这样，在推手中方能真正做到不丢不顶。

引、化、拿、发

"引""化""拿""发"，这四个字是我们在太极拳推手时经常听到的术语。

四正推手之
捧攦化按挤

引

在推手中，对方没有表示什么态度，我就要应用推手技巧，设法来引使对方表示态度，然后我才能从中寻找出对方的弱点，顺势借力地给以拿、放。

化

在推手中，当对方向我进攻时，我用太极拳中各种手法、身法、步法，以腰脊转动等来化解掉对方的进击。"化"也就是《四字密诀》中"以气全吞而入于化也"的"吞"字。

拿

在推手中，发现对方重心刚移动到他自己的稳定基面边缘时，我就要用推手技巧来将对方的重心固定在这个位置，不使它恢复平稳。这也就是《四字密诀》中"以气盖彼来处，认定准头而去也"的"盖"字，但"拿"决不能硬做，一定要拿得巧妙。

发

在推手中，当对方重心失去平稳，而又被我拿住时，我就可以采用太极拳中各种技击方法来攻击对方，使对方跌出。"发"也就是《撒放密诀》中"放时腰脚认端的"的"放"字。小注"中有整字"四个字，说明发放时要完整一气。

匾、丢、顶、抗

"匾""丢""顶""抗"是太极拳推手中的四个毛病。按照《太极拳谱解》"顶、匾、丢、抗"节中的叙述，我把它们通俗地解释在下面：

匾

"匾者，不及之谓也"，是说在推手时我手跟不上对方，手虽还没有脱离开对方，但却已有蹈虚落空的感觉。

丢

"丢者，离开之谓也"，是说在推手时我手跟不上对方，并已脱离开对方，是比"匾"更大的毛病。

顶

"顶者，出头之谓也"，是说在推手时对方向我进攻，我来不及化解而有受逼轧住的感觉。

抗

"抗者，太过之谓也"，是说在推手时对方向我进攻，我来不及化解，受逼轧住后，还要用力反抗，是比"顶"更大的毛病。

轻、沉、浮、重

"轻""沉""浮""重"，是品评太极拳推手好坏的四个标准。按照《太极拳谱解》"轻、重、浮、沉"节中的说法："夫双轻不进于浮，则为轻灵。双沉不进于重，则为离虚。故曰上手。"以及杨、孙两家的传统说法，太极拳的锻炼历程应该是"由松得沉、由沉入轻"，则轻灵不是初学入门的人一下子就能追求得到的境界。十分明显，但"轻"和"浮""沉"和"重"又是形貌极相类似，而内容实质绝不相同的境界，辨别起来比较细致复杂，这里只能在字义上做一简单的解释，供给大家体会。

轻

是轻灵，清轻灵活而流动多变。

沉

是沉稳，沉着安稳而变化活泼。

浮

是飘浮，轻浮油滑没有根蒂。

重

是重滞，笨重呆板而缺少变化。

太极拳推手的种类

根据各流派所传习的内容来看，太极拳推手的种类，大致可以分为不动步子和动步子两大类。习惯上把不动步子的叫做"定步"，又叫做"静步"或"站步"。动步子而前后进退只有一步的叫做"动步"，前后进退三步的叫做"活步"，向四只斜角进三步退二步、或进二步退一步的叫做"大捋"，又叫做"拗步"或"四隅推手"。

不动步子的二人伸出同一侧（左或右）脚在前和动步子的一人进左

（或右）脚，一人退右（或左）脚，双方步子可以合得起来的叫做"合步"；不动步子的一人伸出左（或右）脚在前，一人伸出右（或左）脚在前，双方各顺自己的便，步子合不起来的，叫做"顺步"。

推手的学习顺序和口诀

太极拳推手的学习顺序，按照一般传统教学方法，是先学"定步"，然后学"动步""活步"，最后是"大（摅）"。具体的练法是必须要经过口授的，这里把它们归纳成四种简单的口诀，供大家在学习时对照参考。

定步推手

你按我掤，

我摅你挤，

你挤我化；

我按你掤，

你摅我挤，

我挤你化，

你按我掤，

我摅你提（换手）；

你掤我按，

你摅我挤，

我挤你化。

动步（一步）推手

你按我掤，

你上步按，

我卸步掤，

我并步摅，

你并步挤，

我转腰化，

我上步按，

你卸步掤，

你并步掘，

我并步挤，

你转腰化，

你上步按，

我卸步掤，

我并步掘，

你并步提换手，

你卸步掤，

我上步按。

活步（三步）推手

你按我掤，

你进步按，

我退步掤，

我收步掘，

你跟步挤，

我转腰化，

我进步按，

你退步掤，

你收步掘，

我跟步挤，

你转腰化，

你进步按，

我退步掤，

我收步掘，

你跟步提（换手），

你退步掤，

我进步按（换脚则多进或多退一步）。

大擺（进三退二）

你按我掤，

你进步按，

我退步採擺，

你进步靠（挤），

我转腰化（沉臂），

我并步闪捯，

你并步提掤，

我进步按，

你退步採擺，

我进步靠（挤），

你套步化（插裆），

你并步按，

我并步提（掤，换手反方向走）。

太极推手面面观①

四正推手之
四手碾磨

　　1961 年 12 月 28 日，上海体育宫举行了第一次太极拳推手表演赛，顾留馨在次日的《解放日报》上发表的题为《太极拳的推手》一文中提出了"练习推手可以检验练习太极拳套路的正确程度，推手比赛的举行将提高太极拳的锻炼效果，提高太极拳锻炼方法上的水平，从而更好地指导普及，以增进人民健康……"的看法，至今已过去 30 多年，这些年来，太极拳运动的发展，尤其是太极推手的发展状况究竟怎样？我们可以做一简要的回顾。

　　据统计，在 1961 年到 1966 年之间，短短 5 年的时间里，仅在上海地区举行的太极拳推手比赛就达 7 次之多。1982 年，全国武术对抗项目表演赛中重新恢复了太极拳推手比赛，接着就有了一年一度的全国性太极拳、剑及推手比赛，如此算来，全国性的太极

————————————
　　① 原载《武魂》杂志 1992 年第 8 期。

拳推手比赛已不下十七八次。这说明太极拳运动已有了一定程度的发展。尽管顾留馨关于"提倡太极拳推手，想凭借太极拳推手比赛来提高太极拳的技击技巧，提高锻炼兴趣，从而更好地捉进太极拳运动的开展，增进人民健康"的这一主导思想的出发点是好的，总的原则与要求也是无可非议的，但是，实际情况并不如期望的那样让人感到欣喜。虽然推手规则几经修改，然而顶牛、抱摔、夹饼流、大铲车等违背太极拳理的错误现象却经常出现，得到的结论也就自然是"使人看去，推手不像推手，摔跤不像摔跤，柔道不像柔道，相扑不像相扑，可谓四不像……"冠军被刚练太极拳不久的其他项目的运动员或专练推手不练套路的重体力劳动者得去，体现不出太极拳推手以柔克刚的特点来，以至于参加人数逐渐减少，观看的人也索然无味。所以，针对如上的情形，1984年以来在报刊上发表了许多有关方面的评论文章，从不同的角度对太极拳推手的发展方向、训练方法、比赛规则、拳学拳理等诸多方面进行了广泛的研究和探讨，归纳综述，有以下几种意见和问题：

● 太极拳推手比赛规则不够完善；

● 比赛规则限制得过严、过死，不利于发挥运动员的技巧，例如对个别流派中习用的古老的抓拿、掷摔等技术的限制；

● 裁判员的素质有待于进一步的提高；

● 没有专职教授太极拳套路与推手的教师和教练员，况且教师、教练员和运动员本身就没有受过很好的正规太极拳套路和推手的专门训练；

● 曲解或篡改太极拳经典著作的原理，以致错误地指导太极拳推手的具体实践方法。

对于以上这些意见和问题，我个人以为有必要进行一番探讨，这对于太极拳运动的发展有着一定的促进，也将有助于太极拳运动的普及和提高。下面，我谈谈自己对以上几种意见和问题的看法和观点。

第一，谁都知道太极拳的比赛规则不够完善，虽然规则具有原则性，也不可能包罗万象，但它可以通过比赛来逐步修正和补充，使之日渐完善。同时应该认识到规则固然是死的，但掌握规则的灵活性在于人本身，如果比赛中发现有类似于顶抗、丢离、搂抱、夹持等动向，裁判员就应该马上叫停，不然，接下去则必然导致顶牛、散击、抱摔、大铲车等现象产生。

第二，比赛规则是否限制过严、过死，说透了掌握规则的灵活性在于裁判员。我们知道太极拳推手是运动员之间部分肢体（手、腕、臂、肘、肩）相互黏连依靠来进行的，当然黏依都是轻贴而不是紧靠，即所谓"敷"。所以推手中的发放是要在轻贴的情况下，甩脱开去，难就难在此，否则，丢开了对方肢体，再去冲击对方，这与散打又有何区别。当然这并不排除太极拳里的散手，而我们所要探讨的是太极拳的推手而非散手。杨氏老前辈的推手，当对方忽然丢开黏连，想散开打时，他就可以用对方靠黏不住的那部分肢体，乘势打将上去，这就叫"逢丢必打"。这样不管对方身手怎样敏捷，也逃避不及，即"挨打"是也。所以，在太极拳里，发放与打是有严格区别的。而个别流派中习用的抓拿、摔打、绊跤是比较古老的推（打）手法中的用法，有的现在已经属于散手了。经过杨氏改进后的推手，拿不许抓、打，更不能用摔，肢体黏住对方后，在听劲时，还会给你出脚施绊，一足支撑来唱独脚戏。杨氏老一辈太极拳家大概都是如此。

第三，裁判员的素质应该是没有什么大问题的，因为他们不像教师和教练员那样要求高、要求专，但熟悉太极拳规则、推手的基本内容要求则是十分必要的。除了明确规则条文之外，更重要的在于当机立断、毫不犹豫地判出推手的具体情况，以便更好地掌握比赛的进行，切不可受某种关系利益的影响。

第四，教师和教练员是否专职，牵涉到一个主导思想，那就是"先精一后博众"还是"先博众后精一"的问题。有人说时代变了，现在已经没有人能够将功夫练得像上辈人那么出神入化，如果比赛中刻意追求什么不沾不连、引进落空、沾触打人等当代人根本达不到的境界，有意扼制舍弃抓拿摔打、腾闪折空、採挒肘靠这些太极拳推手中最基本的技法，无异于让小学生去制造航天飞机，使推手运动变得高低不成，不伦不类。不错，时代的确变了，变得训练条件比前人好得不能再好了，什么脱产集训，成年累月地不去刻意求精、求真、求专，却只指望出几个所谓的全能（包括长拳类）运动员来得那几个高分，我以为在道理上无论如何也说不过去。同样，运动员的专门训练也和教师和教练员一样，俗话说"不会耘苗看上垺"。所以专职的教师和教练员比起专业运动员显得尤为重要。至于参加太极拳推手比赛的运动员是不是练习太极拳的，则可通过考评其太极拳套路的熟练程度来判定。

　　第五，曲解或篡改太极拳经典著作原理的现象十分严重。例如：将王宗岳《太极拳论》中的"我顺人背谓之黏"说成是"人刚我柔的黏"，实际上这还不就是明代俞大猷《剑经》总歌诀之中的"刚在他力前，柔乘他力后"的变相说法；将"由着熟而渐悟懂劲，由懂劲而阶及神明"说成是"不刚柔相济，则不能阶及神明"；将"阴阳相济，方为懂劲"中的"阴阳"二字之意刻板地解释成"刚柔"，说什么"偏柔无刚，难临强敌""只练柔不练刚，发劲时对敌人的威胁不大"，以至于要"惟有五阴与五阳，阴阳无偏称妙手"。将武禹襄《打手要言》中的"运劲如百炼钢，何坚不摧"理解成"只要运劲如百炼钢，则什么僵劲皆可摧去无遗"，然而，武氏之言却是将内劲练得像百炼钢一样，那对方虽然坚强无比，也可以将其摧毁，怎么能把它运用到自己身上来摧去自身的僵劲呢？况且自己的僵劲还僵，以僵摧僵，岂不是愈摧愈僵？将"迈步如临渊（杨氏传本改为'猫行'），运劲如抽丝"解释为"不刚柔相济，不能运劲如抽丝"。将李亦畬《走架打手行功要言》中的"欲要神气鼓荡先要提起精神，神不外散"解释为"不刚柔相济，不能神气鼓荡"。

　　好一个"刚柔相济"！真不知太极拳究竟是属于柔性拳术还是刚性拳术？如果认为太极拳是柔性拳术，那么自身不曾将功夫一柔到底，却非要用刚来做后盾，试问：一旦遇到练刚性拳术的对手，不知还有几分刚能作为自己的所谓"后盾"？无怪乎有人要把《打手歌》中的"牵动四两拨千斤"来一个补充说明，说什么要想以柔克刚，首先要有千斤的力量做基础，没有千斤力，谈什么四两拨千斤，四两加千斤当然大于整千斤，不过想来这个不等式也实在过于简单了些，倒是有些觉得老祖宗为何缘故非要弄此"玄虚"，让太极拳的后人们搞不清，只好去寻寻千斤力的由来，如此这般，我倒以为"以后不要再片面宣传四两拨千斤的言论"，还颇有几分"因噎废食"的道理。

　　列举种种。表面看来似乎是太极拳理论方面的琐碎言论，实不知这些言论却的的确确地关系到我们如何来正确地指导太极拳推手训练的具体做法，万不能草率从事，以免误人子弟，更有碍太极拳运动的整体发展。

第三编

见字如面

金仁霖篆刻作品

通信

叶大密

叶大密寄金仁霖南湖纪念章设计方案。

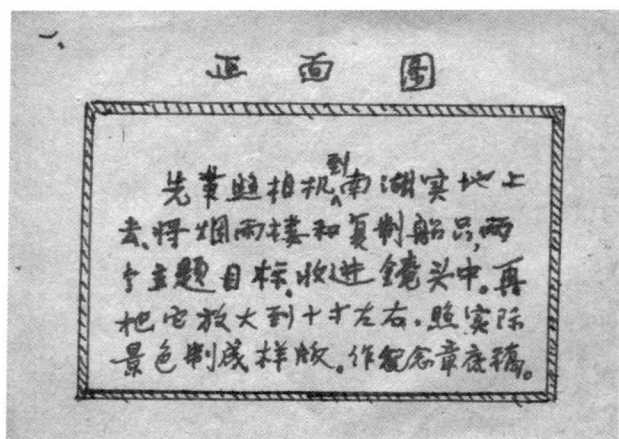

二、

背面式样

全国
中共第一次党代表会议
纪念章
浙江嵊县巨署敬制
？
南湖星火放光芒

三、

纪念章大小尺寸图

←——四十毫米——→

二十三毫米

附记：一、制造总数若干枚各委同志自己决定。二、如果制成货色优良的话，送班托章质妙结毛布。

希补送中央各首长师责作为纪念章留

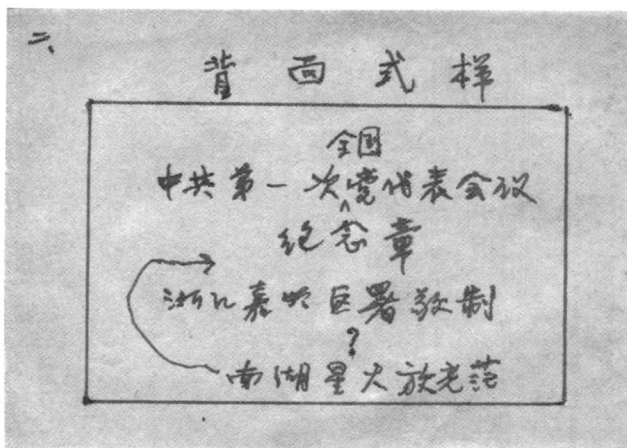

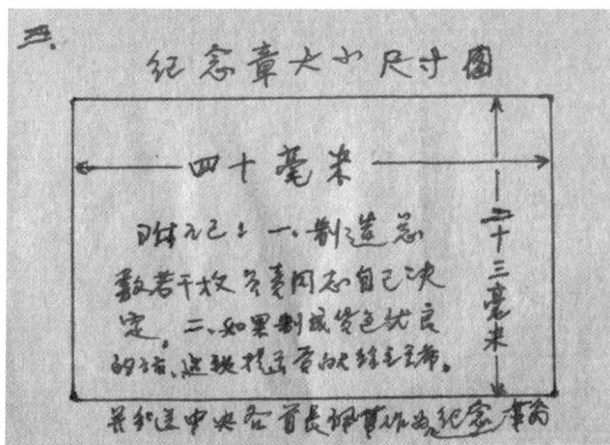

1967 年 4 月 14 日

仁霖贤棣：

来信已收到。答复如下。

季融五爱好太极拳，是随我学习的。他的文学是很有相当根底。对于太极拳的理论方面，了解比一班（般）人深。所以后来杭州办了一个太极拳学校，请杨澄甫老师为校长时，我推荐他随同杨老师到杭州去。因为当时我在上海有职业之故，不能离开上海。所以推荐他去。

我编写好的一本《医疗保太极十三式》。在最近时期，我已在书柜中找过。但是没有找到。待日后找到。就给你回信。

1971.8.12 大密复

仁霖贤棣：

您好！

今接到你于本月四日来函，并附件太极剑谱，共计五十六个式子。我都知道了。而且你提出很正确的意见，要老徐刻在蜡纸上，印它几十份，这个办法很好。就费神他早日动笔，他日完成。外附太极剑谱原本。希查收为荷。

我又有一个要求，也是要老徐替我抄的，因为他写字迅速。这个稿子，就是你写的。寄到新疆去，给我大孙茂滇。内容丰富。抄一份给上海市中医文献研究馆，是有必要。你看如何？

顺祝

康健

大密

1971.10.8

1971 年叶大密来信

我近来因身体不很好，由劳保医院医师、给我休息。每日做天天作。所以上午天天在家。下午从两点钟起，天天在单位工作。你如星期六日来我家谈谈。或是平常来，都可以。就是要你把治风湿病方再抄一份给我。

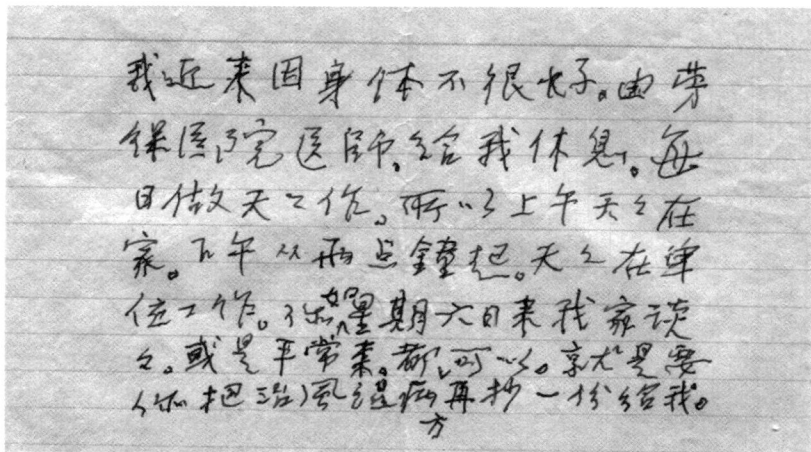

田 兆麟

仁霖同志：

来函敬悉。承枉驾失侯为歉。

所称"何孔嘉曾为先生出太极拳手册一书"云云，核与事实不符。

数年前何君曾向麟学习此拳，当时系由何君自己笔录成帙，并非为麟而作。麟以其只备同学观摩，故未反对。但因事冗，未加校阅，以致谬误百出，是则难辞其咎耳。

至于所藏旧钞，被友人借去多年未归，恐难望珠还。深惭衰朽记忆又不复清楚，是以对尊询各点一时无从奉答，当祈原宥，此后即颂大安。

田兆麟手启

一九五七．三．卅一

再：敝寓系巨鹿路 221 号，来函误 223 号，请察。

麟又及

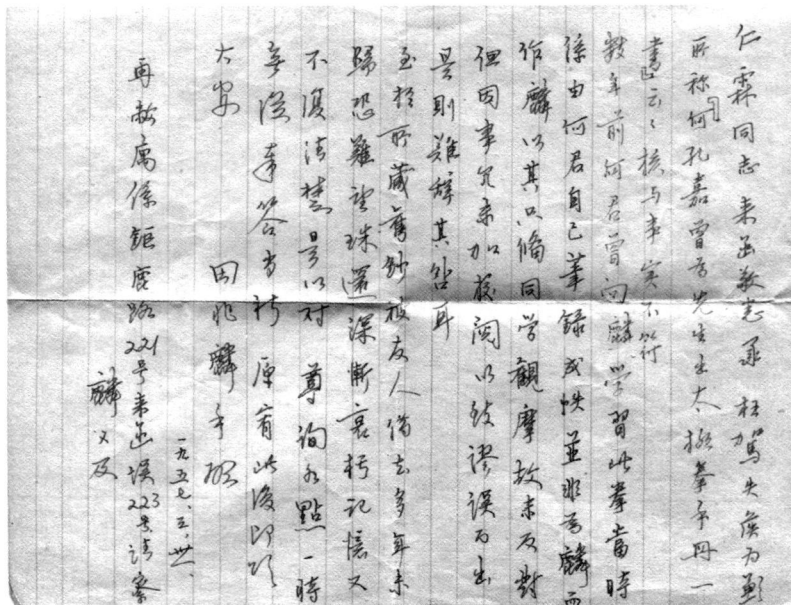

孙存周

来函称呼不敢当。

先是亡弟务滋于民七、八年间，应太仓中学之聘，担任武术教员。课暇之余，去申孟德兰路某宅教内家拳（形意、太极、八卦）。适时任丘刘某等，在山西路棣隆里组立武术社（社名忘记），亡弟常去闲话，社同人等从之学，会鄜系太极拳（此系亡弟于鄜人来申后，对余言）。鄜人于民八、九年间（确期已忘），应杭州友人之约，去杭教拳。每月必赴申半月，住三多里，与吴得波等研究太极拳（未公开教授）。三年之久，未闻有教太极拳者（或系鄙人寡交游之故）。殆十一、十二年间，始有陈某专教太极拳（杨系）。承下问，故敢兼陈。

　　兹有恳者：鄙人性不喜宣传，望勿因来申之后先，作渲染溢美之辞。为祷。复呈仁霖先生左右，并颂

　　文祺

孙存周书　　四月十六日灯下

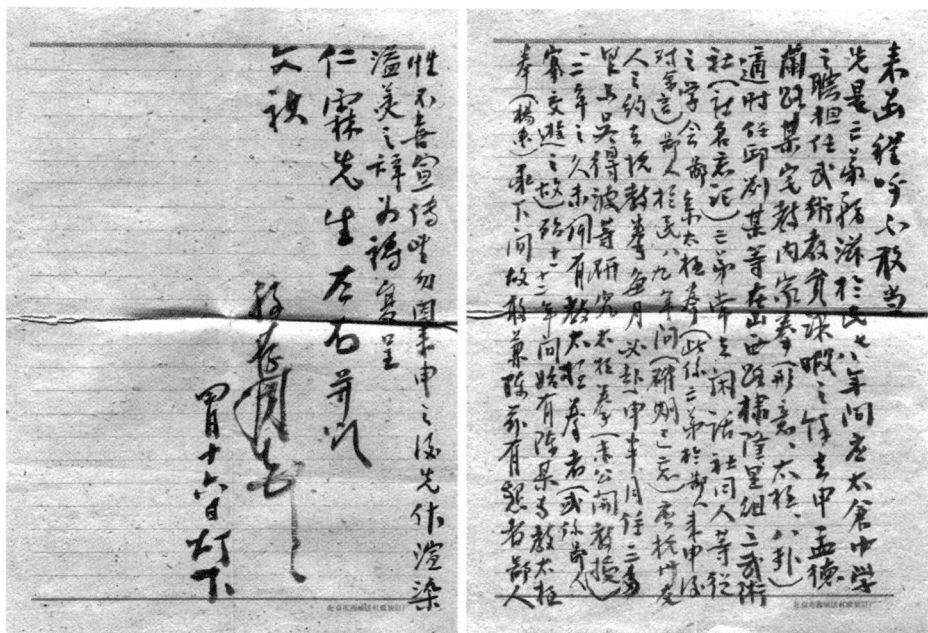

徐震

仁霖先生：

承上月十四日书，欣悉，足下耽研太极拳已久，见闻甚广。来书中言及拙著《太极拳谱笺》，此乃旧稿《太极拳发微》中之一篇，未经发表，仅极少同志有借抄本（在上海借抄者，似乎只有一位，谈君士琦）。而足下竟能见到，是征搜访之博矣。

拙著《太极拳发微》，乃抗日战争时在四川所作（1941—1943年中写成），当时虽亦能见其概，而实际体验，相差尚远。其中杂有惟心论之见解，文辞未尽园（圆）彻，须加修正处颇多。且就来书所引者言，从"太极拳之学"至"乃可事半功倍"，此数语尚可用，其下"非如其他拳术须费苦练，故曰'得来不觉费工夫'"，此即所谓未尽园（圆）彻者也。太极拳非不须苦练，特其练法与消耗颇多体力之外功，实有不同。其要在学与思交引互证，即理论与实践，感性认识与理性认识交互证验，方能不断促进，环环提高。此其精思苦练以达形意交融、得心应手之过程也。用现代科学语言，再说得具体些：要练到神经完全听命于意识，运动肌完全服从神经的指挥，进而使随意动作达到自动化。整个神经系统对外界和机体发生的变化情况，能在高度合作下，做最敏速的精确反射。此必须深入锻炼，直到不仅把大关节、大筋群练成敏速活动与稳定平衡的统一，更要进到把运动肌的内层肌肉束在每一敏速活动中与稳定平衡统一起来。使某一些肌肉束成为某一活动（瞬息即变的活动）的核心。这才能达到武禹襄说的"行气如九曲珠，无微不到，运劲如百炼钢，何坚不摧"的境界。《十三势歌》中"得来不觉费工夫"之真谛，以我今日之体会言，正是精锻细炼，用力之久，豁然有会之境界。故旧说必加修正。兹修正如下：

旧谱歌辞：势势存心揆用意，得来不觉费工夫。

解：验之于打手，察之于演架，是为势势存心揆用意。太极拳法，必依理察验，乃可事半功倍。非专重费力苦练，即能有效也。必于思学交引中，悟其准则，证得新知，此所以言不觉费工夫耳。又，练太极拳在下基础工夫时，练架宜勤，守法宜严，依此操练，或感腿痛，甚至骨节皆痛，此为换劲。造诣既深，其进益速，即使勤练，严法自绳，仍觉安舒，更无所苦，此又"不觉费工夫"之一义也。王宗岳《太极拳论》云："懂劲后，愈练愈精，默识揣摩，渐至从心所欲。"正可与此互证。

来书问及郝氏孙氏两家太极拳最初传入上海之时间及其人其事，据我所知，孙氏一系比郝氏先到南方。其最初到上海者为萧格清，字镜泉，任丘人，是孙禄堂之弟子。其时间为 1921 年或 1922 年（民国十年或十一年）。其时上海有一武德会，主持人为我故友唐豪。萧格清与朱国福同任武德会教师。此时，上海人闻见太极拳者尚少。到 1923 年春季，上海举行一次规模较大之武术运动会（号称全国武术运动会，系马良发起与主持）。许禹生率北京体育研究社教师、社员十余人到沪表演。其中有吴鉴泉、刘凤山（彩臣）、程有龙（海亭）、周峻山（秀峰）、李剑华（现改用建华）、吴图南等。（以上六人中，现仅李剑华、吴图南尚在，余已去世。）萧格清亦参加表演。太极拳在上海始为大众所知。1929 年 3 月，南京设立国术研究馆。（后改名中央国术馆。"国术"一名词，到此才有，

前此只有"国技""武术""武艺"等名词。）未几，即聘孙禄堂为馆中武
当门主任。1929 年，江苏省国术馆成立于镇江，孙氏改就江苏省国术馆
教务长，兼到上海授拳。孙系太极流行于上海自此始。前此萧格清虽通
太极拳，以其多晓外功拳套路，沪人从学外功拳者多，几乎无人从受太
极。孙氏声望素高，其太极拳遂有号召力。萧氏与孙氏都称其太极拳为
郝家太极。由是，沪人始知太极有杨、郝两家之别。（1929 年沪人对陈
家沟一系，情况尚不甚了然。）1929 年，吾师郝月如先生到镇江，任江
苏省国术馆教师。1931 年（民国二十年）谢去国术馆事，寓居南京，传
其家学。1932 年，由我和前中央大学教授张士一介绍郝师到上海新亚制
药厂教拳（大约八、九月）。在上海月余，仍回南京。即在是年九、十月
间，郝少如到南京。明年（1933 年）春，由吴上千介绍少如至私立上海
中学授拳。少如既至上海，并代其父月如在新亚药厂施教，此后少如即
长期在上海，郝师仅短期至沪一、二次。1935 年 11 月，郝师在南京逝
世。此后少如任新亚药厂职员，授拳成为业余活动。总计郝氏父子到沪
授拳之时间，迄今正三十年矣。孙、郝两系太极拳传至上海之情况，略
如上述（孙虽出于郝，可以别成一系，最近所写拙稿《太极拳史考》中
曾做分析）。

　　来书又问我到上海之时间与工作地点等。撮述如下：

　　我家常州，距沪甚近，1913 年，即就学于沪。1920 年，始就事于
沪。此后常往来于常、苏、沪三处。在沪任课于沪江大学。自 1927 年
起，离沪多年，直至 1948 年，重到上海，任常州旅沪中学（即今制造
局路之女子中学之前身）校长，并在震旦大学中国文学系任课。在沪九
年。1957 年暑假后，调来兰州。此吾来往于上海之行踪也。至于与太
极拳发生关系，乃自 1923 年始。其年春，我与马金标先生及杨朴三人
为武进县武术界代表，参加上海武术运动会。始见太极拳（前此仅闻其
名）。在会中与北京代表周秀峰先生定交，因向学到一套太极拳架（系
许禹生《太极拳势图解》中的套路）。1929 年在南京，学于杨少侯师约
五月。（所学为短架太极。此一拳架，杨师得诸其伯父班侯，班侯又受

之于武禹襄者，故与郝家之架子极相近。）是年秋，杨师逝于南京。此后直到 1931 年四月，始识郝师于南京，从学月余，中断一年，自 1932 年 4 月起，再往受学，历时两年半。1934 年冬，我离南京，逾年，郝师逝世，我与少如相晤亦希。此后，亦常以郝家太极授人。经余游考，以武汉大学同事刘经旺（法律系教授）、余名汉（庶务主任）成绩为优。1948 年到上海，从予受郝家太极者，有林子清、谈士琦、朱福宝。此外尚有学过杨、吴两系，专来研究打手，未习郝家拳架者，亦有学外功拳与器械者，因与郝家太极无涉，从略。我在前中央大学与武汉、安徽、震旦各大学都是中文系教授，未兼体育课，故对发展郝家太极，仅限于同事与朋友间，独在常州旅沪中学任校长时，自兼体育课，但青年都不甚喜学太极，故所授者为外功拳与器械，独朱福宝嗜习太极拳。然，所好乃在打手，于拳架先曾致力于杨家大架（此亦系我所授），近毕业时，始授以郝家拳架，草草学会，未及熟练，彼颇通郝家太极之理，而于形式则尚疏也。太极固以得其法则为重，然形式不讲，便无外观，终不为尽善尽美耳。

　　以上所言，容多谬误，尚希足下，有以正之。足下研习太极拳，必富心得，愿得闻知，以资启发。大著何日可成？完稿后能先见示否？近日武术家多，武术学家尚少，今乃喜得切磋之友，甚望继此常相商榷。

　　专复。顺祝

　　健康

徐哲东奉复　1961.5.3

　　再，吴鉴泉在抗日战争时期卒于上海，其年月及寿数尚不确知，足下当有材料，幸示知。并请示知徐致一到沪授拳之年月。我与徐君原属至交，本可直接函询，因足下现在写《上海太极拳发展简史》，此等材料必已征集。为省事起见，故即奉徇于足下。

哲东又上

仁霖先生：

今日接到惠寄《太极拳运动》一册，此书兰州尚未见到，幸得先睹，不胜感谢。

前承惠赠油印本田兆麟先生得自杨家的《太极拳谱》。大作跋文中有"此谱为 1917 年北京田兆麟先生初到杭州时，瑞安叶大密先生倩吴深根从田先生处抄来"云云。1917 年时间有问题。我记得很清楚，民国十七年大约在三月间（阳历），国民党政府开始在南京成立国术馆。开幕的那天，借一个戏馆内开表演会。我是去参加表演的。就在这次会中开始与田先生相识，他说南来不久，想来他到杭州还在此以后。1917 年长江流域（或者说江浙两省）还没有太极拳的踪迹。请先生再询叶先生一下，是否把民国十七年误记（或偶然说顺了口）为 1917 年。如果是民国十七年，则当改为 1928 年也。

谱中所载《太极十三剑》，对我触发了一个问题。我在兰州和一位王福辰老先生（今年已八十六岁，新中国成立前甘肃省国术馆教务主任，不幸于上月间去世）交流了一套剑法。这套剑共有八十一式，从它的顺序与架式名称来看，杨家太极剑显然是据这套剑改编的。但这套剑其名是"纯阳剑"。因此，我最近写了《谈太极剑》一文（共分上下两篇），以考证太极剑的来源与演变。俟复写后，当寄奉察正。

拙著《定式太极拳》（此拳套系我自编，以太极拳与体操相结合）一稿，最近才完成，已被甘肃省体委会取去（并照片及底片全取去）。末后《渊源》一章，即系拙作《太极拳史考》中的一篇，此篇亦将于复写后寄奉请教。

顾留馨著《简化太极拳》，是一本好书，有一些不同的看法，是可以商榷的。顾先生已有往来，要我提出意见，我虽然记下了几条，还未完篇，如遇见顾先生时，便中请为致意，当争取时间写寄，向他请教。

兹先附上《吊拳师郝君文》《刘著武术讲义序》，都是新中国成立前旧作。吊郝文只可供考查时间，观点议论都是要批判的。

专布谢忱，即祝

健康！

徐哲东谨启

1962.4.9

仁霖先生：

得五月三日书并附大作《各流派太极拳在上海的发展简史》，屡欲作答，乃百事纷至沓来，迄今将及匝月，稽迟之歉，尚希见谅。最近西北民族学院要我为青年教师讲古典文学，题为《谈韩愈的文学》。所以在整个六月内尽全力赶写讲稿。另外甘肃省体委会又在大力开展武术。从五月到六月间连续举行了几次表演会。诚不自意颇获过情之誉，遂引致多人来相讲习，本来每星期日上午，定为与诸同志讲习武术时间，近两月间，星期日上、下午多有来者，晚间亦有人登门造访。再加以近来精简下放运动及民院调整班级等措施，开会也很多，几乎把时间都挤光了。上海各机关中想来也不会空，先生的工作是否比前也忙了？

大作讲述田兆麟先生到浙江一段情况，是太极拳传到长江流域的极宝贵的资料。我在四月间寄上的信中说：民国十七年三月间在南京一个戏院开表演会，始与田先生相识，他说南来不久，这样写确有错误。由于我脑子中存在着田先生是北京直到南京的影象，所以就这么写了。接到大札后，引起我再作回忆，原来我们见面时，是由一位李景林部下的副官（此人的姓名我都想不起来了。我认识李景林的副官有三人，现在只记得一位叫李叔同）。他在介绍时说：这位是北京来的田老师。我和田老一打招呼后，就说：田老师是新近来的吗？田老点头称是。因此，我就一直以为他是从民国十七年春季才由北京南下的。现在事情弄清楚了，这对我极为有益，使我深深地认识到写东西必须极其谨严，不可略存轻率之心。特此致谢。

张士一先生与郝派的关系是如此：张老原系前清秀才，又是一位老留学生，早就在上海南洋公学教英文。以前华东教育部长孟宪承还是他的学生。后来任南京高等师范学校教授。现在大约八十岁（确实年龄我还不清楚）。他在四十岁以前就很重视体育（重卫生，不重竞技），他学拳大约在四十岁后开始的，先从杨澄甫，杨使董英杰直接指导。而董曾先从学于李香远，因此张老因董而认识李氏。改从李学。李氏性情极怪僻，向从学求索无餍，在南京弄得无人上门。正在此时，有人邀李到太原教拳，李因此离宁。郝月如师初到南京，借寓李处（李系为真先生之弟子）。张老与之相识。李去南京后，张即正式受学于郝师（其实李未去宁时，张已向郝师请教了，不过回避李氏，没有公开），这是1931年的事。是年暑假前，我亦因张之约，受教于郝师，但我和张先生目的不同，他是以养生保健为主，虽然也要求了解一些技击术，并不以此为重，我则以学技击为唯一目的。我从郝师两个多月，学会了郝家太极的套子，全不了解其作用，却主观地认为这也没有什么。不愿意继续学下去了，过了整整一年，张老来找我，鼓动我再到郝师处去。我很直率地向他说："我要学的是打法，你可否和我试一下？"张老说："我不注重这方面，但我确知郝老师技击功夫极高，你可以直接和他试。"当我随着张老去见郝师和他较试时，凭了有了一些实打的经验（这是和杜心五师打出来的），胆子颇壮，可是一举手就像落到了电网上一样，再也不好动了。心上正想抽手撤步，只微微一动，身子就侧过去，摇摇欲坠。这时郝师把手轻轻一送，如风飘落叶，我就翻倒在大约五尺距离的床上。从此，我才信服他，诚心诚意从郝师学习。因此，我对这位老师兄是十分感激的，要不是他二次来找我，我会当面错过最好的机会，至今还是好龙的叶公。张先生现在仍在南京师大任教授（似乎还兼着一个外文系系主任）。他的郝家太极拳架是很标准的，理论也很高，而且是全面的（养生与技击）。不过在技击一面，最重要的还是交手实践。在这一点上，张先生限于年龄，势不能做较多的努力了。

郝家太极拳是以技击为重点的。从武禹襄到李亦畲的著作中，可以证明。其理论的核心，是力求轻园（圆）、灵、妙，其练法的特点是严、密、深、细。但正惟如此，所以不容易了解，反而会使人感到烦琐。非耐心探索，难于契入（从我本身的事例，学了两个月不想学下去，也可说明这一点）。拙著《武郝系太极拳》将从理论上加以阐明。至于在强身治病，也是有效的，并有不少事实可以证明。

大作《各流派太极拳在上海的发展简史》，精到翔实，确为一分（份）极可珍贵的资料。所须补充的一段，似可再向赵寿村处探问。又我在三月间得徐致一来函，言将于五月间到上海，可能现已来沪，如先生欲向徐君访询此事，我亦可为介绍。另外有鄙见几点提供参考：（一）大作中所用"内家拳术"鄙意宜一律改为"内功拳术"，"内家"与"内功"从历史上看，从其具体内容来看，都是有区别的。"内家拳"实际上只能作为一个拳派的专名，内功拳则是多种拳派的通名。但这两个名词，混用已久，我在 1928 年以前，也曾以内家（外家为内功）外功之义（见拙著《国技论略》，1930 年商务印书馆出版，此书中错误之处甚多，但也有一些还可取出的东西）。从 1929 年起，开始太极拳史的研究，才逐渐觉得这两个名词，应有区别。最近拙著《太极拳渊源简述》中，已作为一个基本概念提出，这一见解与我相同的有唐豪（顾留馨也同意了我和唐豪的见解）。现在虽然在使用上还沿袭旧日之讹误，将来对这两个名词的概念必然会分清的。因此，请在大作中改定如何？（二）大作在总括中说，发展面的广狭，"不仅仅是传入时间先后单方面的问题，应该承认是和群众的爱好，教授者的教学方式方法，以及实践是否能和理论结合等多方面的因素有关"。这话当然是对的。但我以为拳路的适应性和各流派的历史条件是两个重要因素，必须特别提明。从适应性来说，杨、吴两派的拳路适应性确比其他流派的宽广，既适宜于普及，亦适宜于提高。陈派太极运动量大，难度又多；郝派太极有它的专门性，一般难于契入，这在上面已经说到了；因此，这两派在普及的方面，是受到了限制；孙派出于郝派，所以适应性也不如杨、吴之宽阔。从历史条件来说，杨氏三代都以授拳为专业，又长住在北京，培养了不少专业拳师，也教出了一些知识分子；吴氏也两代在北京教拳，门徒之广，仅次于杨。这一历史影响是起着巨大作用的。孙氏虽亦处北京，以授拳为专业，但从他成名开始，他的艺业又以形意为主（从《拳意述真》中形意、八卦、太极所占的分量就可看出）。这在历史条件上就不如杨、吴了。至于陈、郝，既局于一隅，而且郝氏的师承，武禹襄、李亦畬又都是当地士绅，除至亲好友外，并不广传。郝氏父子，都是业余爱好者，直到晚年才以授拳为业。这些历史条件，和发展面的广狭是很有关系的。因此，我以为这两个因素，可以补充进去。（三）注21中"吴艾绅字鉴泉（1870—1942年），河北大兴人，年少时爱好摔角术，太极拳从父亲全佑学，长大后又从宋书铭研究……"鄙意为更符合于事实，当说吴鉴泉原名艾绅（1870—1942年），满族，河北大兴籍，后用汉姓（因为满族改用汉姓多在辛亥革命后，如许禹生在辛亥革命前，只称霭厚，并未加上汉姓"许"）。又吴鉴泉从学于宋书铭是民国初年之事，其时吴氏年已近五十，而且已是成名之人。如以"长大后又从宋书铭研究"则似很早就从宋研究了。改为到民国初年（或作"到近五十时"。民国元年吴氏已四十八岁），乃更明确。（四）注31中说郝为真的太极拳，"内容强调呼吸开合……"鄙意此句宜改为特别重视身法的规矩、步下的虚实和开合动作。这是符合实际的。李亦畬的《五字诀》中虽有："呼吸通灵，周身罔间，吸为合为蓄，呼为开为发，盖吸则自然提得起，亦挈得人起，呼则自然沉得下，亦放得人出。此以意运气，非以力使气也。"看来似乎极重呼吸与开合的配合。其实这里所说的呼吸，乃是在外部动作时所产生的内部感觉，并非指鼻孔出入气的呼吸而言。从它的"自然提得起"，"自然沉得下"及"以意运气"等语上可以理解其真实内容。这是我亲受之于月如师，也是我三十年来亲身练郝派太极的经验中所证实的。我所以要提出这一点，因为恐怕引起误解，致生流弊。有些人提倡把鼻孔呼吸之气与动作相配，还写了文章发表，有很多人认为离奇，求有速效，照此去做，结果造成病状。较久以前的不说，就把近来两件事为例。一个是去年暑假我在兴隆山疗养院中，遇见一位姓周的疗养员向我说，在练简化太极拳时觉得头晕。我叫他操演一套后，告诉他说：你只要不把呼吸去配合动作，也不要使眼睛注视着手上，只把眼睛向出手的方向平看，自自然然地练，解除神经的紧张，勿使内、外部别扭，这一病象就会消失的。他依我的话做，果然好了。最近，甘肃省体委会开办的太极拳训练班，有不少人向教师施伯衡问怎样练气，施根据我的话"身法拿对，呼吸自调"的原则给他们解释。有位姓马的女同志不信，她自作主张，用呼吸去配合动作，结果背上肿了，她才惊慌地再请教施同志，施叫她赶快不再这么做，果然不久肿就平了。这是施伯衡在上一星期里告诉我的。因此，我在写的有关太极拳作品中，往往有反对以呼吸配合动作的论调。最近还写了一篇短论——《太极拳不宜提倡配合呼吸》。这并不是因噎废食，乃是本着我的经验和学理来分析而得出的见解。总括地说，不配合呼吸至少没有什么坏处；配合呼吸并无特别好处，而发生流弊的可能性很多。那末（么）我们练太极拳该何去何从呢？这就是我的论旨。为了免使阅者发生误解，所以我向先生提出这一建议。

唐豪的《内家拳》我现在没有了，记得内容也不过汇辑黄宗羲父子及《宁波府志》等涉及内家拳的材料，加以论证，说明其自成一个拳派，与太极拳不是一派。《陈氏世传太极拳术》我是有的，现尚借出在外，俟收回可以寄奉（或者在我暑假回沪时带奉）。先生上次来信中说到太极拳家中还有宗派主义，可否把具体材料供给我一些。兹附上拙作《太极拳渊源简述》一篇，写得太糊涂了（以上题目是用《太极拳史考》中的原名，这个复写本与移用于拙著《定式太极拳》的内容没有区别）。比较清楚的一份被甘（肃）省体委会取去。恳请对这篇拙作尽量提意见。这封信在上月廿七日开始写的，由于事情不断，直到本月五日才能写完，还没有时间录出寄奉。直到今天小儿回来，才叫他（帮）我誊清。因为信太长了，拙作当另行寄奉。

西北民族学院在十五日结束考试，我如果到上海，恐怕要到八月，因为还要准备下学年的功课。

此致

敬礼

徐哲东谨复

1962 年 7 月 8 日

拙作《太极拳渊源简述》将并给谈士琦同志和孙瑶岩同（志）一看，将由他们转上。再谈同志所收集的武术书籍极多，唐豪著的《内家拳》

和陈子明著的《陈氏世传太极拳术》他可能都有。如愿与之见面，我可以介绍。谈、孙都曾从我学过拳，现从学于郝少如。

哲又笔

仁霖先生足下：

承示田兆麟先生到浙及孙务滋到沪之年代之确证，自是可信之史料。太极拳南传，此当为最早者矣。

近来所出版的各家太极拳书，都称某式，如吴式、杨式、孙式等。不妄以为始用某式时，为恐犯宗派门户之嫌，故不敢称派耳。不知派有宗派之派，亦有学派之派。宗派之派，固不当犯，区分学派，有什么不对呢？京剧界不讳言梅派、马派。百家争鸣方针并不反对建立学派。在武术界乃不敢言派，岂非知其一，不知其二。然使"式"之为词，无可非议，用之宜也。乃陈、杨、武之异同，不专在于形式。杨氏以松缓变陈氏之沉柔，丰富了太极拳技击的练法，此已不止形式的改变，而更有其新的内容。武氏不但在练法上又开一径，其功绩尤在理论上的阐发，不但将王宗岳旧谱之理论具体化，并将锻炼之关键与程序，开始明白指出。其后若吴、若孙亦各有独到之处。而孙氏之融合形意、八卦亦涉及理论。凡此皆非专从拳式上可以包括其异同，区分其特点，岂可独以"式"之一词概之乎？鄙见如斯。（我对武禹襄一支的太极拳，称之为武郝系，系之义亦犹派也。其他如杨、吴各家亦皆称之为系，盖以太极拳为拳术中之一大派，故于太极拳的各家称系以别之。若以太极为一个拳科，则各家皆当称派。现在拙稿中此等名称尚未划一。要之决不用"式"。）足下以为何如？

公余有暇，希惠复示。介绍书附奉。拙作《太极拳五咏》先写奉察正。惟未将注文录入耳。即颂

撰祺

徐哲东奉启　1963 年 5 月 30 日

拙作《太极拳五咏》本有注解，以文多暂不录呈。闻赵寿村先生得

末疾，现在略好否？陈铎明亦得此病。此病至得病之由，足下能一探其评见否？又杨澄甫先生病逝之情况，前虽闻顾留馨言及，今已记忆不清，似为脐眼出水。叶大密先生，想知之更详，能询明见示，至所感盼。

　　仁霖先生再鉴

哲东又上　5 月 30 日

太极拳五咏

其一：

八法^①须常守，行功转换清。刚从柔里得，快以慢中成。

闪战基腰运，腾挪赖步轻。莫凭能苦练，理解贵分明。

其二：

三环连九折，节节尽关通。开合长蛇势，盘旋舞鹤容。

悬衡由一线，驭气属双瞳。绵里藏针候，刚柔处处融。

其三：

意态融合极，全身点点灵。晴江轻浪舞，碧空片云停。

滴溜联珠转，浑圆一气成。神完心若镜，炉火看纯青。

其四：

握有玄珠在，神同霁月明。沧和基体泰，延寿见身轻。

气贯三田彻，心强六府（腑）清。还能增德慧，何用索黄庭。

其五：

探赜寻原理，来从辩证求。欲明山右论，应辟远桥流。

蒋发功难没，陈宗绩自稠。存真宏妙用，驭骏驾新辀。

以上五咏，前三首作于 1961 年 8 月 7 日，仅言技击之要，未概举其全体。今年五月春假期间，补作两首。其四阐养生之理，及有裨于进德修业之义。其五辩唯物唯心之歧，明师承所自。所见颇有异于时流者。凡学术研究，当实事求是，乃可弘扬妙用。采旧传之英华，辟无穷之新径也。

---

　　① 八法谓提顶、收臀等，非谓掤、捋等。

特录呈　仁霖先生察正

　　　　　　一九六三年五月二十八日　徐震　并记

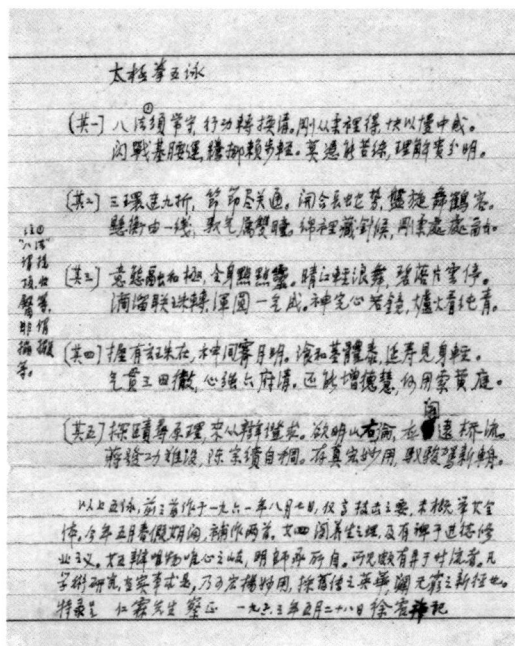

仁霖先生：

去年年底承购赵书六体千字文寄来。先生不忘所托，随时为我注意需要的东西，深为感谢。当时汇还价款时，曾于附言中说：不日另有书寄奉。但以急事迭来，每至提笔，辄被打断。直至今日方能奉书，知我者当能谅之也。

去年《体育报》曾登过若干篇有关讨论缠丝劲的文章，这一问题，是由徐致一提出的。他在发表文章前，曾来书征求我的意见。我简单地答复他后，即将我的书稿寄给及门朱福宝。适朱生因公到上海，他去访顾留馨，将我的答徐致一信稿给顾看了。还向顾提出了一些关于太极拳历史方面的问题。不久，顾君便来信发动我参加缠丝劲的讨论，并言我的见解和他基本相同。但我看了顾君的《太极拳研究》，认为其中有好的部分，也有不少问题。好的部分是对运动和练法，有些说得较深较细。存在的问题，在唐豪的遗著中最为明显。唐豪在抗战期间曾发表过与此遗著内容相同的文章，硬说王宗岳《太极拳论》后边的张三丰遗诲云云是武禹襄加上去的。他说：这是武氏要为杨露蝉（禅）做宣传而伪造的。他硬把禹襄之孙莱绪在民国廿三年作的《武禹襄先生行略》及武派的传人马同文的抄本拳谱（马氏抄本上的《太极拳论》后边有张三丰遗论云云）作证。把李亦畲的"太极拳不知始自何人"，说是李为他的舅父武禹襄捏造历史做的饰说。他却不问武莱绪作行略的时代，也不管马同文是何时人（马同文的年龄与郝月如师相近）。他不顾到莱绪、同文都已经受到了张三丰创造太极拳说盛行一时的影响，随风而靡，袭用讹说。反而用形而上学的方法，用想当然的推测，挖空心思，苦钻牛角，硬要诬武禹襄、李亦畲，为他们虚构许多想法和行动。（现在我又考出，张三丰云云的附记，出于宋书铭之手。当于另一文中详说。）可是后来唐也自己觉得不对了。他在一九五七年的《武术运动论文选》上，发表了一篇《太极篇的发展及其源流》中，就承认了我的论断，也说张三丰云云，是杨派的学人加上去的。现在顾君又把唐豪在抗战时的旧说搬出来，而且没有注明唐豪写作的年月。（唐君旧说，见于《中国武艺图籍考补编》的《太极拳谱一卷》中。其书于一九四〇年出版。）那末（么）唐说究竟以抗战时的论断为正呢，还是以一九五七年的论断为正？也许顾君把唐君的前后相反的论断忽略了。然而这一疏失，疑误读者不浅。另外，断定太极拳创自陈王庭，是顾继唐说加以补充的。其实没有加添出什么有力的新证件。虽然搬来了《陈氏家谱》《明史：杨镐传》《明实录》《国榷》《王朝辽事实录》上唐氏未使用的资料，也只能丰富陈王庭本人的事迹，要作为王庭创造太极拳的证据，是毫无作用的。（这一点你我所见相同。）至于说郭永福的拳是向陈家沟学的，更是无根之谈。在我看来，从郭永福的拳谱及其传授的历史中，反而给太极拳在乾隆年间传入陈家沟多添了证据。并且更有力地证明一百单八势的长拳，不是陈家沟创造的。关于对顾书中要提出讨论的各点，并不止此。因此，我不想发表文章单独来谈缠丝劲的问题。（听说现在《新体育》也在停止登这一问题的讨论文了。）我想重写一下《太极拳考信录》，并写一篇《对顾留馨同志的〈太极拳研究〉的商榷》。现在苦于时间太不够，所以虽然写了不少单篇，还没有组成全编。我想《太极拳考信录》迟早要写出来的，"商榷"一篇如果时间隔得太久，当考虑换个题目来写。

　　附寄上照片一张，请留念。本日我还有一书与谈君士琦。希望先生和他将接到的信互换一阅。好在你们已经会晤过了。

　　要写的话还很多。又有事情来了，只得到此住笔。

　　顺祝

健康

徐哲东
1965.3.5

徐致一

仁霖先生大鉴：

　　久仰，芝范，无缘承教为怅。日昨接奉大简，藉悉先生正在编写上海太极拳发展简史，嘱函告吴式太极拳传入上海的情况，略述如下：

　　1926年：吴鉴泉老师的长女英华，本在北京乐家教拳（乐家是同仁堂药店老板），大约是乐家所介绍，曾于是年到上海教太极拳，学拳人是某银行家的眷属，仅一年，即返北京。（以上是我向吴师高足金玉琦问知的，彼已记忆不清，无法详告。）

　　1927年：是年夏天，我从北京回到上海，本想自己设社教拳，旋入上海水泥公司当文牍员，没有成为事实。是年冬，应精武体育会之聘，担任太极拳教师，仅受薪三月，即自请改为义务职，大约教了三年光景（是利用早晚业余时间）。后来因为工作太忙，

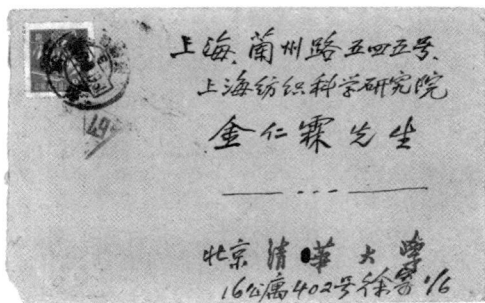

无法继续任教而止。是年九月曾出版《太极拳浅说》一书，以资宣传。我虽从吴师学拳多年，但没有正式拜师。对太极拳亦只是略懂皮毛而已。我的原籍是浙江余姚，生长在上海，原名承基，回沪后，一直以字行。在精武体育会，曾被选担任理事多届。1930年离开水泥公司，以后一直在工商界任事，没有再当过太极拳教师。新中国成立后，曾在上海市轻工业主管部门工作数年，现因年老力衰，奉准退休。

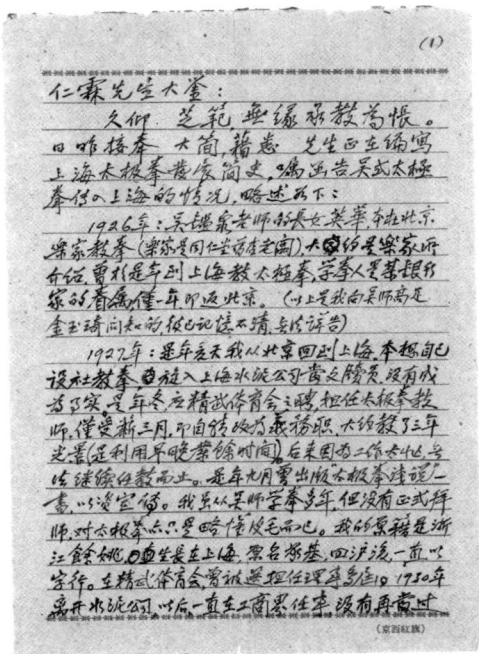

1928年：是年秋，吴鉴泉老师率门人金玉琦、葛馨吾等去沪教拳，延聘者甚众。曾任国术馆、精武会等团体的太极拳教师。在青年会十楼，也曾设过太极拳社。吴师的另一高足赵寿村是在1935年才从苏州来到上海的，在上海也教了好多年的太极拳，从学者甚众。

以上都是一些记忆所及的概况，详细月份以及其他情况，都已记忆不清，只得从略。

又，我是北京政法专门学校经济本科毕业的，上文漏述，特再补述。

尊函本拟即复，因等候金君面告上述的部分情况，所以延迟了一些，当希鉴原。

匆复不尽，敬颂

著祺

弟徐致一敬上

1961.6.1

濮冰如

仁霖师弟：

你好。我上周到顾老师家里开体育研究座谈会，有八位同志参加，大家提意见供他到北京做资料。顾老师要我们收集老前辈的拳史。我想写老师的拳史。苦于我不太清楚，请你代我写一篇，以便编入《上海体育史》，也表示我们学生对老师的敬意吧。

冰如手上 1978.12.5

仁霖师弟：

我区上月搞了一次推手比赛，很受群众欢迎。一则了解群众的推手掌握如何，二则对推手起了一些鼓励作用。由于第一次搞这活动，大家都在摸索的过程中，缺点很多，许多人不懂推手，好似摔跤，两人相抱，大家摔倒。我区拟举办杨式和吴式的训练班。吴式请马岳梁，杨式请你担任教练。什么条件？一班多少人？周几上课？什么时间？请你考虑后回答我，以便正式发邀请信为荷。

此祝

健康

濮冰如草　　1979.1.5

仁霖师弟：

来信收到，你能大力支持我区举办推手训练班，我们非常感谢，并为学员获得一位好老师而高兴。我已为你选了男女各两人作辅导。我们计划在春节后开班。你的提纲可先寄来油印。因体育场正在造，看台场地没有，所以只好延些时候。目前太极拳百花齐放，今年全国要举行推手比赛，上海也要输送人才。我因年老体力不支，只能辅导拳架。推手一项，只能仰仗于你了。只要对推广太极拳有利的，我尽一切力量，大力推荐，做一个桥梁作用。下周六不下雨，我上午九时左右到淮海公园面谈。

　　祝好

濮冰如　笔　1979.1.14

仁霖师弟：

　　昨日见到体委负责人，他们商量结果决定于本月下旬开班。吴式推手星期二、五，两次。你准备哪两天？学员们要求最好安排一次星期六或星期日晚上，另一次请你考虑那（哪）一天？来信通知，地址写到我家，以便发信。

　　祝

　　好

濮冰如　1979.2.8

曹树伟

仁霖师兄：

　　在去年十二月底前曾寄去你工作单位一信和一张圣诞卡，一直未接到您的复信，未知此卡此信有否收到？如无收到，或许因我的信是写在一张复印有关介绍郑曼青生平事迹的后面有关。因为我知道你喜欢收集这方面的资料，故请我一徒弟复印给我寄你的。由于香港生活节奏紧张异常，故甚少执笔，尚祈见谅。这次，我已订了本月22日飞沪的机票，主要是因为有一些手表零件（机械表的）可能向国内的有关公司订购，数量相当大，每月每种需一百万个，而据悉国内手表生产有开工不足的现象，故相信是能为国内所欢迎的，因就这个项目，一年可为国家带来数以百万计的港币外汇收入。当然，会否成功，就要看各方面的合作如何了。我这张可能到手的订单是通过一日本徒弟的日本大手表集团公司争取到的。关于最近举行了两位授徒的仪式，特寄一幅相片给您留念。我此次回沪，仍想抽时间和你们一些老弟兄一聚，更想一拜访濮冰如师姐，请你和她为我写篇序言，因不到两年前，我曾应这里第三大报（销量）新报之请写和发表了《太极拳秘奥之剖析》，打算在今年抽时间修改出版成书，我将会乘此次带回复印本送你和濮师姐各一本，请提些宝贵意见，并为之先写序言。请代向濮师姐先打个招呼。记得当年邓克愚初在复兴公园见我练拳，很是赏识，打听之后知我为叶师门下，后请濮师姐带他来我场子介绍相识。这一段蒙前辈知遇之经过，未知濮师姐还记得否？若能忆起，序言中不妨请她一提。由于行程在即更为繁忙，就先写这些吧！一切见面时再谈。如您有空的话，请于22日星期日夜六时半去我淮海中路670弄5号三楼我哥哥和我的老家一见，以便进一步谈和大家见面的日程。若无空的话，我会另抽时间电话和你联络的。请代为向大家问候！

　　此祝

快乐

弟树伟书

八四．四．十六夜

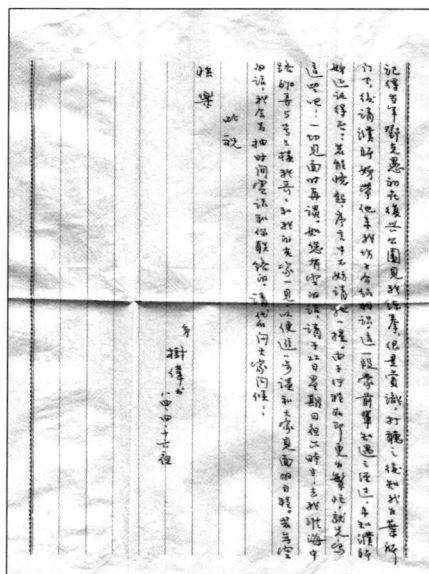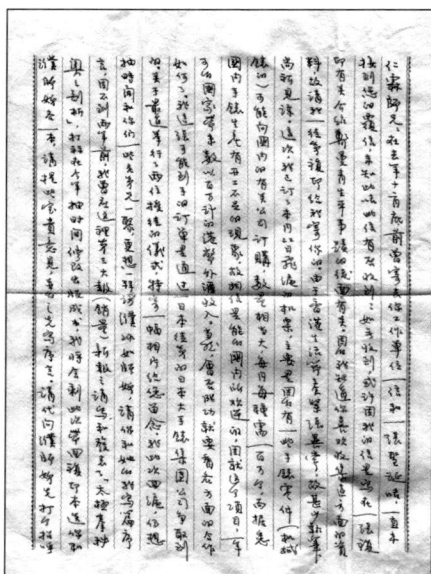

顾留馨

仁霖同志：

感谢您远道把《杨式太极拳》送来，社方已拍好书影后归还。本当亲自送还，奈足疾初愈，不敢走动。您有便时请驾临舍间叙谈，并将该书面奉。您前写上海太极拳发展史，我已送给市体委上海体育史料组，可能会刊出于该会刊物。

祝好

顾留馨　1983.3.3

马岳梁

仁霖同志：

所询数则分答如下：

1. 太极拳宗师吴鉴泉老先生，于公历 1941 年农历壬午年 6 月 28 日仙逝，享寿 73 岁。在上海大陆殡仪馆寄柩。现葬闵行长安公墓。

2. 余来上海是 1929 年 7 月 20 日，是在上海医学院（旧名中央医学院）实习医院，上海红十字会总医院，地址华山路。当时在工余之暇协助吴师在上海国术馆教授太极拳，地址河南路天后宫内。以后于 1931 年在威海卫路中社，创办了鉴泉太极拳社，吴师任社长，我任副社长。抗战后又改在青年会 9 楼屋顶，建立鉴泉厅，吴师任社长，我为副。

3. 吴式太极拳传于上海，的确是由吴师长女吴英华在 1925 年受西门子洋行华经理管子菁之聘来上海，设馆于北四川路黄路之管家，至今已有 36 年。至 1926 年，吴师始来上海。

专此敬信，并颂

进步

马岳梁

1961.6.7

仁霖同志:

您的来函收到,所询问的各项,今每条分别答复如次:

1. 吴英华老师第一次来上海是在 1925 年(即民国 14 年)。(民国 25 年是错误。)

2. 管子菁住北四川路施高塔路,在他家教授太极拳约半年即回北京。

3. 鉴泉太极拳社首创于威海卫路,静安别墅后面中社楼内,时在 1931 年,即民国 20 年。次年迁至慈惠南里,以后又迁至八仙桥青年会 10 楼。

4. 吴鉴泉宗师来上海是应黄楚九邀请,是在 1927 年(即民国 16 年)夏季,住爱多西路南京大戏院对面。次年全家来沪即租房于辣斐德路桃源村 5 号,以后从未迁移。(慈惠南里是我的住家。)

5. 马岳梁，又名马嵩岫，现年 61 岁，北京人，满族。

另供给您一件有价值的资料^①如次：

吴氏宗祖全佑，字保亭，生于道光十四年甲午肖马（即 1834 年），故于光绪二十八年壬寅（即 1902 年），享年 69 岁。（现在已无人曾亲受教于宗祖）。张达泉老师是在 1944 年（胜利前一年）由吴师母收的师弟。

专此信候，并致

敬礼

马岳梁

章启东 ^②

金同志顷接：

手书敬悉一切。棣隆里武术团体名称，是上海武技研究社。社长是旧北洋三师吴佩孚那里的参谋长张其锽，号子武。教授刘景阁、高振东、褚桂亭、萧格清等。该社的武术大致以形意拳为主体，太极拳、八卦掌，大约孙存周先生每月由杭来沪时传授。同门师兄弟辈社员如章乃器、支燮堂、周锡琛等，沪宁铁路职工多数。这是大略情形。弟对于尊处途径不

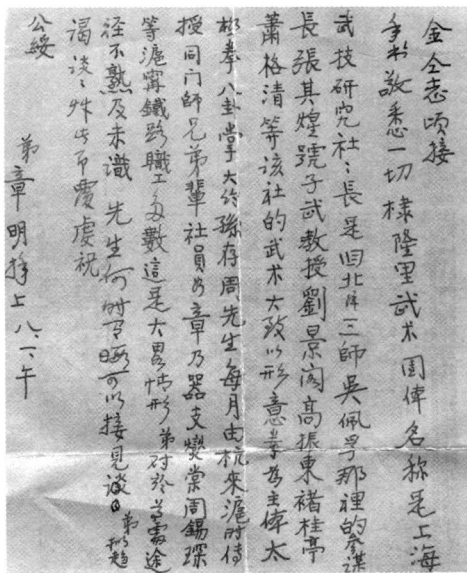

①马岳梁所供"有价值的资料"，谈及张达泉在吴鉴泉故世二年后，找到吴鉴泉的太太，要求拜吴鉴泉为师兄。所以，马先生特地注明张达泉是"吴师母收的师弟"，还强调写此信之时，"现在已无人曾亲受教于宗祖（全佑）"了，确证张达泉并非从全佑学拳。

②章明，字启东，孙禄堂先生弟子。历任中华体育联合会总干事、上海国术馆筹备委员兼董事等。

熟及未识。先生何时有暇可以接见。弟拟趋谒谈谈。草此。即覆虔祝

公绥

弟章明　拜上

八、一、午、

吴藕汀

仁霖吾兄惠鉴:

　　承赐旧印八方,至为名贵。
使敝箧增色不少。厚谊隆情,殊
深感谢。专此。顺颂

　　秋祺

弟　吴藕汀顿首

九月十一日(民国三十六年

1948 年)

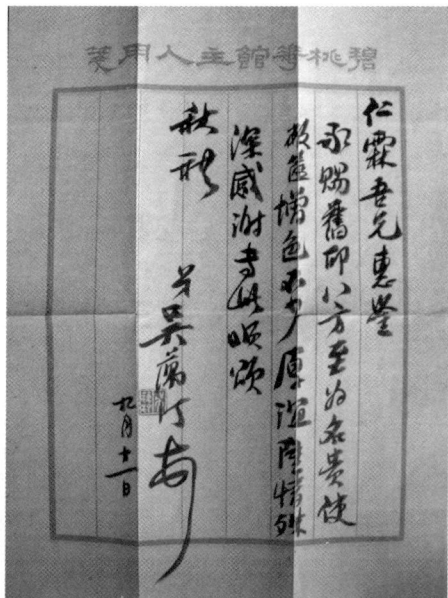

十一月七日金仁霖致吴藕汀 [1]

　　自 1949 年一别至今,已逾卅载,真是鬓毛已衰故人稀。弟自 1950
年冬参加华东纺管局入疆工作队,回禾后即未再遇澹伯。1962 年秋祖母
故世,当时弟曾返禾一回。据同学告知,澹伯约于 1956 年归道山,确切
日期,他们也不知其详。再者 1949 年方去疾兄集拓《苦铁印选》时,曾
托弟转借尊藏吴刻四印,谱成已 1950 年初夏。当时兄名虽列入谱中藏印

---

　　[1] 以下五则"致吴藕汀"信札,摘自吴藕汀作品集《十年鸿迹》。"藕曰"即吴藕汀的引注。

姓氏之中。但总以印章尚存弟处，未曾归璧为憾。"文革"中弟存于先父处之印章书画，全遭抄毁。惟此四印仍是去疾原封，置于弟常用姓名印中，随身而行，幸获保全。今吴作颇受重视之际，不知吾兄拟作如何打算，一并望告。这次偶因投稿机会，得遇潘德熙兄，蒙告吾兄地址，具函问候，并请示尊见。

藕曰：

　　突然接到金仁霖兄来信，非常惊异。因为钱同春兄在嘉兴，已常通信。徐熊飞兄在湖南，几年前也有音讯。只有金仁霖兄，却杳无消息。还是在1949年春天，仁霖来借我藏印中的吴昌硕刻四方印章。以后遭逢兵乱，从此与仁霖断了信息，首尾已经是34年了。当年他还不过是方过弱冠之年，现在自然是"鬓毛已衰"了。当时他是受方去疾之托，为方介堪钤拓《苦铁印选》而借去的，我以为早就化为乌有了。不料竟然还保存不失，真是意想不到。仁霖问我"如何打算"，我此时只想能够看一看再说，因此随即写信去请他寄来，重新一见为快。不过我的藏印，尽以易米而去，留此四印，不觉感慨万分，不能自已。没几天就接到了仁霖寄我四印。吴昌硕刻印，存世不知尚有多少，此四印之幸免于难，亦是很幸运的。近来吴氏作品，不论书画篆刻，却很重视，仁霖能于数十年后，完璧归赵，确是艺林中之一段佳话。其四印一："出入大吉"半白半朱。款四边隶书，作"此印仿汉，余以为最得意之作，朗翁以为然否。古桃吴俊并记"。二："臣显"白文。款作"壬午夏俊卿"。三："质公"白文。款作"质公正刻，仓石吴俊"。四："老朴涂雅"半白半朱。款作"朴丈正之，俊卿"。

十一月二十一日金仁霖致吴藕汀

　　十六日收到手书后，十七日午即将吴刻四印，由四川路邮局寄出。见到所附邓散木印拓，原拟略一告知伊之情况。适值本期《人物》出版，其中载有邓女撰写的《我的父亲邓散木》一文，在遭遇方面，言之更详。

故于十八日邮寄一本，以代我言。为了报答澹伯给我的教益于万一，特在他为我所刻的印章中拣出八印，钤拓于纸，撰简介短篇，作《书法》现代篆刻家作品选，稿已寄给潘德熙兄，想来他必能玉成其事。

藕曰：

粪翁我很早闻其名，这位邓先生抗战前为杭州净慈寺写了"佛殿"两个大字，代替一般寺院正殿所悬"大雄宝殿"。我戏谓真是"佛头着粪"了。不过邓先生具名"钝铁"，恐怕也是避免了这句笑话吧。我到上海，常去宣和印社，因为我与方节厂兄交情还好，他又为我代向粪翁写了我先祖母像赞，可惜讣告还未印好，在印刷所里被丁丑兵火烧掉了。一九四八年戊子，金仁霖兄在上海结识了邓先生，而邓看到了我所藏他的老师赵古泥先生的"海虞旧族"朱文一印，乞金仁霖向我索之而去。我又送了他昌羊室钤拓的《灵芬馆印存》一部。自此也有信札往来，又为我刻了两方印章。一是"净庐"朱文，一是"吴藕汀"白文。而今朱文一印已经失去，白文一印，仍然在使用。顶上款作"戊子十月，散木仿汉"。

十二月二日金仁霖致吴藕汀

附来近作山水，豪放之气，溢于纸面，请先谢之。三十年来，平生爱好一度弃文就武，研习太极拳。侥幸的是和书法篆刻一样，碰到的也是屈指名流，所以自以为也有所得。我写了篇《在上海的各流派太极拳》，略表数典不忘祖之意耳。关于熊飞、同春和我经手拓成的《百家印谱》，当时共约卅部，其中较好的约十部。工本费原来说定三人各负担三一。后来不怎的，熊飞说同春的也由他负担，并说同春兄只出力，不出钱了，言外之意就除了给同春应得较好的一二部外，其余同春原来应得的一份，由他处理。实际上，当时我也只拿到了三部，二部有夹版的一好一差，一部没有夹版的当然也是差的。恰好当时正逢孔云白在我童军路住所后面的民教馆展出书法篆刻，由同学介绍来我家，看到此谱后，一定要索取一部，当时我给了他一部差的。还有一部有夹版的，后来给了邓公散木。剩下的一部，我换上了楠木夹版，至今还保存着。后来澹伯问起此事，我把情况告诉他时，他老人家也连连摇头。据我所知，谱成后，他来上海，一部在徐寒光处，交换璧寿轩印泥。一部在张鲁盒处，换取《金罍印摭》。还有一部通过其石，在某家换到艾叶绿冻一方。据我在"文革"前收购到的钟沈霖刻"河南世泽"一印，在郭若愚智龛的边跋中来看，当时也得到一部。再据方去疾编订的《明清篆刻家流派印谱》中选有花榜刻的"救寒莫如重裘，止谤莫如修身"一印来看，方处也有一部。当然我应该为此谱能流传开去，被爱好者引用而感到高兴。所可惜的是，当时熊飞兄都着重在物质利益上打算盘，而没有换到艺术界前辈或名家们的珍贵友情。因按当时的社会条件和他家庭经济情况，都仅可不这样做。

藕曰：

《百家印存》中，我有钟沈霖"小红低唱我吹箫"白文一印拓入。仁霖信中提及"河南世泽"白文圆印，款作"戊辰冬霖作"。尚有郭某附跋云："钤印庐集印有'小红低唱我吹箫'印，其款为同治五年小春月，角里钟沈霖篆。刀法与此相同，《印人传》有钟沈霖，当即其人也。己丑大暑节，偶捡此石亟记之，智龛。"花榜所作"救寒莫如重裘，止谤莫如修身"朱文一印，为仁霖赠我，亦经拓入。款已不全，留有"吴门花榜篆，寄槐谷……时……"诸字。今我所知《百家印选》除仁霖上海有一部外，许明农、江渔人两兄处，各有一部留存，俱在嘉兴。

五月六日金仁霖致吴藕汀

春节后匆匆一晤，虽未能畅谈，然四一年离别之情，总算为之稍解。岁月如流，至今又是两个半月了，殊深企念。回沪后，曾三访王蘧老伯，见其身体健康，每有进步。故除乞书堂名以外，敢求其为散木遗札及弟手拓散木珍藏古泥印章署签。回来后前后整理了旧稿《太极拳谱汇编》

《武当对剑》以及八二年写的《印章边款探微》几篇。潘德熙处旧稿，决定最近去信索还。因为当时印例中，象（像）何震的"水木湛清华"边款，还是未经火时的原拓。省得难为他人，不痛不痒地搁置起来，你看怎样。为兄刻成了"南林异客"一印，今将拓纸附上求正，印章有便即托人带上。

藕曰：

明何震"水木湛清华"白文一印，原藏于郭氏。丁丑日寇之乱，焚于新塍，石仍完好，而归于我。边款作"庚寅中秋后二日，为延之词丈制。何震"。庚寅应是明嘉靖九年。陈康叔草书跋之三面云："水木湛清华，诗所称义熙中，以谢益寿为华绮之冠。此游西池诗，尤益寿之佳句，又得雪渔妙刻，足称双美。志宁识。嘉庆乙女秋履山五兄携示此印，玩其法体运刀，直欲□□①宋元，而上返秦汉，为雪渔□□之作。敢即以湛华二字目之。陈志宁康叔氏又识。"

十一月二十一日钱同春致吴藕汀

弟赴沪求医，得晤仁霖兄，并将所惠佳山水转送仁霖兄。每晚畅谈，获观澹如叔遗札十多封，邓散木信约二十件。篆刻拓片，近代印章数百方，重温玩印旧梦，询可观也。弟在天目路上碰到侗楼兄，弟即将吾兄手书给侗楼兄看，说道不是去无锡而是到苏州参加校庆。今刚从王先生蘧常家来，要回阜阳了。

藕曰：

同春去上海因目疾求治，住在金仁霖兄处，故得观其所有藏品。仁霖倒还有澹如世丈及邓散木先生遗札，确很名贵。仁霖与陈、邓两先生，关系不是一般，因此更宜宝之，不仅是玩玩而已。上海之大，不期在路

---

① 此处两字原信污损不清。后同。

上遇见沈侗楼兄，倒是很不容易，还给他看了我的信札，真算得有缘了。

吴文瀚

仁霖兄：

非常感谢您为我治印，面对着精致的印盒和精美的名章，犹如目睹您握刀时的情景："手犹未疏"老当益壮；"金石同寿"愿与您共享！我对治印一道，是十足的外行，亦无其它技艺，"投之以桃"，我却无能"报之以琼瑶"，只能在数千里之外，再一次向您表示谢忱吧！

应拳友的催促，我写了若干能介绍武派太极拳拳势练法及技击含义的稿件，将从《武魂》第5期陆续刊登，请兄到时抽时间看看，给把把关，各有不妥处，请及时函告，为将来写一本介绍武派太极拳的书做资料。

专此敬祝

大安

弟
吴文瀚
1999.4.21

浦汉健

金老：

您好！

惠赠的大作《金仁霖太极拳论文选》于元月19日敬奉。代寄人为嘉兴江澜，大约网名叫"二水居士"吧。拜读大作，敬仰之情油然而生，眼前仿佛看到您在灯下孜孜不倦得（地）伏案疾书，耳畔犹如听到您耐心细致地讲学。您认真严谨、实事求是的科学态度，堪称太极拳界的楷模，您不慕名利、默默耕耘，用实绩为大家树立了榜样，您坚持真理又宽以待人，用宽厚、仁慈、善良和无私的行动帮助了许多人。您是太极拳界仁德的典范。您的研究成果证明了您不愧为当代杰出的太极拳史学家，不愧为德高望重的太极大师。您用科学的眼光，用历史唯物主义和辩证唯物主义的方法，深刻地剖析了太极拳，用无可辩驳的史实和不可多得的第一手资料，揭示了太极拳的本来面目。《论文选》像一盏明灯，用它不可遏制的智慧之光，划破愚昧的夜空，照亮了太极拳健康发展的道路；像温暖的春风吹拂大地，驳散了长期笼罩在太极拳上的神秘和玄学的迷雾。可以肯定，《论文选》有着特殊的时代意义。我坚信随着太极拳研究的进一步深入，历史将证明它作为研究基石的真正价值。

我根据太极拳的内容，提出了它的内容体系为"史、技、理、法、功"，即太极拳的史学研究、技法研究、理论研究、法则研究和功法研究。有的人将技法称为"术"，其本质意义应该说是一致的。它的训练体系为"形、势、劲、意、气、神"六个层次。其中前三者为外练，后三者为内练。这个提法与香港叶若林先生的提法是一致的。不同的是叶先生仅以吴式太极拳的角度提出的，我虽然也从吴式的角度提出，但更多的是从太极拳传统老架子的角度提出的。多年前，我在一次与石家庄赵济夫先生的通信中谈到，他认为我的提法较为全面。我主攻的是太极拳技法研究，由技法入史，由技法验证理法。目前已初步分清陈氏炮捶（即现在所称"陈氏太极拳"）与杨、吴等式的雏形与定型关系，如同"蝌蚪与青蛙"的关系；初步剖析杨露禅的打法与杨澄甫的打法之间的变化原因和理论根据及其作用；初步理清太极拳推手与散手之间的关系与具体操作。并据此初步总结出太极拳的技法特征，分析了太极拳的健身与技击的关系。

以上是拜读您大作后的一点随感和个人情况汇报，不当之处在所难免，诚望不吝赐教，拨冗指正。谨此，敬颂

大安

浦汉健　敬上
2008.元.25

其他

仁霖兄：

来函及所附稿件序言都已收到。此稿件弟将交《气功与科学》杂志发表。因为我是此刊物的领导部门"广州气功研究协会"的顾问，故可以及早发表。此本杂志发行量仅次于《武林》，每期发行量超过拾陆万本。对于吾兄拟再写"气功与太极拳"一文，甚好，请尽早寄弟为盼。中山大学物理系对弟进行"引力波测定"，是离开测定仪器做的实验。在几个气功师中，我的功率最大。前几天又做了长波、电磁波测定，也是我最大，且超过了仪器的记录数据50，未发功时为14，故很引起人们的兴趣。因此打算再试电磁短波、光波、粒子流等多种试验。

我认为无极式在广州地区有这样的成绩，这与吾兄的教导有关。因此每逢追溯来源，总不免要提起过去这段跟您学习的历史呢！

谨祝新春愉快

弟蔡松芳[①]顿首

2月3日（1982年）附：随手寄上这期《气功与科学》，内载无极气功两篇文章及气功与书法等，内容尚可一观。

仁霖同志：

谅你已放暑假了，近来可好？顾老同志我月前已去看过他，并将你资料给他看了，他将资料留下，表示很同意你的见解，将来可出版不定期刊物。就是写作上人太少了，我提出你可能协助一臂之力。他也赞同。我想你也无意见吧。我本想约他来我家和你一同餐叙谈谈，他说将于九月十八号出国去日本表演和教太极拳，时间颇局促，餐叙无时间了。我意你何日何时有空，先写信给我，你来我家，我和你一同去顾老家里叙

---

① 无极式气功创始人蔡松芳先生，系慰苍先生的大学学弟，也是上海十九棉的同事。同事期间，从慰苍先生学练拳艺，20世纪50年代末期受"反右"运动牵连，蔡先生去沪赴粤，70年代末期以气功、太极推手而驰声走誉。

谈叙谈，你意如何并盼回音。专此布达。

　　此致

敬礼

何寿康^①　手启 1980 年 8 月 15 日

仁霖老师：

　　上次承委打听张达泉和徐致一的故世年代，现将问到的情况抄录寄上，请查收。今天上午我去淮海公园，有小倪、徐毓岐、老吴、老夏等在，我本想在下午到你处的，结果因我女儿来接我到她家去（她家在四平路同济新村），所以只得作罢。她在春节结婚的，她家我还没有去过，现在她特地来约我，我不好推辞。特此奉函。即致

　　敬礼

孙裕德^②　73.3.10 星期六

金老师：

　　您好！您所须借阅的陈微明著《八卦拳》及张占魁（兆东）著《八卦拳》两书，昨天我爸已问过他的朋友，他家也无此书籍，恐您盼望，此通知一声。我爸爸因受凉，身体违和，又值天雨，所以昨晨没有到向阳公园去跟您学拳。有便时请来我家玩。15 路、13 路、41 路车均在我家弄口停站（北站）。祝您健康！

凌英^③　9 月 9 日　1973 年安庆路 350 弄 21 号

---

　　① 何寿康先生系顾留馨的舅舅，著名的气功专家。函中的"顾老同志"指的就是顾留馨。

　　② 孙裕德、小倪（倪孔亮）、徐毓岐、老吴（吴国卿）、老夏（夏永祯）等，都是慰苍先生早年学生。

　　③ 凌英：系凌汉兴先生之女。"文革"期间，凌汉兴先生师从慰苍先生学习太极拳、推手三年。

霖师：

　　又是几个星期过去了，那天到府上学拳时，我的腰部下面经过电疗已大大好转。不意一个疗程完了，就要我停止继续电疗，说"大家用用"。我当时提出我的病刚快痊愈，怎能停止，可是无效，结果还是停下了。于是腰部下面又抽痛起来了。所以我后来就没有再到府上去学拳。真是抱憾的（得）很。

　　每天上午练拳还是照常，原来打两套，现在暂时只练一套。我觉得练拳时脚力差，所以昨天开始站桩，约十分钟，和搁腿。新近遇到一位先岳的学生洪君，他也退休了。大家推手约二十分钟。一到下午就感到乏力，觉得腰部下面不舒服了。我现在吃"三七"，觉得好一些，所以想再试吃若干时再说。您给我的伤药方，昨天晚上我儿子的朋友为我配到了，不知道也可以治此病否？本星期六，如果病情好转些，我想先到淮海公园来拜谒老师。一切面谈。知念，特此奉告，余容面陈。

　　即叩
　　大安

学生祖定 ^① 敬上　　1975.12.23

仁霖吾兄惠鉴：

　　接 1.27 手书，及大作拓本，欣何如之。粗朱细白，一入目帘，便觉清奇之气夺人。吾兄治印之功力，可曰不同凡响。此印之布局极佳，笔笔皆好，尤以"书画"两字之贯中一笔，为常人所不能。于书曰中锋，于气曰浩然中正，于佛家是中脉。此吾兄太极功夫之流露也。于整个印所现为完整之一体，而字字均本身合得起来，笔笔有铁画银钩之美。吾兄一生不慕名利，淡泊以明志，于学问上有很大的成就，足以自娱。弟

---

　　① 李祖定、陈邦勤夫妇从慰苍先生学拳多年。李祖定系出小港李家望族，陈邦勤系陈微明先生之女。函中的"先岳"自然指的是陈微明先生。

钦佩之至。不知何以为谢。待节日后当谋造府拜访，先驰书相约也。松芳兄如遇兄，尝问他《无极气功》尝有存否。

即颂近佳！

弟大栋上元月卅一日（1988 年）

仁霖吾兄如晤：

接奉元月六日手书，并玩赏吾兄所刻之"谛竹居士"印，喜欢又复钦佩。吾兄之艺术水平实不同凡响，是印刀法功深，且有清奇古逸之气，非胸中有素养者不能出此。感谢之至。亦是弟退离工作专心学佛之先兆也。弟拟于今年下半年提出退休，摆脱世务，希望有更多的时间安居山林禅寺，此弟之宿愿也。松芳兄去年曾拟约兄一叙，现松芳兄已来沪月余，很有清闲，吾兄何时有闲，约同叙叙。可电舍间 372775 接 436 分机。

弟大栋①上　1988 年元月十五日

---

① 郭大栋居士早年留学美国，回国后曾任上海纺织局总工程师、局长等。从乐幻智学佛、太极拳。后拜桂仑禅师修禅，历任上海市佛教协会副会长、上海居士林副林长。也从慰苍先生学练推手多年。

日记

1961 年

2 月 16 日

下午偕晋良去公费第一医院进行腹式顺逆呼吸 X 光透视。

第一次极度：顺呼吸膈肌动程 7.2 厘米；逆呼吸膈肌动程 9.2 厘米。

第二次正常：顺呼吸膈肌动程 4 厘米；逆呼吸膈肌动程 6.4 厘米。

4 月 5 日

往体育宫晤见顾留馨主任。知《谈谈太极拳》一稿，已交体育报记者带京。并获知徐哲东先生系在兰州第二新村西北民族学院执教。在体育宫参观郝先生教授太极拳情况。所言腕肘四点不丢顶，颇有见地。而两肩两胯保持于一平面，则值得斟酌。

4月22日

晚至体育宫观看各家太极拳传统架子表演。于孙氏架式中虚实变化处，颇有所悟。郝氏推手活步系走顺步，二步走外裆，最后一步插里裆。

5月13日

晚9时许，与叶师谈拳推手。数月未亲，觉其劲锐且脆，老而弥精。

6月11日

至外滩，由洪文达介绍，得见符医师。彼言推手系"只吃自己人"。盖系执而不化，坐井观天之辈，遂未与之推手。

6月16日

晨至复兴公园，观看马先生教授太极剑与推手。剑固无可取法，若推手虽有腰，亦多手，且多从快速中取势，有时不免用力。

6月25日

上午9时许，叶师、敏之先生、蒋锡荣、张晋良、顾学诺及余六人往复兴公园试看气功操、简化太极拳，以为写论文准备。敏之先生练气功操，虽寥寥数动，但觉其浑身气厚而活。蒋兄练简化太极，则觉其既滞且断，叶师评之"毫无神气"。我练简化太极，自知尚在背架子，缺少意思，叶师评之曰"神气不足"，良有以也。

6月30日

至叶师处，除受教论文概要外，练老架一段，叶师始以"气厚而平均"评之。

7月16日

下午至叶师处，录得其近作《医学打手语》云："前后相随须认真，掤攦挤按等闲人。任凭浮重相迎送，牵动往来背腰神。沾连绵随从舍得，丢顶匾抗病此身。若言用意为延寿，意气君来论轻沉。"论太极推手，以为或隐或现犹是初步，其后为不隐不现，最后则顺势借力而已。晚在家偶翻1919年上海九福公司发行之《康健指南》载有尤彭熙为公司委员，德国海台山大学医学博士。则于太极拳似不应有所谓空劲云云，非科学之荒谬看法。

7月21日

至叶师处得见师于四十四年前在杭州时，偕吴根深从田兆麟先生处抄来之《太极拳论》等杨健侯老先生传本，与当时浙江警官学校所印之《太极拳论讲义》大同小异，可以相互参校。两本均较陈微明先生传本为早，可作研究参考，因借归录副以存。

7月23日

上午偕叶师至复兴公园观看架子。始为余练，次为陈筱春，三为晋良，最后为濮大姊。师评余谓气厚而平均，如是练法，直等施肥，前此浮病，正宜肥足气盛而后能去也。评晋良谓已经畅开，诚非易易。评濮大姊谓转折处多恰到好处，唯有时不免不能完整一气耳。

8月12日

晚往体育宫观看参加华东区武术运动会代表测验。参加太极拳比赛者只杨炳诚一人。表演为自选套路，内容杂取杨、吴、陈、郝诸派，有时偶出几乎明劲，姑且不谈，胸腹笔直几乎像块排门板，全无开合转动意思。然观武禹襄《身法十目》中尚有腾挪、闪战两目。李亦畬《五字诀》中亦有"紧要全在胸中腰间运化，不在外面"，《走架打手行功要言》中有"运动在两肩，主宰于腰，上于两膊相系，下于两腿相随""触之则无不得力，才能引进落空，四两拨千斤"等语。

8月13日

上午至叶师处，言及杨炳诚事，师亦甚为惋惜。

8月19日

洪文达先生来电，约明晚与符医师同至叶师处。晚间特往告叶师。今晚师兴趣特浓，为之比如封似闭、玉女穿梭、还靠诸乎，并比拟迎送诸法，发劲甚激，为推手以来所少有者。再谈及目标对方三竖线（两肩与中线），出线不发，发时己身须三竖线齐头并进，始能完整。

8月20日

上午于复兴公园，汤祥生先生来求试劲，遂为之作靶数次。惟觉其手重而意轻，上紧而下松。然与二年前较之，则已进步多矣，不失规矩，是尤难能可贵也。晚符医师、洪文达来叶师处，符自言太极拳始从尤彭熙，再从田兆麟，又复从尤，言外之意，似乎尤有特种东西，惜未能学到。是涉歧途而不能自拔者也。

1962 年

6月17日

于精武体育会听徐先生讲《太极拳精义》。先生既承认太极拳为柔性武术，却又认为"刚是基础，随着年龄的增长渐渐地由刚入柔，然后才能刚柔相济。不可能从柔里练出刚来，不可能摸呀摸，就摸出刚来"，此基本观点已是大错，不敢苟同。其解释"牵动四两拨千斤"，重点在牵动，"重意不重形"等等，确是经验之谈，不可忽也。

7月16日

晚上七时至体育宫听郝先生讲《练好太极拳的基本要求》，内容有：1.身法与动静；2.阴阳与虚实；3.开合与呼吸；4.太极拳的相对原理等。

演讲以实地示范为主，颇便初学。惟持论多偏见，要为初学者多害而少益。如"吊裆是尾闾上翘，托住丹田""大椎与命门二处固住不动""掤搌挤按等为十三个方向"，是其主要者。至其能将郝氏主张和盘托出，亦信真诚且朴矣。

1978 年

12 月 26 日

于体育宫听郝少如老师讲课：

虚实阴阳（属太极）是内形；拳是外形：手、身、步（脚）法。

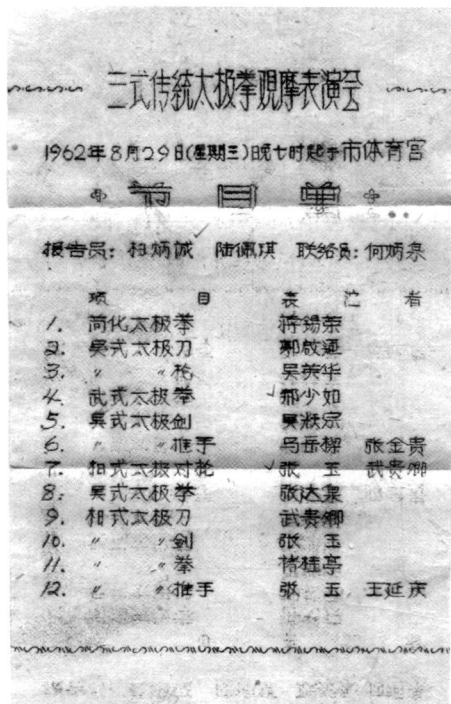

1962 年 8 月 29 日体育宫太极拳表演节目单

两者结合起来，由外形（拳）带动内形的叫拳太极；久练后由内形推动外形的叫太极拳。

由路线和方向结合起来的叫上下相随。方向是直的，路线是曲（弧形）的。

阴是指方向，阳是指路线。

又要分清虚实，否则就成双重。

虚实不能截然分开，虚是多点的，实是少点的。

磨子是虚的转，实的不动。

两手靠大椎来调整，两腿靠尾闾（舵）来调整。

以含胸拔背来指挥气沉丹田，用沉肩垂肘来指挥含胸拔背。松（沉）肩要靠气贴背，以气下沉来指挥气贴背。一环套一环。不这样做，练几十年还是徒劳的。

护臀（如内外轮胎的关系）。

阴阳（如皮球里外）。

人不知我（即是对方挨着我阳，摸不着我阴）。

四方：意思是有方的，不能外形方。

四斜：斜不离正，是利用斜（如左肩和右胯相合）。

内部调整身腿稳。

命门移动始终在运动之中。

调方向：必须精神调回来，外形不来。

精神在内调配，人不知我。

外示安逸，内示精神。从这个角到那个角不丢。

往左必有右，无中生有。

不可用手法来调配，要用精神来调配。

虚盖实如伞面盖伞骨。

腰以实托虚，不可平行转动。如向右转，则左腰托右腰，左腰眼靠拢右腰眼，依靠胯的调整，不可丢离。

气沉丹田为什么会气贴背？

向左转，左胸掏空，胸中运气。

尾闾中正，即两胸不可平行的动。

合力法：手法、步法合在一道。

腾挪：预动未动之势。

气势腾挪是精神产生出来的（如锅蒸饭）。

实的要想办法藏在虚的里面；虚的要想办法包围实的。实的在里面好改变，实的在外面就不好改变。

上下相随有两：方向指挥路线，方向是实的，路线是虚的。

劲由内换。

外形向左，精神向右。

含胸有如能吸引对方的意思。

第四编

叶大密老师太极拳笔记选编

叶大密太极剑神韵

记

记奇遇李景林将军

丁卯（1927年）十一月某日，突来一不知姓名之客，持原红色大名片访余，顾视之，原是三年前形意、八卦、太极名家老前辈孙禄堂老伯所说精通武当剑术之李芳辰（宸）将军。今得此机会，惊奇靡已。来使遂偕余至祁齐路（今岳阳路）寓所拜见将军，一望而知是儒者风度之大将，无赳赳武夫气象。后观余练杨家太极拳剑毕，叹曰："不失武当真意，曩日在奉直各省所见者，夹有八卦、形意，非纯粹之太极可比。"回顾左右眷属及侍从者云："尔辈不习此拳，难得余剑之真传。"言罢，随手取剑起舞，矫若神龙，变化莫测，清灵高雅，叹为观止。当即恳求执弟子礼，果允所请，为余一生之大幸事。

时陈微明、陈志进诸友在沪办致柔拳社，约往学习，以资提倡。

查《宁波府志》及清黄宗羲《王征南墓志铭》均未提及武当剑事，足见太极拳、武当剑早已分传：习太极拳者不习武当剑；习武当剑者不习太极拳。今余曾将拳剑两者兼而习之，一如原来不分散之面目，李老师之功也。爰作斯文，以期不忘云尔。

一、李老师武当剑系武当山第十三传陈世钧先生所授，先生皖北人，为袁世凯幕友。

二、武当剑学习法：初习对剑分五路；次活步以十三势随意对击，但须剑不见剑；最后舞剑，行气似流云，极自然之妙。师云："配琴舞之，更有古雅之趣，不同凡俗，他剑焉能道此。"

丁卯冬紫霞山人叶大密识于武当太极拳社

语录

练太极必须分清轻、重、浮、沉四字，须知轻与沉相承，浮与重相对。

太极轻灵，如荷叶承露有倾即泻。

膝上有圈，然后能使足掌平伏贴地。

两手不知呼应，是谓半无着落。

练架子须先求其方，后求其圆；推手须先求其圆，后求其方。从此去做，始能事半功倍。

练架子须逢转必沉，推手须流而能留。

练架子须三尖归一。

心动、气随、腰转，才能精、气、神合一。

尾闾如行舟之舵。

身有虚实，虚胸实腹，虚腹实胸，此身之虚实也；胸亦有虚实，左进右退右进左退，胸之虚实也。故含胸亦有双重之病。

练劲须按部就班，层次而入：先练腰、次练脊，再练背，由腰而脊而背。平时走架专意一处，功久自能劲由脊发矣。

发劲如撒去沾手污泥，非松净松极，不能脆也。（示郑曼青语）

不丢而丢，不顶而顶，意在人先，变化倏忽，则丢而不丢，顶而不顶矣，是谓即丢即顶。然即丢即顶，全是从不丢不顶中得来。

推手之圈，以外大内小为佳，外大可以眩人耳目，乱人意志，内小方能转变灵活集中迅速。

太极推手，能忽隐忽现犹是初步，其后为不隐不现，最后则顺势借力而已。

发劲之专注一方，犹有范围，要不出对方中心与两肩三竖线之外，发时自身之三竖线，必须保持齐头并进，方能完整一气。

举步如涉水，运剑若游云。（李景林语）。

跌打损伤验方

川大黄（醋炒）	四两	骨碎补	一两
自然铜（醋淬）	一两	乳香	一两
土鳖（去头尾）	一两	龟板	一两
当归	一两	没药	一两

上药研为细末，瓷瓶收藏。

见血干掺，青肿烧酒调涂，努伤黄酒冲服一钱。

如法施治，神效不可殚述。

　　　　　　　　　　　　　　　　　河北完县孙禄堂老先生传

谱

太极刀名称歌

七星跨虎交刀势，腾挪闪展意气扬。

① 左顾右盼两分张，白鹤展翅五行掌。

风卷荷花叶里藏，玉女穿梭八方势。

三星开合自主张，二起脚来打虎势。

披身斜挂鸳鸯脚，顺水推舟鞭作篙。

下势三合自由招，左右分水龙门跳。

卞和携石凤还巢，吾师留下四方（"此刀"二字
之误）赞。

口传心授不妄教，斫、剁、划、截、刟（"割"
之误）撩腕。

　　　　　　此歌自武汇川兄处抄来 大密

---

① 李雅轩传本"左顾右盼两分张"句前尚有"吞吐含化龙行步"
一句，并无末一句"斫、剁、划、截、割、撩腕"。

太极黏连枪

头一枪进步刺心，二枪进一步刺腿，三枪上一步刺膀，四枪上一步刺咽喉，此进步之法，对方之退，即随他之进而后退，退而复进，相连轮转。

退一步採一枪，进一步捌一枪，进一步捺一枪[①]，上一步撺一枪[②]（此四枪在前四枪之内）。

大擺约言

我擺他肘，他上步挤，我单手搁，他转身擺，我上步挤，他逃体；我一擺，他上步挤。

黏连枪与大擺是杨澄甫老师口述，由余笔录

大密

太极拳辅助行功式

一、静步（定步）——静中动

（一）无极式

平行步高站式，两臂松垂两侧，掌心向里和拳架相同。

（二）纯阴式

平行步高站式，随身躯前荡后移势，两臂覆掌前平举，曲臂回收，两肩后开，两肘后合，两掌左右分，再前合下按，配合呼吸，拔背顶劲和拳架相同。

---

① 捺一枪：杨澄甫《太极拳使用法》《太极沾黏十三枪》作掷枪，董英杰《太极拳释义》作扨枪。

② 撺一枪：以上二本均作铲枪。

（三）纯阳式

平行步高站式，随身躯前荡后移势，两臂覆掌前平举，曲臂回收，两肩后开，两肘下合，竖掌前按，配合呼吸，拔背顶劲，坐腕舒指，和拳架相同。

（四）开合不二（鹿形）

平行步中站式，曲膝，两臂侧掌前平举，掌心相对开合呼吸，求得落位，停住。

（五）岁寒（猴形）

平行步中站式，曲膝，两手覆掌一前一后（先右前左后）向前齐胸提起，曲臂松腕，前后手虎口一条线，掌指下垂。

（六）迎春

平行步中站式，曲膝，两臂侧掌前平举，随即转臂成仰掌。

（七）万里鹏程

由平行步高站式变马步站式，坐一腿，实脚掌随转腰向身后斜角转去，虚脚颠地，两手随转腰一手反掌披额，一手仰掌后伸，手臂和虚腿平行，两眼后视虚脚踵。

（八）虎视（虎形）

由平行步高站式，收右脚进左脚，变川步中站式，坐前腿，随身躯前荡后移势，两臂覆掌前平举，曲臂回收，两肩后开，两肘后合，两掌左右分，再前合下按如纯阴式，随即两眼先向正前，再转腰向左前平视，胸腹开合各三次。

（九）致中和

由平行步高站式，收右脚进左脚，变川步中站式，坐前腿，两臂反掌前平举，掌背相对，随腰转两手前按后沉，前覆后仰，停住，换手再停。

（十）平开式

平行步高站式，两臂覆掌左右侧平举，随沉肩垂肘，坐腕舒指，使掌心左右向，指尖斜向上，着意五心。

（十一）静岳（提手式）

由平行步高站式收右脚进左脚变川步中站式，坐后腿，前膝微曲，足尖翘起，两臂覆掌前平举，随转腰转臂使掌心斜斜相对，两手前长后短，沉肩垂肘，坐腕舒掌。

（十二）合太极

平行步高站式，随身躯前荡后移势，两臂覆掌前平举，曲臂回收，两肘下合转臂使掌心向胸，指尖相对，沉肩松腕。

（十三）流中留（回身俯视）

由平行步高站式收右脚进左脚，变川步中站式，前后坐腿，倾身望踵，两臂后扬，侧掌使掌心相对，正身前视，两臂前扬，仍侧掌，再做左右倾身扬臂式，撒手还原。

（十四）连环掌

由平行步高站式，收右脚进左脚，变川步中站式，前后坐腿，两臂覆掌前平举，随腰转两手前按后采，左右交互。

二、静步——动中静

（一）分虚实

由平行步高站式，收右脚进左脚变川步中站式，前后坐腿，两手松腕反贴腰际，转腰回头平视实腿侧后方。

（二）变阴阳（抱虎归山倒撵猴式）

由平行步高站式，收右脚进左脚变川步中站式，前后坐腿，随腰转一手覆掌前平举，一手仰掌伸向斜后方，然后再转臂使两手掌心斜斜相对，后手向胸前按出，前手向腰侧擓沉。

（三）卷书式

平行步高站式，两手交互随转腰一手转臂上穿，一手下按，成式时上手横托，下手横按，重心在托掌侧，两眼平视斜前方。

（四）回头望月（后顾无忧）

由平行步高站式变马步站式，左右坐腿，两手松腕反贴腰际，随腰转两膝连环圈，回头斜望后上空。

（五）先予后取

　　由平行步高站式，收右脚进左脚，变川步中站式，坐后腿，随腰转两手前仰后覆，由后胯侧向前斜上方掤伸去，坐实前腿，变双劈掌回身后坐，撒手。

（六）左顾右盼（云手式）

　　由平行步高站式变马步站式，左右坐腿，两手随腰转向实腿侧前斜上方穿掤去，再向后斜方切擓，左右交互。

（七）珠联式

　　由平行步高站式收右脚进左脚，变川步中站式，坐前腿，随腰转两手前掤后按，变握拳拉开，左右交互进出，坐后腿同。

（八）吐故纳新（迎新送旧）

　　由平行步高站式收右脚进左脚，变川步中站式，坐前腿，两臂覆掌前平举渐转臂成仰掌，俯身弯腰，曲臂扣腕转掌虚拢拳，随坐后腿势由身前往胸口，经两肋侧向身后穿去，两掌变覆，两眼由裆内后视，随即直腰正身前坐腿，两臂由左右侧向身前平合，两眼亦随之向前平视。

（九）投鞭断流

　　由平行步高站式收右脚进左脚，变川步中站式，坐后腿，两手由实腿侧向身斜后上方提掤去，两掌前仰后覆，随即转臂成侧掌，掌心相对向身正前方劈沉，重心不变。

（十）绝壁攀缘

　　平行步中站式，两手交互随腰转反掌上提，握拳转顺，挥臂撒手坐腿。

（十一）大海浮沉

　　平行步中站式，左右坐腿，两手交互随转腰，一手覆掌前平举，一手仰掌伸向斜后上方，然后再转臂使两手掌心斜斜相对，后手向胸前按出，前手向腰侧擓沉，此式身形有起伏。

（十二）扫尘

由平行步中站式，收右脚进左脚，变川步中站式，坐后腿，随腰转两臂由后胯侧向前腿外侧斜前方齐胸提起，成前覆后仰掌，随含胸转臂回收，经胸前往前腿里侧斜前方齐胸送去，成前仰后覆掌，连续三圈，一圈小一圈，第三圈后变握拳转臂成前后皆覆。

（十三）川流不息

由平行步高站式收右脚进左脚，变川步中站式，前后坐腿，两手随腰转前穿后采，前仰后覆，此式和珠联式相似，惟两手用掌。

（十四）拂手法

平行步中站式，两臂覆掌由前而上并举至顶，随沉肩曲臂，前臂略竖，转臂使掌心相对，再松腕横掌，使掌心向下，指尖相对，然后随腰胯松沉势转臂对挥两手，五次为一遍，第三遍后松臂撒手还原。

（十五）阴阳圈

由平行步高站式收右脚进左脚，变川步中站式，两手松腕反贴腰际，前后坐腿，先前后后，实腿膝转到顺圈，重心沿脚掌缘转动。

（十六）并驾齐驱

由平行步高站式变小平行步微屈膝，两手松腕反贴腰际，整体先由左至右，后由右至左转倒顺圈。

（十七）西江印月

平行步中站式，随转腰一手上掤，转臂反掌披额，挥手反掌搭背，回头望踵，同时另一手反掌披额，随即左右交互上掤披额，挥手搭背，回头望踵，数次，正身两臂覆掌前斜平举，撒手还原。

（十八）撒手而去

由平行步高站式，收右脚进左脚变川步中站式，前后坐腿，两手前长后短，曲臂松腕横掌使掌心向里，齐胸提起，随转掌前挥，撒手还原。

（十九）十字连环手

平行步高站式，随身躯前荡后移势，两臂覆掌前平举，曲臂回收成十字形交叉，沉肩垂肘，然后左右含胸化擖，往斜前上方反挤或单按。

（二十）杞忧

由平行步高站式，收右脚进左脚变川步中站式，坐前腿，两手覆掌由前而上并举至顶，转臂翻掌上托，两掌成八字形。

（二十一）抖透

由平行步高站式收成小平行步，微屈膝，随松腰胯两膝向前后左右抖动，然后两肩开合抖动。

（二十二）调阴阳

由平行步高站式变马步站式，左右坐腿连环膝，随腰转两手前按后沉，前覆后仰，如拳架高探马式，练脊背劲。

三、动步——动中静

甲、直行前进

（一）左右踢脚

平行步高站式，两臂覆掌前平举，随转腰转臂成侧掌使两手掌心向外侧，提脚攦分手，踢脚。

（二）十字腿

平行步高站式，两臂覆掌前平举，随左右转腰，转臂提脚攦分手，蹬脚。

（三）提蹬式

平行步高站式，两臂覆掌前平举，随左右转腰，转臂提脚攦分手，套蹬脚，着意在脚掌外侧。

（四）游龙式

由平行步高站式，收右脚进左脚变川步中站式，坐前腿，两手掌右上左下掌心相对如捧球，曲臂提起至胸前，随腰胯转动势，翻转两手如弄球，两脚并进步或退步。

乙、斜角步前进

（一）双峰贯耳

斜上步，随身腰前坐转动之势，两掌先顺后拗，由两髋侧变握拳，往前上方击出，虎口相对，往复三次，变掌下撤，再上步。

（二）射雁式

斜上步，随身腰前坐转动之势，两手掌心向下，由后胯前齐腰挥起，经身前绕一大圈，由前胸侧往里回收，变握拳向前腿里侧，斜前上空击出，此式前拳位置比拳架中弯弓射虎式为高，故名射雁。

（三）分刺

平行步高站式，两手松腕反贴腰际，一脚并步颠起，屈膝撤手，然后左右手再交叉合抱，转腰提脚，两手后分前劈，踢翅脚，收回斜上一步。

丙、走圆圈前进

（一）双反掌

斜川字步（雁行步）中站式坐前腿；两臂由前胯侧提起，由外向圈内侧齐胸反挤为拗步，再含胸里收，继续向圈外侧齐胸反挤为顺步，随进步。

（二）折迭式

斜川步中站式坐前腿，打折迭捶变擳分手，随转臂成覆掌，两臂左右侧平举，坐腕舒指进步。

（三）一浪高一浪（滔滔不绝）

斜川字步中站式坐前腿，两手侧掌交叉上穿，掌心斜向两侧，前臂略竖，随腰胯松沉势，两手由左右侧向身后斜下方分采去，随进步。

（四）凤凰鼓翅（连环圈）

斜川字步中站式坐前腿，两臂覆掌左右侧平举，画倒顺圈，随进步。

（五）俯仰式

斜川字步中站式坐前腿，两臂覆掌由前胯侧齐胸提起，随腰转由外向圈内经身前往后腿外侧提肘沉臂倒擳，复往前腿里侧沉肘提臂掤按，随进步。

（六）和盘托出（盘旋不定）

斜川字步中站式坐前腿，两臂覆掌侧平举，随转臂成仰掌，进步走圈。

丁、起伏前进

蛇身下势金鸡展翅

由平行步高站式，收右脚进左脚，变川步中站式，坐前腿，两臂覆掌前平举，回身单吊手，顺劈掌变下势，提臂起腿，两手后分前劈，伸腿蹬脚，随进步。

四、原地不动——半静半动步

（一）左右进退圈

平行步高站式，一脚斜向并步，随两手松腕反贴腰际及转腰屈膝势坐实，一脚虚颠，然后再随腰转向身前斜方或身后斜方成凹弧形进步或退步各三次。

（二）月夜过清溪

平行步高站式，一脚斜向并步，随两手松腕反贴腰际及转腰屈膝势坐实，一脚虚颠，然后虚脚随腰转向前伸腿虚点，曲腿提收。

（三）八结合

平行步高站式，一脚斜向并步，随两手松腕反贴腰际及转腰屈膝势坐实，一脚虚颠，整体绕倒顺圈（八结合指刖阳、虚实、动静、开合）。

五、动静互用步——动中静，静中动

（一）卜太极

小平行步或小川字步，两臂齐胸提起，曲臂松腕横掌，使掌心向里，两手大指相对，其余四指互相嵌合，随身腰松沉开合上下卜动。

（二）转太极

小平行步或小川字步，两臂齐胸提起，曲臂横掌，使两掌心上下相对，手指松开如捧球状，随腰转向内转圈如弄球。

（三）搓太极

小平行步或小川字步，两臂侧掌前平举，掌心相对，随左右转腰两手前后相搓。

（四）揉太极

小平行步或小川字步，两臂覆掌齐胸提起，使上手掌心盖于下手掌背上，随左右转腰两手前后相揉。

以上共 57 式，1971 年 11 月 11 日慰苍整理

太极拳散手行功练习法

第一套　从行动式中选出五个散手法

名称	架式	步法
一、单按	高架	正步靠步式。
二、横穿	高架	七星步靠步式。
三、双贯	高架	七星步大步不靠。
四、联珠	高架	正步中等步大小，先左脚前，直蹬前进，后右脚前，直蹬前进。
五、双截	高架	正步靠步式。

第二套

名称	架式	步法
一、正劈	高架	正步靠步式：左足前，右足向左足靠实；右足前，左足向右足靠实。
二、双飞（左右斜飞）	高架	七星步靠步式：左足前，右足靠实；右足前，左足靠实。
三、斜捌	高架	正步靠步式：左足前，右足靠实；右足前，左足靠实。
四、直锤	高架	正步靠步式：左足前，右足靠实；右足前，左足靠实。
五、双射（左右射虎式）	高架	七星步靠步式：左足前，右足向左足靠实；右足前，左足向右足靠实。

前后散手两套，十个式子；正步六个式子；七星步四个式子。

第三套

名称	架式	步法
一、双分（原野马分鬃，左右同）	高架	七星步跟步
二、双封（原如封似闭，左右同）	高架	七星步跟步
三、双蹬（原蹬足，左右同）	高架	七星步跟步
四、双采（原采法，为采、挒、肘、靠之一，左右同）	高架	七星步跟步
五、双靠（原靠法，为采、挒、肘、靠之一，左右同）	高架	七星步跟步

附注：
1. 左手采时，右手放在左手腕处辅之；右手采时，左手放在右手腕处辅之。
2. 靠法同大捋时的靠。

浙江文成公阳叶大密时年八十岁，1967.6.12

基本功两足下联环的练习图

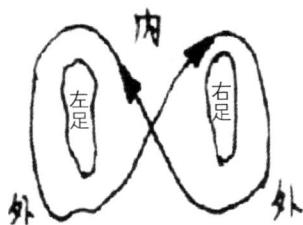

双足从内朝外 20 圈　　　　双足从外朝内 20 圈

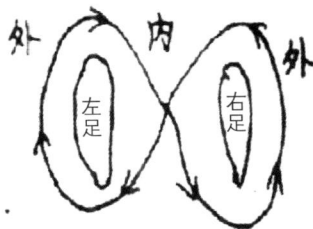

左足从内向外联环圈 20 圈

右足从内向外联环圈 20 圈

左足前部先从内向外，后从外向
内 20 圈（左足后部同右足）

右足后部先从外向内，后从内
向外 20 圈（右足前部同左足）

叶大密手稿

医疗行功式

巨石沉海底　太阳升天空

练习法：

一、巨石沉海底：步法与肩相等大小的二之一阔，使足、膝、胯、腰、肩、头逐渐地徐徐下沉，如巨石慢慢地往下沉到海底一样，是在"沉"字上下功夫，蹲到大腿平为止，少停再起。

二、太阳升天空：头部如早晨的太阳，从海面上逐渐向上升起，这是很像"顶头悬"之意，在极自然而然的情况下上升的。

功用：

对高血压、失眠、神经衰弱、贫血、身体虚弱等练之有效，这是简而易行，行之有效的好方法。

悟

研究太极拳问题在"久"字上

　　关于钻研太极拳的问题，杨澄甫老师曾对我说过："研究太极拳能久则穷，穷则变，变则化，化则通，通则头头是道。"所以对一切事物，如要把它搞通，本来不易，真非有几十年不断的工夫不可，所谓"专家"是也。在"久"字前头需要先有"恒"字，才能"久"字，在"恒"字前头需要有最大的决心，坚强（的）毅力。遇到困难不向它低头，则要有高山向我低头、河水向我让路的革命精神才可以。

　　　　　　　　1966 年 1 月 12 日（乙巳十二月廿一日）

杨家太极拳精义论

　　无形无象，全身透空；忘物自然，西山悬磬；
虎吼猿鸣，泉清水静；翻江闹海，尽性立命。

此系太极拳锻炼到最高最深的境界，也是延年益寿的好方法。绝非庸俗、粗浅、鲁莽、简单之辈可能梦想得到的。

叶大密按

1967.5.1　国际劳动节于沪　时年八十岁

谈谈我的推手体会

推手为锻炼太极拳中主要部分之一，如不得劲，不能从心所欲怎么办？照我的经验说来，绝不是专以动手动脚为原则的。归根结底，究竟如何才可以算是走上正确的大方向呢？假侵方向不对头，会叫你枉费功夫吗？是的，干脆地说一句很有可能。所以不能不认真考虑这个问题，提出问题，不然的话，就不能落实了，因兹必须分析研究如下的几个问题，方可得到结论。

- 身动手不动；
- 脚动身不动；
- 脚暗动步不动；
- 脚运用联环形不停地动；
- 发劲是接劲，接劲是发劲；
- 发劲既不是手，又不是脚；
- 要练成非收非放的基本功；
- 能接得彼劲，彼自跌出；
- 靠壁运气（墙壁、板壁、门都可以）自在无碍，（此法是先师河北永年杨澄甫老先生在沪时来我家亲自传授，师娘不知道，在他家是不会传我的，故我异常感激，特志此以为纪念。）在胸部画成一个横的无形无象的联环形（如∞字形）；
- 根本的基础是建立在联环式的步法上去，方能使人不知我、我独知人的好方法。

1967.6.12　于沪

推手的妙法

一、"后其身而身先"：一般推手都是后其身而手先，因而使对方有机会可待，有机可乘。此非上法，不能操不战而胜之故。

二、"外其身而身存"：这是忘物自然之境，置身于度外，此时已达到周身松净，使对方不知我而我独知人。是战无不胜，攻无不克，使彼跌出而无疑。

以上的两句，是我于 1967.8.15 下午五时后在复兴公园西北部地区，离批判宣传馆不远的人行道上，对丁受三学生某某（已学太极拳八九年之久）推手时说的。

叶大密志

练习太极拳和推手的几个问号

来，不知其所始？去，不知其所终？

有始有终乎？无始无终乎？

推手法的应用

推手法：太极拳的推手法变化最多，我现在根据本国针灸的理论，也可以应用于推手上去。一切的真理总是一样的，今特写在下面，作为参考。

● 随而济之，谓之补；

● 迎而夺之，谓之泻。

● 应用：逢虚必补，逢实必泻。

● 平补平泻，即顺圈一圈突然变作倒圈一圈或两圈；或是从顺圈两圈突然变为倒圈一圈或两圈。所谓"变化莫测者"是也。

迎泻随补解 ①

针灸有迎泻随补之法，太极推手亦然。推时于彼劲之方来而未逞之际，进身以遏其势，谓之迎；于彼劲之始去而未走之时，伸手以送其行，谓之随。以身手言：迎时身进而手退，身高而手低，故是合、是提、是泻；随时手进而身退，身低而手高，故是开、是沉、是补。以呼吸言：迎是吸、是逼；随是呼、是放。能懂得迎泻随补，则手法自无足论矣，然必行之不失其时。若夫于彼劲之已出而迎之，则非顶即抗；于彼劲之既化而随之，则不匾即丢，是为迎随之病。

未懂迎随，多犯匾丢；既懂迎随，多犯顶抗。夫未懂故犯病，既懂又何犯病？盖后者尚在似懂未懂之间，非真懂也。

不及为匾，相离为丢，匾丢遇补则背，其病在于气势散漫；出头为顶，持力为抗，顶抗遇变必断，其病在于身滞不灵。气散身滞，久之以力使气而不自知，终究莫名其精妙，更无论于通会脱化矣。

① 1961 年 6 月 30 日叶师大密口授《医疗保健太极拳十三式》理论部分提纲，命金仁霖执笔初稿，同年 7 月 16 日出示其新作《医疗打手歌》（定稿时改名《揉手歌》），其中即有迎随之说，终因诗句简短，无由达意，因写成此文第一段以解释之。1972 年 10 月在教学中发现学员中有持力以胜而犹沾沾自喜者，因续写此文后二段以成完篇。一语之释历时十年，岂易易哉。

诀

杨家太极拳使用法秘诀

根据现在初步的分析和研究，解释如下的大意，并不像原注所说明那样，含糊其辞。

擎：有将重物用力徐徐举起的意思，谓之擎。双手上举如合太极，这时候，两眼向上望着，两手指尖斜着相对，两肘向外开，往上托住，同时两手拇、食、中三指向上翻三翻。

引：有引进的意思。如用鱼味来吸引住猫，是使对方的来去、高低、左右、上下，处处被动，完全失去主动。

松：松是全身放松，而且要松净。将自己身上九节，节节放松，从有形有象，松成无形无象。

放：放是发劲。"收即是放，放即是收"，以收为放，以放为收；放不离收，收不离放；两相结合，不是单行。所谓"撒去满身都是手"是全身完整的放，不是一手一式的放。

敷：是用两手微贴在敌身，即所谓"轻如鸿毛"，才能听得对方动静。这是在做"彼不动，己不动，彼微动，己先动"的功夫。就是一般练其他拳术的人们所说的那样"拳打人不知"的意思。太极拳在用法上也是如此的，如用重手，已失去敷字的意义了，切记！切记！因为重手反而使敌知我，我不知人，定遭失败而无疑。

盖：有"盖世无双"的精神，使敌受极大的威胁，是以神为主，显非力服，更非力胜。但是能够使敌在我身旁如鼠见猫一样，丝毫不得动弹，即拳经上所说"神如捕鼠之猫"，是鼠被猫的神盖住而待捕。

对：对是指彼此互相对待的意思。如在敌我对待的时候，我能在有意无意之中，接得彼劲，彼自跌出，取得不放而放的妙用。

吞：吞是吸气，不是吐气。"能呼吸然后能灵活"大有气吞山河之概，使敌时时刻刻在我控制掌握之中，不能逃脱，如鼠见猫似的。

以上所述八个字，如擎、引、松、放、敷、盖、对、吞等初步释意，是根据我过去练杨家太极拳五十二年之经验、认识和体会而写成的。但是并不是说就是这样的肯定下来，一点也不变动了。假使今后能够再活上数十年，当重新写一篇比较深刻的又进了一步的文章，作为自己勉励自己的意思，所以并不采取人云亦云的态度，而是很恳切地不问是与非，把它写下来。

1968.1.7　叶大密初稿　时年八十有一岁

练习太极拳的基本要点 [①]

练习太极拳的要点，各流派都有它一套传统的经验总结，例如武禹

---

① 本文是已故原上海武当太极拳社社长、上海中医文献研究馆馆员叶大密先生于 1965 年 78 岁时编写的《医疗保健太极拳十三式》中的第二章。原稿曾由太极拳研究家、原温州医学院附属医院林镜平院长和已故原上海瑞金（现广慈）医院中医顾问陈道隆医师校订过。文章内容为叶氏多年研究体会，新旧结合，多具卓见，文字流畅浅显，做到了深入浅出，简明扼要，适合广大太极拳爱好者阅读和练拳参考。

襄的《身法八要》、杨澄甫的《太极拳十要》等。这些经验总结，都是各家根据实践经历，再三揣摩而给以归纳起来的。因此各流派太极拳的要点实质，尽管一脉相承，基本相同，但说明的内容，往往因各家所表现的风格和特征不同，所站的角度和所得的体会也不尽相同，而有精粗深浅之别。加上前人说明的文字，大多是用文言文书写，和现代汉语不论在所用词汇和文法修辞方面，都有相当距离，无形中给学习的人，又增加了困难，这里著者想参考各家理论、阐述，以及过去师友间的所传所闻，结合自身近五十年的研究心得，尽量深入浅出地加以说明，以期通过这样的解说，使学者能够得到提高，少走一些像我已经走过的弯路，那才是我真正的愿望。

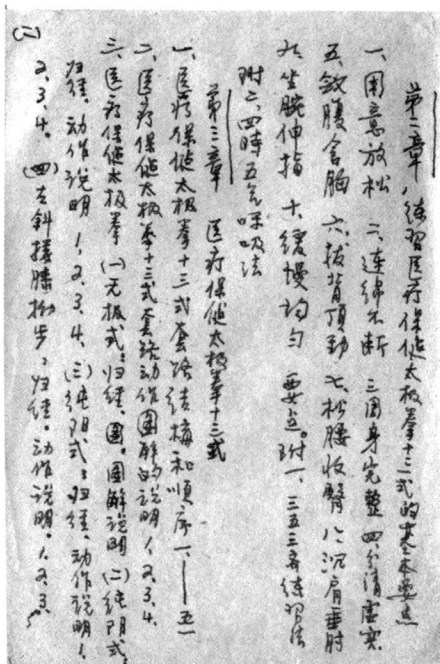

叶大密手稿"练习医疗保健太极拳十三式的基本要点"

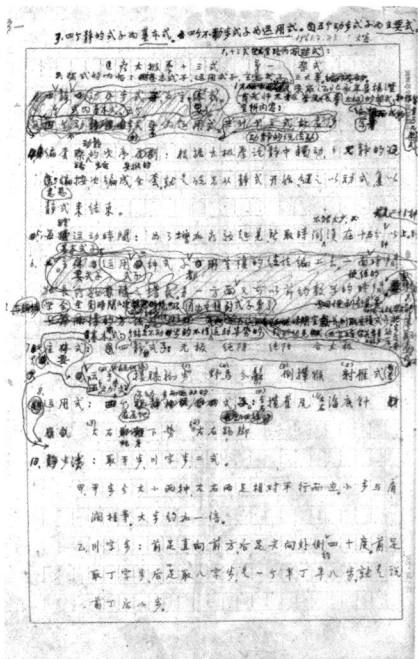

金仁霖受叶大密老师之托编撰《医疗保健太极拳十三式》手稿

用意放松

练习太极拳时要精神贯注思想集中，使中枢神经系统保持一定的紧张度，引导动作屈伸开合，使处处能符合要点要求，恰到好处，没有过分或不够的地方，这就是古人所说的用意。放松是指全身肌肉，在中枢神经系统的控制下，除了维持运动速度和保持肢体位置所应有的紧张度外，尽量放松，减少不必要的能量消耗以节省体力。古人所谓"用意不用力"的不用"拙力"，就是指这多余不必要的力而言。

能用意放松，就能更好地使经络宽畅气血流通，有利于内劲的增长和增进身体健康。

连绵不断

练习太极拳时一势一式，要像"长江大海"一样，一浪接一浪地连绵不断"滔滔不绝"。成式时动作虽略有停顿而意识仍然不停，下一势紧接着上一式，在两者之间可用小圈圈来贯串衔接。所谓小圈圈，实际上就是古人所说的"往复须有折叠"的折叠。有折叠来来去去就没有断续的痕迹。这样才能达到连绵不断一气呵成的要求，给锻炼者以十分舒适的感觉，提高了锻炼兴趣；在技击上也就能达到"运劲如抽丝""断而复连""断而能接""不丢不顶""有缝即渗"的要求。

周身完整

练习太极拳做任何一个动作，或摆任何一个架式，都要做到周身能相随相合地完整。所谓相随就是古人所说的"一动无有不动，一静无有不静"，由脚而腿而腰，总须完整一气，"腰动脚动手动，眼光也随着而动"的上下相随；所谓相合，不仅要机体在形式上做到不同侧的肩和胯，肘和膝，手和足相向或相背地有呼应着落的所谓"外三合"，更重要的是要求意识、呼吸和动作的相互配合，做到所谓意与气合，气与劲合的"内三合"。这样才能真正做到"周身一家""无有缺陷"的完整。在技击上，也就是使对方没有空隙可乘。

分清虚实

练习太极拳以分清虚实为入门第一步功夫。分虚实先要从大处着手。以下肢部为例：如全身重量寄于左脚则左脚为实，右脚为虚；寄于右脚则右脚为实，左脚为虚；进步时必先转腰合胯，一脚坐实，一脚变虚而进。否则出步重滞，就不可能做到古人所说的"步随身换""迈步如猫行"的要求。以躯干部为例：敛腹吸息时，拿上下来说是腹虚而胸实，拿前后来说是胸虚而背实；拔背呼息时，拿上下来说是胸虚而腹实，拿前后来说是背虚而腹实。以上肢部为例；如以一手前伸为虚，则另一手辅助或平衡为实，所以在技击上发劲放人，必须先在实手加意和用刀劈物必须在刀背加力一样。这是大的方面，至于小的方面，则正像《十三势说略》所说的"一处自有一处虚实"，躯干、四肢、一手一脚以至一个指趾，无不有它的虚实存在，要在锻炼者自己悉心体会，由大而小，由面而点，逐步缩小。在技击上则可结合推手，用"实则虚之，虚则实之"的办法来对付对方，达到古人所说"因敌变化示神奇"的境界。

分清虚实，无论练太极拳或推手，对于机体感受器灵敏度和中枢神经系统反应能力的提高，是极其有效的训练，因此，它实际上也是增进机体健康的重要一面。

敛腹含胸

敛腹含胸是一个动作的两个方面：敛腹是在吸息时将腹壁有意识地略为收缩，使和膈肌的收缩下降配合起来；含胸是紧接着敛腹，使胸部肌肉放松，胸骨正中第三、四肋间隙玉堂穴和膻中穴中间，稍微有内吸的意思。这样可使胸廓下部得到充分的扩展，有利于肺活量的增加。敛腹含胸时腹压降低，丹田向上合抱，使内气从尾闾沿脊柱往第四胸椎棘突间的身柱穴处提敛，也就是古人所说的"敛入脊骨"。

敛腹含胸一般是在动作开始或转换变化时行之，在技击上是一个走化或蓄势的动作。对初学的人来说，只能先从外形的敛腹含胸着手。结合呼吸的提敛内气，可以留在后一步来做，避免发生偏差。

拔背顶劲

拔背顶劲也是一个动作的两个方面：拔背是在呼息时使两侧背部的肌肉群，如棘肌、半棘肌、骶株肌等，由下而上地依次拉伸一下，然后竖起身躯，则在脊柱第四胸椎棘突间的身柱穴处，就有往上拔起的感觉；顶劲是紧接着拔背，由头棘肌的作用，松松竖起颈项，抬头向前平看，头顶百会穴处有凌空顶起的意思。

拔背顶劲时，可使由敛腹含胸时提敛至脊骨身柱穴处的丹田内气，再从身柱穴沿督脉上升到百会，经前顶、神庭、印堂而到龈交，由舌抵上腭的作用，接通任脉承浆，再沿任脉而下，回归小腹。这时丹田落归原位，膈肌上升，恢复原来隆凸状态，腹部内压力增加，腹肌放松而有饱满舒畅的感觉，这就是古人所说的"气沉丹田"。

这里应该注意的是：气沉丹田是配合着拔背顶劲的动作，并不单独存在，是意识引导丹田内气的作用，不是用力屏住呼吸往下硬压。拔背顶劲，一般是在动作的终了或成定式时行之。在技击上是一个放劲的动作。

松腰收臀

太极拳以躯干带动四肢，而躯干的转动主要在于腰脊部的旋转灵活。所以古人说"腰如车轴"，又说"腰为纛"，"腰为主宰"，同样说明了腰脊部的重要作用。

松腰就是要在放松腰部四周肌肉群的前提下，使两胁肋部往下松塌，而又有向前抱合的意思。所以武禹襄把它称为"护肫"。能松腰，腰脊才能转动灵活，上下不相牵掣，重心降低，两脚有根而下盘稳固。收臀是在松腰的同时，有意识地使臀部稍微往里收缩，使臀部和腰背部基本保持在一个曲面上，而不向后凸出。

能松腰收臀，才能使脊柱直竖，尾闾中正，起到像大纛旗和方向盘一样的指挥作用。

沉肩垂肘

沉肩是在放松肩关节的前提下，有意识地使上臂往下松沉，所以又称松肩。垂肘是紧接着沉肩，使肘关节保持适当的弯曲度，肘尖尺骨鹰嘴突处向下沉垂，所以又称沉肘。

沉肩垂肘可以帮助拔背顶劲和坐腕伸指的形成。在技击上肘关节保持微曲，能合乎古人所提出的"劲以曲蓄而有余"的要求，对出劲的能否干脆，起到十分重要的作用。

坐腕伸指

坐腕是当手臂前伸时，腕关节放松而大陵穴处有向下塌垂的意思，这样就能使手掌上翘好像坐在手腕上一样，因此称它为坐腕，或称塌腕。伸指是紧接着坐腕，趁手掌上翘之势，五个手指舒松地伸展一下，使丹田中充盈的内气，能毫无阻碍地循着三阴经脉，平均地贯注到五个手指，古人所说的"形于手指"，指的就是这个意思。在技击上，坐腕伸指虽然已是放劲的最后一个动作，但是它和"沉肩垂肘""拔背顶劲"是相互衔接、相辅相成，而不能孤立地分割开来的。

缓慢均匀

练习太极拳要用意识引导动作，配合呼吸。所以练习时特别要注意缓慢均匀。缓慢则一式一势没有一处不可着意揣摩，没有一处能被轻易滑过，古人所谓"处处存心揆用意"的知己功夫，就是这样练的。均匀则呼吸自然，渐能逐步协调细致，达到细、长、深、足的要求而没有喘息、憋气的弊病。

能缓慢均匀，才能逐步做到上述种种要点的要求，符合古人对太极拳能在"动中求静"的评价，也符合古人对练太极拳者提出要"视动犹静"的高标准要求。

附录　我师慰苍

太极拳界的正法眼藏
——记家师慰苍先生

二水居士

　　慰苍先生，彭城金氏，讳仁霖，字慰苍，号雪涔，又号云盦，汉族。嘉兴人。1927年10月出生于嘉兴市南门祖居惟善堂。幼承庭训，蒙学私塾，喜好篆刻，师从陈澹如、邓散木先生，印风

童年金仁霖

工雅。1947 年考入上海文绮染织专科学校（后改华东纺织工学院、东华大学）攻读机织专业时，因体弱多病，由同学林镇浩介绍，从武当太极拳社叶敏之老师学练太极拳、剑并推手。1950 年 10 月，参加新中国成立后第一届高校毕业生统一分配，赴华东纺织工业管理局国营第五棉纺织厂见习，时健康近况大有好转。1951 年 6 月，进入华东纺织工业管理局第一届工干技训班进修。同年 12 月结业后，借调至新疆军区乌鲁木齐市水磨沟，支援新疆七一棉纺织厂建厂投产工作。1952 年 10 月回沪后，益信太极拳有健康却病的功效，业余勤学太极拳，进而钻研太极拳的历史考证、技击理论等，以求与实践相结合。1953 年与蒋锡荣、曹树伟同投在叶大密老师门下，悉心研习太极拳、武当对剑。其时，上海的武术界将他们三人与叶大密老师早年的学生、杨澄甫先生的得意女弟子濮冰如老师，并称为"叶家的一大三小"。1958 年，奉师命，忝承田兆麟老师身授，金针度与，得以领略个中三昧。1960 年 10 月，与张玉、傅钟文、濮冰如、蒋锡荣、傅声远六人，同为上海市第三届运动会武术比赛太极拳组裁判。1987 年，由上海纺织局巾被公司退休后，陆续在《武魂》《中国太极拳》《太极》《上海武术》（内刊）《武林》等刊物上，发表有关太极拳历史考证、技击研究等文章数十篇，2007 年 1 月，上海汉语大辞典出版社出版发行《金仁霖太极拳论文选》一书。先后担任苏州市金阊区杨式太极拳研究会、河北省太极拳委员会、合肥市吴式太极拳研究会顾问、《太极》杂志特约编委、新加坡传统杨式太极拳协会顾问等。

慰苍先生兼祧中国传统文化与西方现代文明，他以金石鉴赏的眼光与科技工作者的智慧，系统地梳理了太极拳理、太极拳史、太极拳技、太极拳教学法，承上启下，振传统太极拳学于式微之后，传承弘扬传统太极拳文化，其功厥伟，福祉昌延。

叶大密老师师承剑仙李景林，拳术又承田兆麟、杨澄甫、杨少侯、孙禄堂、孙存周诸位名家，他能兼得诸家之长，复从武当对剑中翻出新声，以剑入拳，别具风韵，时人称之为"叶家太极拳"。慰苍先生为了全面掌握叶家太极拳的拳艺，工作之余，每晚必去叶大密老师的拳社，不但向叶敏之老师反复学练了数遍拳架，还反复向叶大密老师学练每一招式的技术含义。他完整系统地学习、整修拳架，前后不下于七次之多。慰苍先生曾说，最后一次是打乱了拳架编序，逐一向叶大密老师学练的。叶大密老师也自然能领悟其用心之专，颔笑伴斥道：你盗尽我关子了啊！除此之外，慰苍先生还抓住每次孙存周来沪的机会，乘着叶敏之先生与孙存周先生酒兴正酣，向存周先生求教孙氏三拳合一之理。乘每年叶大密老师与田兆麟老师相互拜年之际，向田兆麟老师求教杨健侯先生的拳艺特征与教学风格。通过书信，向徐哲东、徐致一、孙存周、马岳梁等先生求证拳理拳史。至此，慰苍先生能清晰地将叶大密老师拳艺中，哪些是杨式大、中、小架，哪些是陈、孙、吴式，哪些是形意、八卦、武当对剑，等等，条陈缕析。并且能以传统太极拳五行八法来解释每一招式、每一动作的含义。他如此清清楚楚地学，他也如是清清楚楚地教。诚如慰苍先生解释叶家太极拳："叶家太极拳，是在原杨家太极拳大架基础上，于原架子绝大多数式势之上下衔接处，求其极自然地介入了原杨家中、小架子，并孙家、吴家、陈家等诸家太极拳架中，拳技作用肯定而清彻之动作，以及八卦掌中之斜开掌转身法、武当对剑中之反臂（倒捶）捷用法等，用以帮助学员对原来杨家大架太极拳之所以姿势洒脱、气势磅礴加深认识，换言之，乃是一种实作注解法。"经过他的教学实践，真正将叶家太极拳演绎成了传统杨式太极拳"经注合一"的文本。

慰苍先生治学严谨，1965 年，授叶大密老师之命，为叶老师编撰《医疗保健太极拳十三式》一书之"练习太极拳的基本要点"时，他将稿子分别交由太极拳研究家、原温州医学院附属医院林镜平院长，以及原上海瑞金（现广慈）医院中医顾问陈道隆医师校订。唐豪先生《太极拳与内家拳》一书中说："内部呼吸器官的运动，是应该扩胸，而不应该含胸的，这也是运动生理学上不可否认的话。一般太极拳家，却教人含胸呼吸，而不许人挺胸，这种呼吸运动的价值如何？吾以为是一个应该精密测试的问题。"之后唐豪先生还在正文第八章"太极拳之呼吸"中，以"欧美先进之国民，其体格较我为强，此公认之事实也。彼等由幼而壮，在学校中所受之体育训练，类皆挺胸呼吸"为由，对太极拳呼吸时"胸须内含"提出异议，并"不禁为民族盛衰前途，抱无穷之隐忧焉"，把批驳"含胸呼吸"上升到了与"民族盛衰"休戚相关的层面上了。为了检讨唐豪先生《太极拳与内家拳》一书中，针对太极拳"含胸呼吸"论调，1961 年 2 月 16 日（年初二）下午，慰苍先生在张晋良医师的陪同下，到上海纺织第一医院放射科，去测试"腹式顺、逆呼吸的 X 光透视观察"。顺式呼吸，采取唐豪所说的"内部呼吸器官的运动，是应该扩胸"的概念，即，吸气时，扩胸，呼气时回复正常。而逆式呼吸，则是采用吸气时，敛腹含胸，呼气时回复正常的呼吸法。观察结果是，无论是逆式呼吸还是顺式呼吸，吸气时，胸膈肌呈下降状态，呼气时，胸膈肌呈上升状态。为此，将胸膈肌上下升降的距离，称为胸膈肌运动的动程，以测定两种呼吸的数据。经进一步透视观察，得到的数据为：在极度呼吸时，顺呼吸膈肌动程 7.2 厘米，逆呼吸膈肌动程 9.2 厘米，两者相差 2 厘米；在一般正常呼吸时，顺呼吸膈肌动程 4 厘米，逆呼吸膈肌动程 6.4 厘米，两者相差 2.4 厘米。不论是极度呼吸还是一般正常状态下的呼吸，就胸膈肌上下升降的动程而言，逆式呼吸，都要比顺式呼吸动程大。根据生理学常识，胸膈呈钟罩状，静止时原本隆起，介于胸腔和腹腔之间，构成胸腔的底。吸气时，随着吸气肌（膈肌与肋间外肌）收缩，胸膈隆起的中心下移，从而增大胸腔的上下径，使得胸腔和肺容积增大。胸膈下移的距离就是慰苍先生测定的动程。通常膈肌下降 1 厘米，胸腔和肺容积可以增大 250 ～ 300 毫升。吸气，因为需要调动胸膈肌与肋间外肌的收缩，所以吸气是主动的。呼气时，不是由呼吸肌收缩引起的，而是由膈肌和肋间外肌舒张的结果，肺依靠本身的回缩力量而得以回位，并牵引胸廓缩小，恢复吸气开始的位置。因此，呼气是被动的。含胸式的逆式呼吸，吸气时，随着敛腹含胸，伴随着胸软肋骨与胸骨的下陷，促使膈肌与肋间外肌的运动幅度增大，从而使得膈肌下降的动程增大。胸膈像活塞一样下行，使得肺在肋条肌神经支配下，带动肺泡，往胸腔横下、腹部纵深向扩张。而扩胸式的顺式吸气，随着吸气时的鼓腹、扩胸，腹腔扩大了，胸腔无法往纵深扩张，也不能往胸腔横向扩张，因而，膈肌的动程受到了限制。至此，慰苍先生以一个科技工作者的严谨态度，揭示了太极拳含胸呼吸这种逆式呼吸法，能促使胸膈动程增大，以增大肺活量的医学养生含义。这一意义在于，不但为太极拳的"含胸"正名，同时为揭示"太极阴阳颠倒解"中"譬如水入鼎内，而置火之上，鼎中之水，得火以燃之，不但水不能下润，借火气，水必有温时。火虽炎上，得鼎以隔之，是为有极之地，不使炎上，炎火无止息，亦不使润下之水渗漏"一节，如何让心火下行，如何让肾水提升，如何心肾相交、水火既济的内丹之秘，提供了科学实证的个例。

慰苍先生对待太极拳的拳技含义，常常以一个科研人员的态度，进行反复实验。他说，太极拳是一门科学，科学精神所在，就是经得起反复的实验。一门拳技，或对一些人有效，对一些人无效，时而有效，时而失效，信则有，不信则无，凡此种种，都不属于科学范畴。五六十年代，每当周日休息，他都会出现在上海各大公园，与各门各派的武术爱好者交流。也由此博得了"叶家的一大三小"的美名。褚桂亭、陈微明、张玉、马岳梁、郝少如，甚至心意拳卢嵩高老师的一些学生，都会经常找慰苍先生推手交流。有些人由此也迷上了慰苍先生的拳艺，诸如凌汉兴、李立群、孙裕德、陈邦琴等人，后来连续数年跟从慰苍先生学练推手。许多人，不但敬佩慰苍先生的拳艺，甚至服膺于慰苍先生的人品。林墨根、林文涛父子俩来上海时，李品银先生多次引见他们去拜望慰苍先生。慰苍先生热心地授以林氏父子叶家太极拳特有的"靠墙贴壁"以及杨家秘不示人的"胸口走∞字"。林文涛一触慰苍先生的手，便惊呼："金老师手上带电的啊！"慰苍先生笑着说："我哪来的电啊！"之后，慰苍先生便以科技工作者的务实态度，从力学、流体力学、心理学等角度为其揭秘拳技。八九十年代，气功武术界"神仙"满天飞的年代里，像慰苍先生这种不炫技、不尚玄，坚持将太极拳当作学问研究的人，更显得难能可贵。

2007 年，《金仁霖太极拳论文选》一书付梓发行，上海

胸口 8 字与
起钻落翻

陈式太极拳协会历任会长万文德先生曾感慨地说："当今武术杂志众多，其中文章，颇多陈词滥调，有的故弄玄虚，有的炫耀门派，乃至几近迷信。对于太极拳的理论，很少真知灼见。我喜欢看仁霖先生有关太极拳的文章。他的阐述，重科学，讲道理，有证据，读之令人信服。"《上海武术》资深编辑陈俊彦先生也称誉道："金仁霖先生以科学工作者的严谨态度，对太极拳及其他武术书刊的出版、版本校订、技法诠释、拳家事略、正误指谬等方面均有深入细微、令人信服的研究，取得显著成果，足以代表当代太极拳研究的学术水平。"吴夌《无隐录》序云："道与艺俱有正眼。得此而后工力有所施。否则毕世捐捐茫茫耳。"慰苍先生正是为我们提供了这样一种正眼。他的文字正告侧出，一无所隐，静心读来，于会心处，如观涅槃妙心，拈花微笑，使见者皆得正眼，不惑于时弊之说。

　　慰苍先生20世纪50年代晚期开始，就代师授艺，60年的教学相长，积累了丰富的教学经验，也培养了一批造诣高深的太极拳家。如以无极式气功闻名海内外的蔡松芳老师。虽然慰苍先生总是称他为师弟，而蔡松芳老师他本人，在不同场合、不同方式，还不止一次地谈到，他的拳技得益于慰苍先生的传授。又如何国梁先生，他原本是民国太极拳家叶锦成先生的弟子，后由林镜平先生介绍到叶大密老师处学拳，叶老师由于医疗繁忙，就连同林镜平先生的推荐信一起，将何国梁先生托付给了慰苍先生，由慰苍先生代其授艺。如身患肝腹水晚期，被上海各大医院判定"回家买点吃吃"的徐毓岐先生，后来师从慰苍先生学拳，数年后，不但身体康复，还练就一身功夫，他后来在温州一带，为弘扬慰苍先生的拳艺做出了非凡的成就。林墨根先生也非常欣赏他的拳艺。有一次徐毓岐先生去成都，林墨根先生当着许多学生的面说，徐毓岐老师对他的太极拳艺，启发很大！濮冰如老师十分欣赏慰苍先生的拳艺。在她晚年，她将自己最为得意的几位弟子诸如太极拳家李品银先生等，一一托付给慰苍先生，希望慰苍先生予以进一步调教。李品银先生也事慰苍先生以师礼，敬爱有加。

拳艺虽小道，"惟德惟先"，始终是慰苍先生因人施教时所信守的准则。"道不远人""有缘者得之""不得于此，必得于彼"，则是老先生常常挂在嘴边的三句话。第一句话"道不远人"，侧重的是个体的向学之心。一个人只要品行端正，有志于拳学，拳艺之道就不会远离他、遗弃他。意思是说，太极拳的大门，始终为每个正直向上的人敞开着。从另一角度来说，作为授道的老师应该有教无类，无论男女、老幼、贫富、贵贱、智愚，只要品行端正，老师都会因材施教。然而，传授太极拳的老师，并非传教士，也不作过度或不合时宜的布施。所以第二句话"有缘者得之"，讲的就是"时节施"，依时节因缘而法施诚谛。慰苍先生常说，学太极拳需要两层缘分，其一是拳缘，其二是人缘。两者缺一不可。他常说，一些拳家的孩子，与拳家本人有人缘，而无拳缘的话，他们虽有亲情而与太极拳却无缘。第三，即便有了向学之志，也与老师的拳、老师的人结了缘，也未必人人练得到老师的境界。太极拳是极具个性化的一门身体艺术。不同的个体，各因其秉性、识见、阅历种种的差异，即便是跟着同一老师学习，最终呈现出来的太极，各有千秋、精彩纷呈。所以老师常说"不得于此，必得于彼"。慰苍先生在传授拳艺的过程中，尤其侧重个体的特质，他不强调每个学生的拳架动作，全然与他一模一样。杨澄甫老师体重 280 斤，学员个体的身形条件不可能达到这般魁梧，但每一招每一式的拳势劲路变化以及技术要领，必须了然于心，老师必须明明白白地教，学生必须明明白白地学。而不是依样画瓢，只求形似。一味追求形体动作的"像"，就会演变为太极体操或太极舞蹈。

2002 年底，范笑我先生向二水介绍慰苍先生，慰苍先生与嘉兴名宿吴藕汀先生因为吴昌硕的四方印章，成就了一段艺林佳话，故事概要为：1949 年，方去疾、方介堪为钤拓《苦铁印选》，委托慰苍先生向吴藕汀先生借用他收藏的吴昌硕"出入大吉"等四方印章。《苦铁印选》拓印完已是 1950 年，慰苍先生当时刚从华东纺管局毕业，紧接着是接手日本人遗留在沪的纺织企业，之后又被借调到新疆乌鲁木齐，筹建七一棉纺织厂，一待就是 11 个月。而其间，吴藕汀被嘉兴图书馆派去湖州南浔嘉业堂藏书楼整理古籍。两人就此失去了联系。慰苍先生的父母家，在"文革"中被连续抄家七次，所幸的是，他一直将这四方印章带在身边，使之得以保存。1983 年前后，慰苍先生从朋友潘德熙处得知吴藕汀的通讯地址，就写信给吴藕汀，说那四方印章一直保存着，如果吴愿意转让（变卖以改善生活）的话，他可以帮忙。吴藕汀回信的大意是：我和四方印章分离了这么多年，从来没想过要收回。我收藏的印章已经一方无存，现在既然你还保留着，如果方便的话，请让我再看它们一眼，就像见一见多年未曾谋面的老朋友。慰苍先生从吴的信中看出他对印章的深厚感情，于是就通过邮局将四方印章寄还给了吴藕汀。就这样，四方印章在离开了 34 年后又回到了吴藕汀身边。1993 年前后，一名日本收藏家想收购吴藕汀收藏的这四方印章，并托人转告吴藕汀愿出价 11 万元人民币，吴藕汀表示不希望这四方印章流到国外。再后来，南浔一名私营企业老板找到吴藕汀，想用一套商品房交换吴藕汀的四方印章，也被吴拒绝了。2000 年 11 月 3 日，吴藕汀先生将四方吴昌硕印章捐给了嘉兴博物馆。

故事是以吴藕汀先生作为主角展开的，而故事之中却叠现出慰苍先生重诺守信、惜名如羽的品德。二水原先以为这四方印章十分珍贵，所以慰苍先生一直随身携带着，后来看到慰苍先生早年曾送给吴藕汀先生的八方印章，就顺便问起了这些印章在当时的市场行情。慰苍先生说，当时这些印章就值几块大洋吧，八方印章与四方印章，大凡是等值的。这让二水有些惊诧的。这意思是说，慰苍先生一直随身携带的四方印章，当时并非是出自玩物本身的价值昂贵，他之所以念念不忘这四方印章，并一直随身携带着，那是因为这四

金仁霖在嘉兴，2003 年

方印章是受人之托转借而来的，倘有不慎，涉及几个人的信誉。古之君子，立言先立品，做事先做人，修身涵养，所重的就是风骨名节。慰苍先生所珍惜的正是那分情怀。

2004 年
拳架演示

2003 年 1 月，二水邀请慰苍先生回嘉兴小住。之后每个周日，二水往返于嘉兴上海间，重起炉灶，把 1987 年以来所学的各类拳技，暂且扔在一旁，从头开始，一招一式向先生学拳。

2008 年
拳架演示

慰苍先生也不厌其烦，一招一式，逐一分解，不但告知每一招式与传统杨式的异同处，还详细解答每一过度动作的原委曲折和来龙去脉，并且每一动，每一变化，一一在二水身上试劲，将二水轻轻松松地双脚离地雀跃，还同时要求二水在慰苍先生身上一一试劲，像是给孩子喂食一样，一一给二水喂劲。每当二水稍有领会，先生辄笑颜许之。十几年来，诚如武延绪谈及武禹襄传授李亦畬拳艺时的情形，慰苍先生"有无弗传，传无弗尽"，"口诏之，颐指之，身形容之，手足提引之，神授而气予之"，二水也"步亦步，趋亦趋"，"以目听，以心抚，以力追，以意会"，十余年来，风雨无阻，把慰苍先生传授的太极拳、刀、剑以及五十七式行功式逐一体悟神会。师母也待二水如己出，每次为二水烹制可口的菜肴。二水尝与师母打趣说，二水身上的太极拳，是吃师母烹制的饭菜长的功力，慰苍先生也笑容以对。

2008 年之后，为了进一步弘扬传统太极拳，二水有幸受慰苍先生之托，与师弟顾揖明、尤泗等，替慰苍先生筹办了五次授徒仪式，先后向先生引荐了近百名弟子。而今先生年开九秩，依然每周两三个晚上，不辞辛劳，坚持手把手地传授拳艺，为我们后辈学子传承发扬太极拳文化，树立了丰碑！

授业恩师金仁霖

傅乐民

认识金老师是因恩师濮冰如的金口把我和师兄李品银二人托付给金

老师系统学习叶家功夫。好像是 1978 年年底，这一年正好是濮师作为上海市武术队特约代表（超龄）参加"文革"后的第一届全国武术观摩赛（南岭）再次夺冠（见前文），所以影响很深。

第一次到金师家练功，老师看了我俩练的老架子说："内气有了，缺点意思……"于是开始补"意思"，从老架子起势开始讲解，逐个分析技击意思，结合听劲和喂劲。"拦雀尾"不再是以前认识的掤、攦、挤、按四式，而是接手掤、反掤、下攦、平捋、平列、下採、平化、双按八式。也明白了拗步之意（手脚相反）以及"搂膝拗步"沉、提、掤、搂、按（具体见"太极拳架"订阅号）。八五式中很多技击之意（小动作）杨家是不外传的，学者只能模仿而已，根本不知道为什么要这样练，结果许多小动作都练丢了，也就是你看到的拦雀尾只有掤攦挤按四式。

金老师授功夫和其他老师不同，他不是老师前面打学生后面跟着模仿，而是边示范边讲解，然后反复拆析动作，给你听劲和喂劲，再结合推手使你身上产生认识（身知），一点点、一步步把你领进门。当年老师讲："教人比自己练还难，老师要为每个学生编套教材。"当年我和师兄俩就是在这种特制教材中成长起来的，对此深有感受，后来自己也做了老师，更认识到因人施教的重要性和意义所在。

和太极拳结缘并认识二位泰斗是我的福分。濮老师说过"要找个好老师难，好老师要找个好学生也难，这要靠缘分"，金老师讲得更透彻"有缘还要有分"，认识只是缘，你不一定能得到老师的东西，这就要看你有没有这个福分了。我的福分很大，一是生长在这个没有娱乐和金钱诱惑的年代，少了这些干扰，爱上了就执着地练，于是我俩每周五晚上都要骑一个小时自行车到金老师家练拳，风雨无阻；二是正逢老师教学研究旺盛期（五十开外的年龄，发表了许多论文）。可谓是天时地利人和造就了我俩功夫上身。

每次到老师这里先要练上一整段，老师很耐心看完，然后说，小傅，抱虎归山再练一下，我就从十字手开始重练，练着练着老师叫"停"，站在我对面摸着双手喂劲，叫我作用。肯定是打不出，通过老师的纠正，有了。就这样周而复始一遍又一遍，一个姿势一个姿势反复拆析，慢慢地在体内建立起做动作时的完整结构，也就是老师纠正后"有了"的感觉。当年老师一直重述："老先生（太老师）讲拳架要拆七八遍。"我的福分大，老师帮我拆了三十余年，新老架子也不计拆了多少遍。

现在记忆还很深，这个"抱虎归山"，老师把着我的喂劲，叫我"右胯向下时先把右臀收进去……"有了，这就是孙家讲的"包和裹"，后来我把"包和裹"的要求放入到每个动作中，这样胯就容易松开，屁股也不会紧张了，久而久之胯会脱开，应用时就能做出"啯落沉"了。

金老师教的新架子是太老师晚年定下来的（经教育积累最后定下来的），和蒋老师的略有差异。当年金老师叮咛："在公园里不要练新架子。"免得不识货的人争议，识货的偷去。我是很少去公园，即使在公共场所也是按老师的吩咐只练老架子。

关于推手，老师也有叮咛："三至六月推一下，如同照镜子看看自己提高了多少"。功夫是靠拳架盘出来的，推手只是鉴定功夫的提高程度。当年每周有一个晚上师兄弟们（濮老师的学生）会聚在一起练盘手，掤捋化按挤反复盘手，半小时换一只脚，我和李师兄作对子，盘得最多。这样的盘手只是种基本功训练，通过盘手来达到进一步放松。

20世纪80年代后期我拜访过一位所谓道家的传人，之前我们并不认识，是形意尚前辈的学生推荐，讲此人劲很猛，非常崇拜他……对方长我三岁，身高和我接近，但很魁梧，身体前后径和横径相同，我们俩盘手时他按过来我只能用身体接（手臂掤不住），但对我下盘没有威胁，我也作用不到他重心，最后两人推了个平手（当时我是126斤）。事后一起去的另一位朋友（他不练功）告诉我：你走了他说你身上练过排打……其实我只练太极拳。这次交流我体会到老师讲的"照镜子"。

跟老师学功夫记动作好像很容易，只要记住技击名称就可，而这些名称又会在不同的姿势上重复出现。尤其对我来，说有了老架子基础再学新架子，只要记住增加部分的小动作即可。难的是身知的内涵需要长年的积累，反复拆析拳架，听劲和喂劲，不断地找到新感觉舍去老感觉。每天需花几个小时盘拳架，把老师拆架子时"有了"的感觉一点点放到拳路里，慢慢地在盘拳中体悟，积少成多，所以这阶段拳会练得特别慢，为了找到"有了"的感觉，尽可能控制住每个动作中的架子完整，不让里面的东西丢掉，当感觉里面东西要丢掉了，马上再接上，这样整套新架子打下来需要练两个多小时。为此我也问过老师，金师讲，他以前也是这么慢的。在老师这里练也是这么慢，第一段要练 20 分钟，老师很耐心，练完了再拆动作或盘手。

开始跟金老师学功夫时，我犯过迷茫，过分追究太极拳的练功要求：含胸拔背，不要唔胸躬背；沉肩坠轴；前俯后仰等，实际都只是心知。而这些要求在金老师教学中都不强调，只是讲技击之意，拆动作和喂劲给你感受，慢慢地等功夫上身自然会有答案。这也是老师教功夫的高明之处，要让你身知而不是心知，这样反而功夫容易上身。

我的拳架比较低可能和老架子基础有关。濮老师说：练新架子先要练六年老架子打基础。而我是先练了三年老架子再练的新架子，没有学长们这样摇晃（学长们是通过摇来达到松开），这都得归属金老师为我编制的特定教材，使我少走了从摇到不摇的弯路。我们这一批（顾明德）三个都是拳架低不摇晃。

跟金老师学拳艺不光是动作层面上的会与不会，更注重的是动作里面的架子，是内动（里开外自合）调控下的完整性。当你掌握了拳架功夫，自己也会拆架子了，这时不管他人练什么拳种，你一看就能识别里面有没有功夫，不但看得出还能帮他把缺少的地方补上。当年金老师讲：有的人练刀动作做对了（里面合上了）自己都不知道……

动作层面上的拳艺表现为拳路有"韧性"。金老师形容为捏面团，越捏韧性越足。这个"韧性"也就是拳架越来越完整的过程。完整了再拆架子就不一样了，可以理解为"老师在给你加功夫"，也可理解为逼功夫。当年按老师扳好的要求练搂膝拗步，我只能坚持 4 ～5 只，顾明德只能练 1 只。金老师说：老先生拆的时候我们也是从只能练 1 只最多 2 只开始。这时拆得最多的是搂膝和倒撵猴。

1990 年
拳架演示

老师把练功的循序渐进比喻成"盘香楼梯"。我是跟着金老师 15 年才入门（自己身上懂得"完整"二字之意）。这一年正逢苏州超宁和小王他们成立研究会（1993 年），影响比较深。作为嘉宾住在宾馆里，我去看望老师（金老师和蒋老师住一间），老师在洗澡，就和蒋老师盘推手，这次推手也验证了自己入门后不一样的感觉。

金老师和濮老师一样终身酷爱太极拳，对太极拳文化传播全心全意，市里区里的武术活动都有他们的身影，有时是表演嘉宾，有时又是裁判，这种奉献精神是我辈学习的楷模。二位老师不为名利，终身倾注于太极拳学研和传播。一位是全国冠军，一位是我国第一代专家级（纺织）工程师。金老师文学功底深厚，对武学考证做了大量研究，精通篆刻（附照片），而且记忆力超好（多次听到濮师这样的夸奖），濮老师有想不起的事会叫我问金老师……

缘于太极拳遇上二位恩师是我的福分，濮师让我了解什么是太极拳，金老师把我带入太极天堂，使我懂得了太极拳。在我身上印着恩师的文化，我的功夫是金老师领出来的。我要把老师的功夫传承下去，让更多的人分享，这也是对二位恩师最好的回报。

跟金老师学拳关键在理解

刘文忠

我对太极拳怀着憧憬、新奇、神秘的心情，一直在努力寻求入门的机会。35 岁那年因病住进了无锡 101 医院，病友中的炮兵副团长会打太极拳，我们几个有兴趣的病友拜副团长为师。他教我们的是 24 式简化太极拳，半个月后出院时，24 式简化太极拳基本能背下来了。由于职业动荡变迁，直到近 50 岁又静下心去公园练习太极拳，公园有练各式太极拳的，其中一位 80 多岁的老师，看我一人单独在练，招呼我过去跟他们一起练，后来我明白他教我的是 85 式杨式太极拳。两年后他看我人不错，拳架也规矩，因他年龄大了，要把 20 几个人和场地交给我。最初经推托后，我以为事情就过去了，但他第三次找我谈此事时眼泪掉下来了，那时我是场地上学拳时间最晚的小师弟，而且早晨 7 点 15 分就得离开场地赶去上班，哪有勇气和胆量接这个班。我逃了，跟着去学常式太极拳。

由于工作关系，我回到了 20 年前的老单位，见到了故友顾明德，交谈中得知大家都在练太极拳。他说了孙禄堂、陈微明、田兆麟一串人名，我听也没听说过，他看出我还是个太极盲，一有机会就给我讲有关太极拳的故事。他讲的内气、内劲、穿透力我特有兴趣，我想试试有什么感觉，把手臂伸过去，他以侧掌在我手臂上砍了两下，当时也没什么特别的感觉，所以也就没怎么太在意，三四天后，我老想去抓手臂的内侧，因有点痒，而且皮肤颜色有点紫，表面显得粗糙。当时在想这个位置挤公交车也不会碰到，百思不得其解时，忽然想起前几天顾明德在那个地方试过内劲穿透力，真是穿透到对面了。从此，老顾的形象在我心目中更加高大，令我非常崇拜，一有空就跑到他那儿去问长问短，心里真想学这种太极拳，考虑到自己年龄大、体质差，是否能学好心里没底，老顾答应我去老师那儿问问，几天以后就随老顾第一次见到了金老师，也第一次看到师兄们练拳和老师给他们喂劲，这种练与学的模式和我原先了解的完全不一样。问老师，我这年龄、这体质能练你的拳吗？老师回答："关键在于理解。"就这样在顾明德师兄的引领下，进了师门。一晃18 年过去了，老师的"关键在于理解"，既耳熟又新鲜。我体会到，学拳，必须对老师的授拳语言有完整的记忆；练拳，必须对老师所教的内容有精准的理解。没有完整的记忆，就没有准确的理解，因叶家拳传心录中拳理和练法十分精辟。在传承上主要靠老师的口授身传，所以完整记忆老师的授拳用语，显得非常重要。

老师知道弟子们对古文理解有困难，教拳时很少使用拳论中的原话，在启蒙阶段，做倒钟摆时要求，先做一组别人看得见在动的，再做一组别人看不见在动的。当时不会做，也不理解，现在明白了，身上没有结构，就无法做出身上不动的倒钟摆。老师要求的结构，和先辈孙承周在手稿中的那个大号的 O，有异曲同工之处，但又不尽相同。老师对拳架结构的要求是一个系统工程，脚尖里扣、脚跟外扭，是构筑拳架结构的起点；脚尖里扣，形上不显扣，脚跟外扭，形上不显扭，扣和扭都是动词，动的外形不显，就必须内动，扣和扭形成一对外形不显、成旋转的内在动力源。练拳按照下面到上面，里面到外面，后面到前面的原则，旋转的内在动力源由脚底、小腿、大腿直到大转子，按此顺序往上旋转至大转子与胯根连接处，此处产生似开瓶盖似的旋转力，但大转子和胯根之间的里开，不像打开瓶盖那么容易。必须有内在的抽动，这和自行车刹车系统中的钢丝类似，手一动作，车刹做了，手在动作时，力由钢丝传递到另一端，是内动力抽动而外形上不显动。胯根里开是同样的原理，它不能没有脚底涌泉的主宰作用。在涌泉这个穴位上必须明确练拳用的三根线：第一根线，两足涌泉的连线，并找到连线上的中心点，当整套拳架按照联环 8 字形演练时，这根线是太极图中阴阳鱼的分界线，没有这条线就很难确定拳架的阴阳是否存在。这根连线上的中心点，当与裆、命门、牛鼻子、喉头组成一个曲面时，其作用和威力就能显现了；第二根线，从涌泉出来，沿脚底内侧往脚后跟方向去，与地面平行的那一段（也是大周天的起点），它从涌泉出来（足少阴肾经的起点）为阴出；第三根线，从足太阳膀胱经下来到脚跟，从脚跟外侧面进入涌泉，为阳回。关于阴出阳回，老师有一段生动的故事，故事来自武式太极拳的郝少如先生和吴式太极拳的马岳梁先生，他们在晚年都有一次与老师交流谈心的机会，谈心的共同点，一是没有带出自己满意的弟子；二是现今练太极拳的都不懂阴出阳回，他们都是本门功夫在上海的代表人物，能与叶门功夫的代表人物谈及此话题实为不易，老师十分珍惜和看重阴出阳回的理念。上面我只讲了涌泉的阴出阳回，为让涌泉的阴出阳回和脚尖里扣、脚跟外扭组合训练，得以强化和定位，产生旋转的原动力，这源动力的获得来自于阴阳的一出一进，脚尖的扣和脚跟的扭。老师常说，他初练太极拳时，一双袜子几天就磨破了。但我的脚底阴阳不分始终不活。老师安排我单练迎送，重点突破，几个月的迎送训练，脚底智商有所开发，逐步掌握了阴出阳回之劲的吞吐相等和里扣外扭之劲的运行平衡，能勉强完成迎送的动作要领。老师的训练安排是根据弟子存在的问题，是有针对性的，否则难以正确演练叶家拳的套路。传心录中的那5幅专门训练脚底部位联环8字的图，其中脚跟部位的8字训练及前脚掌的8字训练，对拳架运行中的折叠转换起到的主宰和掌控作用特别有效。

　　老师对弟子的脚底部位的训练，还有更多的要求，弟子初练拳架时足部外形乱动，脚掌不能平伏贴地，出现翻边现象最为常见，老师告诫弟子，"想着脚上穿的是铁鞋子"。我刚入门看到师兄们穿着硬皮鞋练拳，很纳闷，后来体会到练拳时脚会不由自主地乱动，无法按老师要求做到脚的外形纹丝不动，穿上硬一点的鞋子，权当是铁鞋子，逐步规范脚底达到平伏贴地，只有脚掌平伏贴地，方能膝上有圈，这是练成吸盘脚和拳架兜的转的必由之路。

　　从足部往上，老师十分强调小腿、大腿的外侧面，保持一个平面，话很好理解，但好多年练下来，老师看着我的腿部外侧面说："你想摆平，即使摆平了也是没有用的。"老师教我拿过小方凳，把小方凳的平面贴着老师弓箭步前腿的外侧面，当凳面刚贴到老师腿上时，我连人带凳被弹出一米多远，连续两次，发的我很茫然，但能感觉到自己理解上出了偏差，练错了。知道错了，但仍不能立竿见影地纠错，老师语重心长地说："练拳主要在裤腰带以下。"经老师点拨，我才明白自己身上结构存在缺陷，拳架上总是问题多多，内动、内抽常被外形上前弓后坐所占位，迎送被直来直去所代替，阴出阳回被分虚实所混淆；老师的宽容和我的自我迁就，使结构上的里开外合长期不达标，一度练的是没有灵魂的叶家拳。为此，老师用尽苦心，把8字在交叉处一分为二，老师把它称为一滴水，在迎送训练时按一滴水的外形结构，要求走圆的切线，后面圆头要胖，前面交点封闭要稳固，把一滴水的结构练成身上的里开结构，还必须按老师的要求在两侧腹股沟处开一刀，不要缝线（意念），从割开的刀口处往下延伸，两边分开向后成中文八字形，八字两笔要实实在在向后打开，当两扇后门被打开时，里开的结构开始有了动态感，由原来的缝隙变为城门大开。此时，老师要求把胸膈横气泄到脚底，包括五脏六腑和血一起甩到地面，摊的面积越大越好，此时，胸腹掏空的感觉真实确切了。身上什么参与沉，什么不参与沉清晰了，也就是有了阴阳之分，两腿外侧是不参与沉的，它像似两把剑，剑柄在脚底，剑身与剑尖，随着身体的通顺而往上延伸，与重心、内气的下沉，成一对阴阳互动。膝盖过于频繁的弯曲，会干扰体内正常的阴阳互动，同时对应该保持的平面质量产生影响。

在拳架练习时，当两臂往上一抬，极容易打乱或破坏下盘和中盘所做的一切。老师要求两臂多练搁双杠，凡得到老师搁双杠喂劲的，都留下了老师喂劲的两个点位的记忆。这两个搁双杠点位，在无人喂劲时，它必须懂得与身体的关系，老师说："不要做成高射炮，而是要做成平射炮。"这高与平的掌控，不是用心，也不是用脑，而要凭这两个点的智商和灵敏度，由他去处理拳架运行中与身体的关系，形成自然节拍。门内师兄弟都十分欣赏老师搂膝拗步经典拳架，拳架在运行中两臂高低与身体的中盘、下盘处在不断的变化与调节中，全凭这两个点的智商和灵敏度，完成在不同角度的平射炮的调节机制，产生得心应手的自然节拍，这是叶家拳的精华体现。

搁双杠的训练，动作简单，难度大，见效慢。搁双杠本质上是上盘功夫的核心，当两个点被搁住后，与下沉的身躯产生对拉拔长，就有脱肩或卸肩之意，形成真实意义上的"搁落沉"，搁双杠做不好，直接影响"搁落沉"的质量，如何做好搁双杠，老师经典语言是："沉肩不沉肘，做平射炮，不要做成高射炮。"玄机就在此话中。准确找到搁点不难，在反复实践中总是能找准的，找到搁点后，身体容易直落向下，两臂就成高射炮，两肘就随波逐流，失去存在和作用，这样不仅上盘不成结构，反使中盘、下盘的结构遭破坏，肘不沉，自然就形成平射炮，此时的肩、

2005 年
拳架演示

肘、手，有根节、中节、梢节对拉拔长之意，手臂如炮管前伸，与肩根对拔，所以在此拳架中，沉肩不沉肘，一字值千金。

叶家拳训练分三个阶段，第一阶段是基础功夫，身上必须建立合理正确的结构。老师常说的三年一小成，我问过老师，如果练了三年达不到小成怎么办，老师回答："太师爷讲，那就不要练了，如果再想练，健健身是可以的"。现在我理解了，小成阶段身上应有的结构，老师会适时引导弟子，将此结构节节粉碎，然后再练成节节贯穿，不经节节粉碎这一阶段的训练，身上的结构还是硬货，身上还是一根一根棍棒，是僵货。简单地说，拳架偏软，是结构上还有缺陷，拳架偏硬，结构没有节节粉碎，拳架无法节节贯穿。节节粉碎的训练是潜移默化的过程。如老师下一个口令，将骨头弯转，第一次接受这个口令，非常茫然，因成人的骨头是不能弯转的，但在老师的训练下，骨头配合拳架达到听话的要求，如搂膝拗步，后手从耳根，到嘴角，口吐莲花，到前按，这手臂总像一根棍棒直直前伸，缺少拳味。老师一手握住弟子肘的下段，一手握住肘的上段，在弟子做前按时，老师握住弟子手臂的上下两节做了一个拧的动作，神奇的是老师被弟子前按的手臂起根后弹出，同样加了"拧"即旋转后，前按的效果立即发生了质的变化，这就是我对老师节节粉碎和节节贯穿产生内动力，及内劲的理解。其实在生活中经常会遇到，要拧开一个封闭严密的瓶盖，如果很轻松地打开了，此时身上不用集聚很大的能量，当你反复几次拧不开时，身上集聚在瓶盖上的能量在一次比一次递增，这个不用太极老师教，每个人都本能自然地形成合理的内劲。经老师训练后，身上各部位在练拳时应有无数个需要拧的密闭的瓶盖，身上就会在瞬间产生集聚内劲和释放内劲的节拍。

老师将弟子身上的原始材料的改造，形成合理结构，实际是对太极球体的追求，老师告诉弟子，球内有两条鱼，分一阴一阳，鱼的眼睛就是两脚的涌泉，两脚涌泉的连线就是阴阳鱼的分界线，通过大周天的训练，使两条鱼活起来，两条阴阳鱼始终一样大小，陈鑫曾讲过："唯有五阴并五阳，阴阳无偏称妙手。"他揭示了拳架运行中的阴阳始终保持平衡和等量，极无此消彼长之理。老师在此理论基础上的重大突破，在于解决了具体练法，把涌泉点位上的阴出阳回，等量吞吐，与大周天起点阴出，终点阳回，周而复始如大河水车，连绵不断，两条阴阳鱼且紧贴球的内壁互动，在紧贴内壁的条件下，完成十三势演练。这就是跟随金老师 18 年后，对太极拳的初浅理解。

结缘、学艺

王万宾

与恩师金仁霖相识结缘，并于 2014 年 10 月正式拜入金师门下，得益于徐光师兄和江澜师兄。我与徐光师兄相识，是在 8 年前我从学于恩师奚桂忠之时。我与江澜师兄相识，则是在 2010 年 11 月随恩师顾树屏赴台湾参加"第八届杨式太极拳第五代名家论坛暨郑曼青先生 110 岁诞辰纪念会"活动之际。

我学拳的前几年，经常从徐光师兄处得知金师的教学情况和高尚德艺。2011 年上半年，江澜师兄去看望金师，约我同去，这是我与金师第一次相见。2012 年金师在嘉兴收徒，我受江澜师兄之邀，与翟金录、唐才良两位老师一起作为特邀嘉宾出席了金师的收徒仪式。后又随徐光师兄看望过金师两三次，得到金师的热情指导。我在 2013 年 10 月间，在随徐光师兄看望金师时，顺便请金师看了我打的杨式太极拳 85 大架第一节视频，让金师指正。金师看了后说我的拳架里开不够，在我们离开之时，金师又补充说了没有里开，我当即让金师示范一下里开，金师很高兴地站了一个右川字步，我站立在金师的右侧，用右手摸着金师的前胯和里胯，同时用左手摸着金师的后胯和外胯，我请金师前后摆动，体会金师髋关节在转动时的位置变化。然后我就按金师髋关节的这个转动变化，针对髋关节的股骨头韧带和髋关节周围的髂骨韧带及坐骨韧带的拉伸进行专项训练，因为一直在拉伸这些韧带，经常会持续产生很强的疼痛感。当我专项训练了近三个月时，突然有一天，右髋关节"咯噔"

了一下，我马上再重复做，能反复出现"咯噔"的现象，我一阵窃喜，髋关节里终于有消息了，左边髋关节里则是在训练了四个月后才来消息的。

　　2014年元月初，金师住院，我随徐光师兄去看望了金师。后从刘文忠师兄处得知，金师对刘师兄说，等他身体好点，好好教我们。这就有了2014年春节后每周两个晚上与刘师兄、徐光师兄去金师家正式向金师学拳的机会，金师同时还通知了仲伟华师兄一起去。我趁去金师处学拳之际，专门向金师汇报了做里开训练的情况，我说是用抽胯、旋胯、落胯和坐胯等方法练里开的。金师让我做里开的动作，摸了我的胯后说里开有点了，并肯定了我的训练方法。我跟金师说训练过程很痛苦，训练强度一大，髋关节会异常疼痛，我问金师正常否，金师说正常的，并说自己当年练的强度大时，也是疼痛得很厉害，曾经出现因为疼痛而请病假在家休息几天的情况，金师要我注意休息，不要练得太过，别拉伤了造成后遗症。感恩金师的厚爱，因为未正式入师门就能得到金师的口传身授，这是何等的福报啊。我记得很清楚，在2014年4月的一天晚上，我们学习结束离开时，我因整理物品，走在最后，金师突然对我说了一句"侬（你）福气蛮好"。是啊，未拜师而能得老师亲授，这份福气当十二分珍惜之。我随之产生了拜师之念，并由刘文忠师兄和徐光师兄代我向金师转达了拜师意愿。因机缘合和，后由江澜师兄组织了金师在2014年10月的最后一次收徒仪式暨金师88岁寿宴。在这次收徒仪式上，金师共收了23位弟子，我是23位新入门的弟子中年龄最长的弟子。这就是我与恩

金仁霖于家中指导王万宾

师金师结下的太极缘分。认识恩师是缘，得恩师传授拳艺是分。

时间过得真快，一晃已追随金师两年了。两年来，收获颇丰，对太极拳的体用有了全新的认识。金师不顾年迈，手把手地教我们，期间，有一段时间金师主动提出了为我们每周增加一次课。在金师的口传身授中，我不仅感受到了金师拳艺之精妙，同时也体悟到了太极真谛。

金师传授叶氏太极拳最核心的部分，一是里开，二是逆腹式呼吸走大周天。因为有了点里开，我在打85大架时，拳架发生了变化，架子变高了，步子变小了。因为里开的缘故，髋关节有点入榫了，步子迈不大，架子自然也就高了。在2014年4月底，为配合我的第一位授业恩师奚桂忠出版专著《杨式太极拳教程》，特地请了专业公司为我拍摄了拳架视频并做成光盘随书出版。有不少拳友不解，问我85大架拳架怎么那么高，步子这么小啊，我对拳友的回答是，视频主要提供给初学者做参考的。其实，用金师的话回答最好，金师多次说过，他老人家当年病愈后，几年时间里打了5万遍拳、剑、刀套路，后来看了自己的视频，"啊呀，怎么步子变小了"。我听金师这么讲就会问，是髋关节入榫的缘故吧，金师总会含笑着说"是啊"。我们师兄弟在微信群里曾讨论过金师常说的"啯落沉"（方言），意即髋关节和肩关节在人体的头和身躯自重以及意念作用下的突然一个微量下沉。我体认到没有肩和胯的里开是入不了榫的，也不可能有"啯落沉"。真正意义上的"啯落沉"，是里开后在入榫状态下松开、松透后产生的。有了充分的里开，肩根胯根松开、松透了，才能很好地做出"啯落沉"。开肩开胯难，能入榫则更难。入榫不仅是对上榫，因为对上榫是不够的，尤其是髋关节，只有做到入榫才算真正做到位。平时，我在与师兄们交流学拳心得时，经常会用小汽车作不恰当的比喻。招熟就如低级小汽车，渐悟懂劲如中级小汽车，阶及神明如高级小汽车。人体如小汽车，是个成系统的整体，要让小汽车能开起来，主要的零部件必须合格，并要整合成一体。同样，要让自己的太极拳体用合一，就要使身体各个部位按拳理、拳法要求训练合格并也整合成一体。从低级到高级的过程，就是一个硬件方面如材料的提升，零部件加工及装配的质量标准提高，和软件的配置提高的过程。当然，要使人体最终成为太极体，其实比制造一辆高级小汽车要难得多得多。故在拳界有代不出数人之说。

两年来，跟金师学了叶氏太极拳第一节和第二节，刘文忠师兄给予我很大的帮助，对我学习拳架作了精心辅导，让我获益匪浅。在结合拳架试劲过程中，仲伟华师兄常能在关键处对我指导，加深了我对叶氏太极拳的理解。还有不少师兄能指出我的不足和为我指明努力方向，促进了我在拳艺上的提高。

从学于金师，两年来最大的收获有如下几个方面：

一、拳架的间架结构趋于合理

学了金老师传授的里开外合，体悟到两脚的里开外合是接地之关窍，两胯的里开外合是自我建立单体太极之关窍，两肩的里开外合是与对方建立合体太极之关窍，头部的里开外合则是接天之关窍。金师讲里开外合，后来中间加了一个字，里开外"自"合，"自"字一加，妙处立现，避免了双重。只做里开，不求外合，里开做好了外合自然就会有。如在意识上同时做里开和外合，就会产生双重，此为病也。所谓里开，就是从脚到大腿根，拧裹成倒八字状；胯根和肩根内抽，敛腹含胸，使身体成浴缸状；竖项，使头部成虚领状。初练必然会用力，最后就是用意而已。关节腔都要对上榫，髋关节则要入榫。入榫了肯定里开了，但不一定充分，因为里开还包括整条腿和脚的部分，虽里开则未必入榫，可能只是对榫而已。入榫是蹭胯后髋关节里结构变化使得关节腔充分倒扣形成的，入榫不是对榫，惟有入榫了，单腿支撑时，在身体竖直状态下同样能保持劲路畅通并能把接到的劲传到脚底。从脚底起，包括整条腿直到大的胯根充分里开后，并在入榫状态下，做单腿动作时就会产生很好的支撑作用。功夫练到家后只在意不露形了。

二、体认到呼吸的重要性

金师传授拳式中的呼吸方法是用逆腹式走大周天，我们在盘拳走架时很难与呼吸合拍，金师要我们在定式时配一个完整的呼吸，先吸后呼，完成一个大周天。在金师给我们试劲过程中，使我逐步认知到，能上下一气，能吸呼方能使身体在放松状态下内劲灵活转换和蓄放。

三、一个"松"字，难能可贵

在学拳过程中，金师除了经常指出我们拳架结构上存在的问题并通过喂劲帮助我们纠正外，提醒比较多的就是要我们放"松"。我逐渐认识到"松"的重要性，松不开，就沉不下，就领不起，就柔不了，就通不够，就散不出，就净不透，就难言空，就无法企及太极拳的高境界。一个"松"字，实在难能可贵。

四、缺啥补啥，行功式最奏效

在如何练行功式的问题上，金师强调缺啥补啥，迎送、托杆子转8字圈、掤双杠拉开肩关节周围韧带、单人盘四正手、松胸口吸气走两侧、后抽肩根和胯根做里开、手指将空的软烟壳按在墙上做弓步和坐步的转换，等等，这些行功式是金师经常要求我们做的。一个行功式练的有了一定基础后，就会给我们加一个，或者是换一个，以补练套路时的不足。

五、对拳艺的认知

当进入太极拳的高境界时，是在意不在形、用意不用力；是意行气、气运身；是触点为虚、后为实、下为实、另一侧为实；是人不知我、我独知人；是内息知拍、知拍方能任君斗。"太极拳是全凭心意用功夫的拳种"，金师如是说。

太极博大精深，拳艺永无止境。我虽年过花甲，然立志在余生去积极探索太极之真谛。金师已90高龄，恩师健在，是我们这些弟子们的福分。眼前，除了与各位师兄弟尽可能多向恩师学习拳艺拳道外，关心好恩师的日常生活，也是我们常在恩师身边的弟子必须做好的一件事情。

衷心祝愿金师身体康健，寿比南山！

人文武术精品书系

北京科学技术出版社

武学名家典籍丛书

杨澄甫武学辑注　定价：178元
杨澄甫 著　邵奇青 校注
《太极拳使用法》
《太极拳体用全书》

孙禄堂武学集注　定价：288元
孙禄堂 著　孙婉容 校注
《形意拳学》　《八卦拳学》
《太极拳学》　《八卦剑学》
《拳意述真》

陈微明武学辑注　定价：218元
陈微明 著　二水居士 校注
《太极拳术》　《太极剑》
《太极答问》

薛颠武学辑注　定价：358元
薛颠 著　王银辉 校注
《形意拳术讲义上编》
《形意拳术讲义下编》
《象形拳法真诠》
《灵空禅师点穴秘诀》

陈鑫陈氏太极拳图说（配光盘）
　　　　　　　　定价：358元
陈鑫 著
陈东山 陈晓龙 陈向武 校注

李存义武学辑注　定价：268元
李存义 著
阎伯群 李洪钟 校注
《岳氏意拳五行精义》
《岳氏意拳十二形精义》
《三十六剑谱》

董英杰太极拳释义　定价：98元
董英杰 著　杨志英 校注

刘殿琛形意拳术抉微
　　　　　　　　定价：80元
刘殿琛 著　王银辉 校注

李剑秋形意拳术　定价：89元
李剑秋 著　王银辉 校注

许禹生武学辑注
许禹生 著　唐才良 校注
《太极拳势图解》《陈氏太极拳第五路并少林十二式》

张占魁形意武术教科书
张占魁 著　吴占良 王银辉 校注

靳云亭武学辑注
靳云亭 著　王银辉 校注
《形意拳图说》《形意拳谱五纲七言论》

I

武学古籍新注丛书

王宗岳太极拳论　　定价：50 元
李亦畲　著　二水居士　校注

太极功源流支派论　定价：68 元
宋书铭　著　二水居士　校注

太极法说　　　　定价：65 元
二水居士　校注

手战之道　　　　　定价：65 元
赵　晔　沈一贯　唐顺之
何良臣　戚继光　黄百家
黄宗羲　著
王小兵　校注

百家功夫丛书

张策传杨班侯太极拳108式
（配光盘）　　定价：48 元
张　喆　著　韩宝顺　整理

河南心意六合拳
（配光盘）　　　定价：79 元
李洳波　李建鹏　著

形意八卦拳　　　定价：52 元
贾保寿　著　武大伟　整理

王映海传戴氏心意拳精要
（配光盘）　　定价：198 元
王映海　口述　王喜成　主编

张鸿庆传形意拳练用法释秘
　　　　　　定价：69 元
邵义会　著

华岳心意六合八法拳
　　　　　　定价：65 元
张长信　著

II

戴氏心意拳功理秘技
                              定价：68 元
王　毅　编著

传统吴氏太极拳入门诀要
（配光盘）　　　　定价：68 元
张全亮　著

拳疗百病——39 式杨氏养生太极拳
（配光盘）　　　　定价：96 元
戈金钢　戈美葳　著

尚济形意拳练法打法实践
                              定价：89 元
马保国　马晓阳　著

程有龙传震卦八卦掌
奎恩凤　著

刘晚苍传内家功夫及手抄老谱
刘晚苍　刘光鼎　刘培俊　著

老谱辨析点评丛书

再读浑元剑经　　　　　　　马国兴　著　　再读杨式老谱　　　　　　　　马国兴　著

再读王宗岳太极拳论　　　　马国兴　著　　再读陈氏老谱　　　　　　　　马国兴　著

太极拳近代经典拳谱探释　　魏坤梁　著

拳道薪传丛书

三爷刘晚苍
　　——刘晚苍武功传习录
                              定价：54 元
刘源正　季培刚　编著

乐传太极与行功
                              定价：68 元
乐　匋　原著
钟海明　马若愚　编著

中道皇皇
　　——梅墨生太极拳理念与心法
                              定价：118 元
梅墨生　著

恩苍先生金仁霖太极传心录
                              定价：82 元
金仁霖　著

习练太极拳之见闻与体悟　　　　陈惠良　著

图书在版编目（CIP）数据

慰苍先生金仁霖太极传心录 / 金仁霖著 . — 北京：北京科学技术出版社，2018.3
（拳道薪传丛书）
ISBN 978-7-5304-9361-8

Ⅰ . ①慰… Ⅱ . ①金… Ⅲ . ①太极拳—研究 Ⅳ . ① G852.11

中国版本图书馆 CIP 数据核字（2017）第 279037 号

慰苍先生金仁霖太极传心录

作　　者：	金仁霖
策划编辑：	王跃平
责任编辑：	苑博洋
责任校对：	贾　荣
责任印制：	张　良
封面设计：	古涧文化
版式设计：	胡志华
出 版 人：	曾庆宇
出版发行：	北京科学技术出版社
社　　址：	北京西直门南大街 16 号
邮政编码：	100035
电话传真：	0086-10-66135495（总编室）
	0086-10-66113227（发行部）　0086-10-66161952（发行部传真）
电子信箱：	bjkj@bjkjpress.com
网　　址：	www.bkydw.cn
经　　销：	新华书店
印　　刷：	保定市中画美凯印刷有限公司
开　　本：	710mm×1000mm　1/16
字　　数：	300 千字
印　　张：	23.25
插　　页：	4
版　　次：	2018 年 3 月第 1 版
印　　次：	2018 年 3 月第 1 次印刷

ISBN 978-7-5304-9361-8 / G·2713

定　　价： 82.00 元